教科と総合学習の カリキュラム設計

パフォーマンス評価をどう活かすか

西岡加名恵
NISHIOKA Kanae

図書文化

はじめに

　グローバル化やICT技術の革新，地球温暖化や少子高齢化など変化の激しい現代にあって，自らの生き方を選択し，新しい世界を生み出していけるような次世代の育成が一層重要な課題となっている。そうした中，学校で働く教師たちは，子どもや青年のためにどのような価値や文化を選び，カリキュラムをつくっていけばよいのかという問いに直面していると言えるだろう。

　この問いに対し，近年では，コンピテンシーや21世紀型スキル等，教科横断的な「資質・能力」の育成をめざし，アクティブ・ラーニングを強調する動向が見られる。しかしながら，問題解決に取り組めるようになるためには，汎用的スキルだけでなく，教科固有の知識・スキルや理解をしっかりと身につけることが必要である。

　たとえば，スーパーグローバルハイスクール（SGH）の一校である金沢大学人間社会学域学校教育学類附属高等学校では，生徒たちが「地域や人々を幸せにする方法を提案する」という課題に取り組んでいる（山本，2015）。グループでテーマを決定し，方法論の指導を受けたのち，フィールドワークなどを行い，提案内容を発表して質疑に応答する。この課題に取り組むには，一方で協力する力や自律的に活動する力といった汎用的スキルも必要ではあるものの，もう一方では国語科や英語科で育てられるコミュニケーション力や，社会科，地歴・公民科で育てられるような，地域の特徴を捉え分析する力なども求められるであろう。

　この事例が示すように，今，求められているのは，「総合的な学習の時間」などで学習者自身が答えのない問いについて探究的に学ぶ機会を与えるとともに，そのような機会にも使いこなせるような各教科の本質的な知識やスキルを深く学ばせるカリキュラムづくりである。

本書は，そのようなカリキュラムづくりに取り組む先生方の一助となることを願って執筆したものである。筆者は，1999年に研究者としての職を得て以来，パフォーマンス評価を活かした実践づくりの共同研究に，様々な先生方と取り組む機会に恵まれてきた。本書では，そこで学んだ知見を整理してお伝えしたいと考えている。

　特に教科教育に関しては，2004年以来，様々な学校においてパフォーマンス課題を取り入れた単元開発に取り組んできた。その際に依拠したのが，ウィギンズ（Wiggins, G.）氏とマクタイ（McTighe, J.）氏が共著書『理解をもたらすカリキュラム設計（*Understanding by Design*）』（第1版は1998年，増補第2版は2005年。増補第2版の翻訳書は2012年）の中で提唱している「逆向き設計（backward design）」論である（Cf. 西岡，2005a）。「逆向き設計」論を学ぶにあたっては，2002年11月と2006年8月に現地調査に赴き，ウィギンズ氏（第1回調査の折にはマクタイ氏も）に対しインタビューを行った。また2005年2月にはマクタイ氏が，2006年8月にはウィギンズ氏が提供するワークショップに，受講者として参加した。

　「逆向き設計」論の根底にある問題意識は，カリキュラム設計における「双子の過ち」を乗り越えることにある。「双子の過ち」とはすなわち，子どもたちに魅力的な活動を提供していても内容の深まりのない活動主義的カリキュラム，ならびに教科書の教材をもれなく網羅しようとする網羅主義的カリキュラムである。両者は一見，異なって見えながらも，重要な内容についての深い理解を保障していない点では同じ過ちを犯している，とウィギンズ氏らは喝破する。かくして「逆向き設計」論では，教科の中核に位置づくような「本質的な問い」に対応するパフォーマンス課題を与え，長期的な見通しのもとで深い理解を保障していくカリキュラム設計が提案されているのである。

　「逆向き設計」論を踏まえて日本で開発した実践例については，既にいくつかの著書などにおいて紹介したところである（西岡，2008b；西岡・田中，2009など）。本書では，「逆向き設計」論にもとづく実践づくりの全体像を改めて整理することを試みたい。なお，パフォーマンス課題に取り組むにあたっ

ては，協働的な学びや主体的な学びの場面も増える。したがって，汎用的スキルもあわせて育成することが期待できるだろう。

　一方で，日本において「総合的な学習の時間」の導入をきっかけに普及したポートフォリオ評価法は，今や多様な展開を見せている。筆者は，2003年に『教科と総合に活かすポートフォリオ評価法』を上梓した。それ以降も，ポートフォリオ評価法の活用について様々な教育場面で模索を続けている。本書では，その成果についても紹介したい。

　以上のことから，本書では，近年，強調されている「資質・能力」論を踏まえて，教育目標をどう設定すればよいのかを検討するとともに，対応する評価方法や評価規準（基準）のあり方，指導上の工夫を論じる。また，長期的な指導計画の立て方やポートフォリオ評価法の活用，学校におけるカリキュラム・マネジメントについても，実践例を踏まえつつ提案する。なお，本書では，領域としては教科（「特別の教科　道徳」を除く）と総合学習に焦点を合わせる。

　教育方法学研究者としての筆者の役割は，各地で生み出されている優れた実践を分析し，そこに含まれる普遍的な知見を理論化して，それを必要とする先生方につないでいくことだと感じている。本書が，そのような役割を果たすことができれば，これ以上の幸せはない。しかしながら，筆者の力不足により，不十分な点も多々あることだろう。読者の忌憚のないご批正をお願いしたい。

　2016年1月

西岡加名恵

目　次

教科と総合学習のカリキュラム設計 ── パフォーマンス評価をどう活かすか

はじめに　3

序　章　なぜ今，カリキュラム設計なのか　9

第1節　カリキュラムとは何か……………………………………………………10
　1　カリキュラムの定義／2　学校におけるカリキュラムづくりの重要性／
　3　カリキュラム編成の構成要件
第2節　「逆向き設計」論とは何か………………………………………………19
　1　「真正の評価」論／2　「逆向き設計」論／3　パフォーマンス課題の魅力
第3節　本書の構成…………………………………………………………………30

第1章　教育目標の設定　31

第1節　「資質・能力」論とは何か………………………………………………32
　1　国内外における「資質・能力」論の動向／2　「資質・能力」論の背景／
　3　「資質・能力」論の注意点／4　「検討会」の到達点と課題
第2節　教科における「知の構造」………………………………………………43
　1　「理解」とは何か／2　内容上の優先事項と評価方法の対応／3　「知の構造」
　／4　「本質的な問い」
第3節　総合学習における目標と評価の観点……………………………………58
　1　単元の構造／2　評価の観点／3　長期的な指導計画
第4節　学校で育成する「資質・能力」の全体像をどう捉えるか……………69
　1　「資質・能力」を捉える枠組み ── 石井英真氏による提案／2　教育課程企
　画特別部会「論点整理」の到達点と課題

第2章　評価方法と評価規準（基準）の開発　79

第1節　「目標に準拠した評価」の意義と課題…………………………………80
　1　指導要録の変遷／2　「目標に準拠した評価」の導入

第2節　様々な学力評価の方法……………………………………………83
　1　学力評価の方法の分類／2　筆記テストと実技テスト／3　パフォーマンス課題／4　ポートフォリオ評価法と一枚ポートフォリオ評価
第3節　パフォーマンス課題の作り方………………………………………90
　1　パフォーマンス課題づくりの手順／2　単元の中核に位置する重点目標に見当をつける／3　「本質的な問い」を設定する／4　「永続的理解」を明文化する／5　パフォーマンス課題のシナリオを考える／6　設計プロセスの入り口
第4節　評価基準を明確にする……………………………………………100
　1　ルーブリックとは何か／2　特定課題ルーブリックの作り方／3　指導の改善へ／4　長期的ルーブリック／5　予備的ルーブリックの作り方

第3章　指導過程の改善　117

第1節　単元の指導を計画する上での基本的なポイント…………………118
　1　「逆向き設計」論の第3段階／2　単元内の構造化／3　フィードバック／4　検討会
第2節　実践事例の検討……………………………………………………131
　1　中学校3年生社会科の単元「経済」／2　小学校6年生国語科の単元「生きる姿を見つめて　〜読書会をしよう〜」
第3節　個に応じた指導……………………………………………………141
　1　「個に応じた指導」論との統合／2　実践事例との対応

第4章　「マクロな設計」　145

第1節　「マクロな設計」とは何か…………………………………………146
　1　「ミクロな設計」と「マクロな設計」の往還／2　単元間の構造化／3　長期的ルーブリックから単元設計へ
第2節　学力評価計画の立て方……………………………………………159
　1　学力評価計画を策定する上での課題／2　「知の構造」と観点との関係／3　年間指導計画との対応／4　観点別評価から評定を出す方法／5　スタンダードの設定／6　学力評価計画を評価するための視点
第3節　ミッションにもとづくカリキュラム設計…………………………168
　1　ミッションにもとづくカリキュラムの枠組み／2　あじさい看護福祉専門学校の実践

第5章　ポートフォリオ評価法の多様な展開　181

第1節　ポートフォリオ評価法の基本的な進め方……………………182
　　1　ポートフォリオとは何か／2　ポートフォリオの設計／3　指導上のポイント

第2節　単独の教科・科目における活用……………………186
　　1　「目標に準拠した評価」の充実／2　汎用的スキルの育成／3　「教育課程論」の取り組み

第3節　探究的な学習におけるポートフォリオ……………………195
　　1　総合学習におけるポートフォリオのポイント／2　検討会の進め方——単元「城山から広がる世界」の場合／3　ルーブリックを併用する可能性

第4節　学び全体を対象としたポートフォリオ……………………208
　　1　指導要録の観点別に資料を整理するポートフォリオ／2　汎用的スキルの評価に用いる例／3　大学入試における活用例／4　教職課程ポートフォリオ

第6章　学校のカリキュラム・マネジメント　223

第1節　カリキュラム・マネジメント……………………224
　　1　カリキュラム・マネジメントの定義と要素／2　学校におけるカリキュラム改善・改革の進め方

第2節　学校におけるカリキュラム改善の具体像……………………234
　　1　教科におけるパフォーマンス課題の開発——京都市立衣笠中学校の場合／2　教科や総合学習などの改善を図るための工夫

第3節　スタンダードの開発と活用……………………256
　　1　スタンダードとは何か／2　教師たちのネットワークを活かした試み——「E. FORUMスタンダード」／3　地域におけるスタンダード開発の例——「乙訓スタンダード」／4　モデレーションの進め方

おわりに　276

引用・参考文献　280

索引　294

序章
なぜ今,カリキュラム設計なのか

はじめに

　現在，学校におけるカリキュラムづくりがますます重要視されている。本書では，学校でのカリキュラムづくりをどのように行うことができるのかについて提案したい。ここでは，特に明確に計画されるカリキュラム設計に焦点を合わせる。

　それに先立ち，本章の第1節では，まずカリキュラムとは何かを定義する。本書で提案するカリキュラム設計論の大半は，「逆向き設計」論にもとづくものである。そこで第2節では，「逆向き設計」論の背景と要点を紹介する。最後に，本書の構成について説明しよう。

第1節　カリキュラムとは何か

1　カリキュラムの定義

　各学校は，それぞれが文化的な共同体としてのまとまりをもち，子どもや青年の成長・発達を促進するために，学習のための経験を意図的に設計し，提供する存在である。個々の学校には，子どもや青年の実態，その学校の諸条件，社会からの要請や学問的な知見などを踏まえつつ，カリキュラムをつくることが求められる。

　カリキュラムの定義は，それ自体が論争的である。従来，学問の系統的な教授を重視する系統主義の立場からは，**「教えの計画」**としての側面が強調されてきた。それに対し，子どもや青年の探究的な学習を重視する経験主義の立場からは，**「学びの履歴」**としての側面が強調されている（臼井・金井，2012）。「教えの計画」としてカリキュラムを捉えれば，教師の指導に焦点が合わせられる半面，子どもや青年がどのように学習しているのかについては，十分に注目できない懸念がある。一方，「学びの履歴」としてカリキュラムを捉えれば，子どもや青年の学習の総体を捉える視点は生まれるものの，学習が終わった後でしかカリキュラムを対象化できない危惧がある。

　そこで本書は，**カリキュラム**を，「ゴールを達成するために用いられうる最

も適切な経験，学習課題，評価方法を特定するもの」（ウィギンズ＆マクタイ，2012, p.7），すなわち**「学びの計画」**として定義する立場に立っている。これにより，教師の意図的な働きかけによって，子どもや青年にどのような学習を実現するのかという視点から，カリキュラムを捉えることができるだろう。

なお，教育学の中にはカリキュラムと教育課程という用語を区別する論も見られる。しかしながら，教育課程という用語は，もともとcurriculumを翻訳したものである。そこで本書では，カリキュラムと教育課程を同義として捉えたい。

次に，カリキュラムを計画・実施・評価・改善するという一連の過程を，**カリキュラムづくり**，ないし**カリキュラム編成**と呼ぶ。教育政策においては，「教育課程の編成，実施，評価，改善」という記述が見られる例もある（中央教育審議会，2014a）。この場合は，計画に該当する言葉に編成という用語があてられていることがわかるだろう。しかしカリキュラムづくりは，計画・実施・評価・改善のプロセスが複雑に絡まり合いながら展開するものである。そこで研究的には，カリキュラムの計画・実施・評価・改善のプロセス全体を指して，カリキュラム編成という用語が用いられてきた（Cf. 天野，2001, p.13）。本書でいうカリキュラムづくりは，研究的な用語でいうカリキュラム編成を指す。

カリキュラムづくりは，次世代に伝える文化を選択する営みでもある。そもそも教育とは，子どもや青年の成長・発達を促進するために，意図的に働きかける営みである。学校において教育に携わる者は，社会に存在する文化のうち，次世代にとって有意義だと思われるものを伝えようと試みる。しかし，社会に存在する文化のすべてを伝えることはできないため，そこでは何らかの選択が行われることとなる。

このことに関し，教育学・教育史の研究者である中内敏夫氏は次のように述べている。「教育の事実が社会によって条件づけられることは事実だが，このさい社会と呼ばれている人びとの生き方や関係のあり方は，どの時代どの地域にあっても一枚岩ではなく，その複数の生き方と関係の多元的な複合体なのだから，そのどれに自らを規定させるかによって，教育は，社会の古い事実を再

生産する保守的規定条件にもなるし，逆に新しいそれを再生産していく進歩的規定条件にもなる」（中内，1988，p.30）。

つまり，カリキュラムづくりを行う際に社会に存在する文化のどの部分を選択するかによって，教育は保守的にも進歩的にもなる。カリキュラムをつくる際には，自ずと，次世代に伝えるべき価値の選択が行われることとなる。したがって，カリキュラムをつくる営みは，次の時代を創る人を育て，社会を築く営みの1つと言えるだろう。

2 学校におけるカリキュラムづくりの重要性

カリキュラムは，国家，地方公共団体，研究開発のネットワーク，学区，学校，個々の教師など，様々な教育の単位によって編成されうる。カリキュラム編成が文化からの選択として行われるため，**カリキュラムの編成権**を誰が握るのかは政治的な論争点ともなってきた。

日本において，カリキュラム（教育課程）は学校によって編成されるものである。2008年改訂学習指導要領でも，「各学校においては，教育基本法及び学校教育法その他の法令並びにこの章以下に示すところに従い，児童／生徒の人間として調和のとれた育成を目指し，地域や学校の実態及び児童／生徒の心身の発達の段階や特性等を十分考慮して，適切な教育課程を編成するものとし，これらに掲げる目標を達成するよう教育を行うものとする」（文部科学省，2008a；同，2008b）と述べられている。

各学校では，校長・教頭・主任などのリーダーシップのもと，教職員が共同で学校教育の年間計画を作成し，カリキュラムを編成している。個々の教師は，目の前の子どもたち・青年たちに応じて，また学校を取り巻く諸条件に応じて，学校のカリキュラムを柔軟に調整しながら，指導計画を立てる。さらに近年では，保護者や地域住民，子ども・青年がカリキュラム編成に参加する可能性も，これまで以上に拓かれてきている（Cf. 吉田，1997；浦野，2003など）。つまり，カリキュラム編成は，たとえば教務主任といった役割を担う教師だけの仕事ではなく，広く学校に関わる関係者すべてにとっての課題である。

序　章　なぜ今，カリキュラム設計なのか

　戦後の新教育の時代を除き，日本においては長らく学習指導要領の法的拘束力が強調され，学校のカリキュラムを国家が統制する時代が続いた。しかし，1998年改訂学習指導要領においては「総合的な学習の時間」が導入され，各学校で「創意工夫を生かし特色ある教育活動」を展開することが強調されるようになった。現在では，カリキュラムは各学校がつくるものだという意識が徐々に共有されるようになってきている。

　学校のカリキュラムづくりが，人の命をも左右するほどの重要性を持った1つの事例が，東日本大震災の折に生まれた「釜石の奇跡」である。2011年3月11日，巨大な津波によって壊滅的な被害を受けつつも，釜石市の学校にいた小・中学生あわせて約3000人が的確な避難を行うことによって助かった。この「奇跡」を可能にしたのは，片田敏孝氏の指導のもと，学校ぐるみで取り組まれていた津波防災教育である。釜石市においても，従来は津波警報が出てもほとんど避難しない実態があった。しかし，「津波がきたときに生き延びられる子どもにする」ことをめざすという意識が教師・教育委員会・保護者の間で共有されたことにより，モデル校での開発を進め，各教科の中に津波防災教育を織り交ぜる，総合学習などを活用して地域にも働きかける，といったカリキュラム改革が進められた（片田, 2012）。「釜石の奇跡」が生まれたのは，そのような学校のカリキュラム改善が効果を持ったからこそである。

　釜石の事例は，釜石という地域ならではの特殊なもののようにも見えるかもしれない。しかし，何のための教育なのか，どのような子ども・青年を育てたいのかといった理念を明確にし，その理念を達成するための目標を設定し，目標を達成するための手立てを具体化していくというカリキュラム改善のプロセス自体は，学校が掲げる理念や直面する課題は異なっても普遍的なものと言えるだろう。

　2017年（予定）の学習指導要領改訂に向けては，各学校のカリキュラム・マネジメントがさらに強調されることとなっている。**カリキュラム・マネジメント**は，カリキュラムをつくり，変革していく営みであり，そこには教育活動の側面だけでなく経営活動の側面も含まれる（田村, 2014）。「初等中等教育に

おける教育課程の基準等の在り方について（諮問）」（中央教育審議会，2014a）においては，「審議事項の柱」として，①「教育目標・内容と学習・指導方法，学習評価の在り方を一体として捉えた，新しい時代にふさわしい学習指導要領等の基本的な考え方」，②「育成すべき資質・能力を踏まえた，新しい教科・科目等の在り方や，既存の教科・科目等の目標・内容の見直し」，③「学習指導要領等の理念を実現するための，各学校におけるカリキュラム・マネジメントや，学習・指導方法及び評価方法の改善支援の方策」の3つが挙げられた。

その後，教育課程企画特別部会（第7期）から出された「教育課程企画特別部会における論点整理について（報告）」（2015年8月26日）においても，**「資質・能力の育成」**を重視する方針が打ち出されている（図0-1）。また，「教育課程全体を通した取組を通じて，教科横断的な視点から教育活動の改善を行っていくことや，学校全体の取組を通じて，教科等や学年を越えた組織運営の改善を行っていく」という**カリキュラム・マネジメント**の重要性が強調されている。

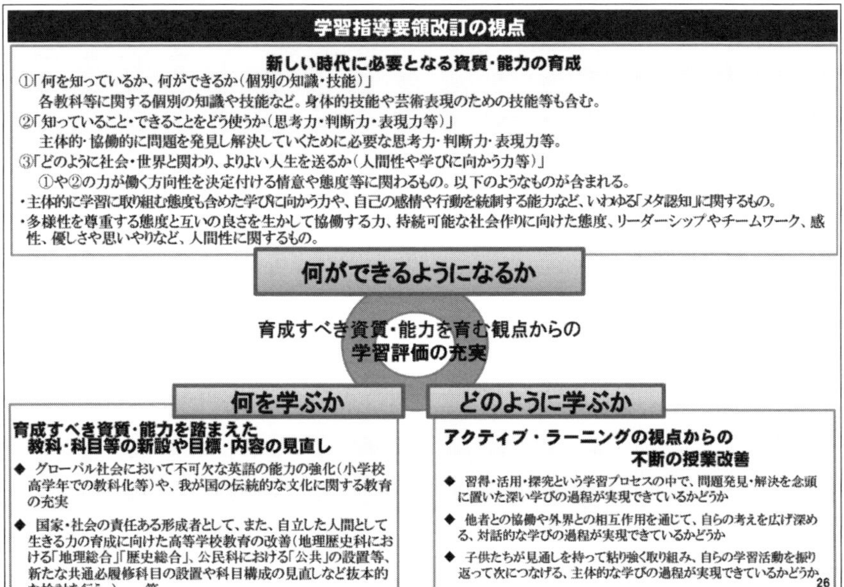

図0-1 「学習指導要領改訂の視点」（教育課程企画特別部会，2015, 補足資料p.26）

序　章　なぜ今，カリキュラム設計なのか

　最近の政策動向でもう1つ着目しておくべきは，大学全入時代をむかえ，**大学入試の改革**が進んでいることである。「新しい時代にふさわしい高大接続の実現に向けた高等学校教育，大学教育，大学入学者選抜の一体的改革について（答申）」（中央教育審議会，2014b）では，一般入試・推薦入試・AO入試の区分を廃止し，「大学入学希望者の多様な能力を多元的に評価する選抜へ抜本的に改革」するという方針が打ち出された。そこでは，①生徒が，自らの高等学校教育における学習の達成度を把握するとともに，自らの学力を客観的に提示することをめざす「高等学校基礎学力テスト（仮称）」と，②大学入学希望者がこれからの大学教育を受けるために必要な能力を身につけているかを把握する「大学入学希望者学力評価テスト（仮称）」を導入するとともに，③各大学で「人が人を選ぶ」個別選抜を行うことが提言されている。「高等学校基礎学力テスト（仮称）」と「大学入学希望者学力評価テスト（仮称）」においては記

図0－2　高大接続システム改革の全体イメージ（高大接続システム改革会議，2015）

述式も導入して「思考力・判断力・表現力」を評価する問題を含めることがめざされている。各大学の個別選抜においても、小論文や集団討論、調査書、活動報告書や大学入学希望書などを活用することが提案されている。

　高大接続システム改革会議の「中間まとめ」(2015年) でも、「知識・技能」「思考力・判断力・表現力」「主体性を持って多様な人々と協働して学ぶ態度」という「学力の3要素」を様々な方法で評価することによって大学入学者選抜を行う方針が推奨されている（図0－2）。今後、入試改革が進む中で、特に高等学校においてカリキュラム改革を進める必要性が増すことが予想される。

3　カリキュラム編成の構成要件

　さて、カリキュラム編成に関わっては、様々な構成要件が絡まりあって存在

表0－1　カリキュラム編成の構成要件
（西岡、2011a、p.171。ただし、一部に加筆・修正を加えた）

構成要件		主な論点
基本要件	教育目的・教育目標	ミッション（使命）・価値・理念・校風（エートス）。目的、目標（教材、指導過程と学習形態、学力評価）。
	構造（スコープとシーケンス）	経験主義か系統主義か。単元の配置。
	履修原理	履修主義か修得主義か。必修か選択か。
教育条件	時間配分	一単位時間。教科等への配当日数。年間の流れ。
	子ども・青年の集団編制	集団の規模。異質化原理か等質化原理か。固定的か、柔軟に変化するか。
	教職員の配置、力量形成	教科担任制か学級担任制か。TTやゲスト・ティーチャーの有無。研修によって、どのような力量を形成するのか。
	教具、施設・設備	教具の種類と数。教室の種類と配置。オープン・スペースの有無。
	学校間の接続	接続校との関係（連携、一貫など）。入試のあり方。
前提条件	入学する子ども・青年	発達段階、学力、性格特性、ニーズなど。
	保護者や地域社会	学校への期待、協力体制、地域文化など。
	学校の特色	伝統、各種教育資源など。
	上級校・下級校、近隣校との関係	連携の有無。学校間競争の有無。
カリキュラム編成の制度		中央集権による統制か、「学校を基礎にしたカリキュラム編成」か、学校間ネットワークの形成か。学校におけるカリキュラム・マネジメント（教育課程経営）のあり方、学校のビジョン（将来構想）とストラテジー（方略）。カリキュラム評価の主体と進め方。

している。表0-1には，カリキュラム編成に関わる構成要件と主な論点について整理している。

「基本要件」はカリキュラムの本質的な構成要素である。**「教育条件」**は，カリキュラムを実施するにあたって，意図的な操作の対象となる諸条件である。**「前提条件」**は，カリキュラムを編成する教師たちにとって，必ずしも操作の対象となりえない，しかしながら考慮せざるをえない諸条件である。ただし，「教育条件」と「前提条件」の区別は，時代によっても変化しうるものである。たとえば，学校段階に注目すると，従来は6・3・3制であることが「前提条件」であった。しかし，現在では6・3・3制とは異なる区分の仕方も議論され始めており，学校段階の区分は「教育条件」へと移行したと言えるだろう。

本書では，カリキュラム編成の構成要素の中でも特に中心に位置する教育目的と教育目標，指導過程・学習形態，評価方法の部分に焦点を合わせる。また，それらを明確に計画するという意味で，カリキュラム設計という用語を用いる。

カリキュラム設計を行うにあたっては，教科や特別活動といった**「領域」**の特質を踏まえることが重要となる。カリキュラムにおいて，「領域」が成立する条件としては，表0-2の3点が指摘されている。

また，1998年改訂学習指導要領において「総合的な学習の時間」が導入されたことに伴い，カリキュラムの構造としては次の3つの説が登場している。①カリキュラム全体を総合学習にしようとする説，②教科学習の総合性を重視し，総合学習を領域として設定することを否定する説，③教科学習と総合学習

表0-2 「領域」成立の3条件（田中，1999b, pp.15-16）

(1)	他領域に解消されることのない，その領域に特徴的な指導と学習の質を抽出することができること。
(2)	その領域に固有な指導計画（教育目標・内容，教材，指導過程と学習形態，教育評価）を立てることができること。
(3)	学校の全体的な教育計画において，一連のまとまった学習時間数を要求することができること。

の独自性をそれぞれ認め，両者の相互環流を構想する説，である（田中，1999b, p.16）。本書では，第3の立場に立ち，主として教科と総合学習のカリキュラム設計を検討したい。なお本書では，学習指導要領で設置されたものを「総合的な学習の時間」，教科と異なる領域として成立しているものを総合学習と記す。

　教科や総合学習の指導を行う場合，通常は年間指導計画など長期的な見通しを持ちつつ，単元指導計画を作ることとなる。**単元**とは，「一連の指導内容や学習活動を効果的な指導のためにひとまとまりにしたもの」（庄司，2001, p.166）を指す。

　通常，単元は，4つの要素によって構成されると分析される。教育目標，教材と教具，指導過程と学習形態，学力評価である（Cf. 田中，2007）。教育目標は，対応する教材，指導過程・学習形態，評価方法に具体化されてはじめて，目標としての意味を持つ。

　本書では，特に教科のカリキュラム設計について，「**逆向き設計**（backward design）」論に依拠して提案する。「逆向き設計」論とは，ウィギンズ（Wiggins, G.）氏とマクタイ（McTighe, J.）氏が，共著書『理解をもたらすカリキュラム設計（*Understanding by Design*）』（1998/2005）で提唱しているカリキュラム設計論である。2004年には研修用のワークブック（McTighe & Wiggins, 2004）も出版されている。なお，「逆向き設計」論の骨子については，ウィギンズ氏が単著『教育的な評価（*Educative Assessment*）』（Wiggins, 1998a）の中でも触れている。ウィギンズ氏とマクタイ氏は，教師や管理者を対象とする研修のワークショップを行うなかで日々「逆向き設計」論に改良を加えてきた（ウィギンズ氏へのインタビュー，2002年11月18日）。「逆向き設計」論を説明する教員研修用のビデオ（ASCD, 1998；ASCD, 2000a；ASCD, 2000b）なども作成されている。

　「逆向き設計」論は，「**真正の評価**（authentic assessment）」論を背景に登場したカリキュラム設計論である。そこで次に，「真正の評価」論と「逆向き設計」論の概要を紹介しよう。

第2節 「逆向き設計」論とは何か

1 「真正の評価」論

　米国においては，1980年代以降に学力低下が指摘される中で，学校や学区に対して，学力保障を行っていることについての説明責任を求める論調が強まった。この論調を背景に，連邦政府，州政府や学区教育委員会は，学校で教えられるべき内容を規定するために，カリキュラムに関する政策文書を作成した。このような政策文書は，多くの場合「**スタンダード**（standard）」と呼ばれている。同時に州政府は，標準テスト（standardized tests）にもとづいて学校の教育成果を点検するようになった。これに対して，教師たちの間からは，そのような標準テストでは，子どもの学力を総合的に捉えることができないとの批判が起こった（シャクリーほか，2001）。

　一方で，学習研究の発展により，**構成主義的学習観**が登場した。構成主義的学習観では，学習者は教えられる以前から既有知識を持ち，自分なりの解釈や説明を行っていると捉える。新たに接した事態がそのような解釈や説明と矛盾した場合に，その矛盾を乗り越える学習を実現するためには，学習者自身が自覚的に自らの知識や解釈・説明などを組み替えるよう，状況を設定する必要がある。そこで，構成主義的学習観にもとづけば，「事象や概念などを知識を使って説明したり状況に対処する能力」（堀，1992，p.158）である「**理解**（understanding）」や，「自分の認知過程についての認知と知識」すなわち「**メタ認知**」（楠見，2013，p.707；Cf. 三宮，2008）が重視されることとなる。

　このような標準テスト批判や構成主義的学習観にもとづいて，1980年代後半に登場したのが，**真正性**（authenticity）の概念である。アーチボールド（Archbald, D.）氏とニューマン（Newmann, F.）氏は，1988年，「真正の学力（authentic academic achievement）」の概念を提起した（Archbald & Newmann, 1988）。さらに，1992年の論文において，「**真正の学力**」の条件は，次の3点に整理されている。①他者の生み出した知識の再生やそれに対する応答ではなく，知識そのものを生み出すものである。②訓練された探究（disciplined inquiry），すなわち先行する知識の基盤と深い理解にもとづく，総合的な知識の生産である。③単に学習者の有能性を示すことのみを目的とするのではなく，「審美的な，実利的な，あるいは個人的な価値」を持つものである（Archbald & Newmann, 1992；Cf. 藤本, 2013）。知を創出する学習者像（①②）に構成主義的学習観からの影響，学力自体の意義の強調（③）に標準テスト批判の主張を見てとることができる。

さらに1990年代後半になると，「真正の評価」論が登場した。**「真正の評価」**とは，テストのために特別に設定された状況ではなく，現実の状況を模写したりシミュレーションしたりしながら評価することの重要性を強調する立場である（Wiggins, 1998a, p.24）。現実の状況としては，実生活，職業生活，学問的な研究，市民活動，娯楽など様々ありうる。また具体的な評価方法として，パフォーマンス評価（performance assessment）やポートフォリオ評価法（portfolio assessment）の提案がなされることとなった。**パフォーマンス評価**は，知識やスキルを使いこなす（活用・応用・総合する）ことを求めるような評価方法の総称である。また，**ポートフォリオ評価法**とは，子どもや青年にポートフォリオ（学習の記録を系統的に蓄積し，編集するもの）を作らせることによって，その自己評価力を育てるとともに，教師も子ども・青年の学習と自分の指導をより幅広く，深く評価しようとするものである。

さて，こういった評価方法を用いるためには，改めてどの教育目標に対応させてそれらを用いればよいのかが問われることとなる。そこで，「真正の評価」論者であるウィギンズ氏とマクタイ氏が構想したカリキュラム設計論が，「逆向き設計」論だったのである。

ウィギンズ氏とマクタイ氏は，パフォーマンス評価の中でも，真正の評価方法を用いることを推奨している。**真正の評価方法**となる条件としては，①「現実的な文脈化がなされている場合」，②「判断と革新が求められる場合」，③「生徒に教科『する』ことを求める場合」，④「大人が仕事の場や市民生活，個人的な生活において真に『試される』ような，鍵となる困難な状況を模写する場合」，⑤「複雑で多くの段階からなる課題をうまく処理するために，知識と

スキルのレパートリーを効率的かつ効果的に用いる生徒の能力を評価する場合」、⑥「実演と完成作品を洗練させるためにリハーサルし、練習し、リソースを調べ、フィードバックを得るという適切な機会が与えられている場合」が挙げられている（ウィギンズ＆マクタイ，2012，pp.184，186。傍点は原著による）。

これらの条件を鑑みれば、課題の「真正性」は、課題に取り組む際の思考の質を担保しようとしているものとして評価できる。その上で、課題の状況設定（シナリオ）を考案する際には、大人の状況を模写することもできるが、子ども自身・青年自身の状況の中で考えさせることも可能であろう。

このような「真正性」を志向するウィギンズ氏らの問題意識は、次の文章からもうかがうことができる。「UbD［理解をもたらすカリキュラム設計］において私たちが強調しているのは、深い理解、学習していることについての批判的な思考、現実世界の設定への学習の転移です。米国同様、日本においても、あらゆる学校階梯の生徒たちが、学校教育に十分な適切性［relevance］がなく、役に立つように思えない、と際限なく嘆いていることを私たちは知っています。UbDは、意味と転移という目的に焦点を合わせるプロセスを厳格に計画することを通してそれらの目的を達成するように、『意図的設計によって』開発されました」（ウィギンズ＆マクタイ，2012，p.i）。つまり、彼らにとって「真正性」は、子どもたちにとっての**レリバンス**をめざすところからも発想されたものと言えよう。

2 「逆向き設計」論

さて、「逆向き設計」論は、カリキュラム設計にあたって、教育目標、評価方法、学習経験と指導を三位一体のものとして設計することを提案するものである。「逆向き」と呼ばれる所以は、単元末・学年末・卒業時といった、教育によって最終的にもたらされる成果（「結果」）から遡って教育を設計する点、また通常、指導が行われた後で考えられがちな評価方法を先に構想する点にある。

「逆向き設計」論の要点は、次の4つにまとめることができる（図0-3）。

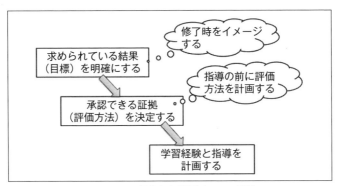

図０－３ 「逆向き設計」の３段階
（ウィギンズ＆マクタイ，2012，p.22。ただし，一部，筆者が加筆した）

　第１に，単元設計にあたり**「求められている結果（desired results）」**（目標）を明確にする（第１段階）。特に，重点的に扱う目標として，単元を通して探究する**「本質的な問い（essential questions）」**と，対応して身につけさせたい**「永続的理解（enduring understandings）」**を明確にする。ここで言う「理解」とは，知識やスキルを洗練された柔軟なやり方で使いこなせる状態のことを指している。いわゆる「思考力・判断力・表現力」に対応している。

　第２に，「求められている結果」が達成できているかどうかを確かめる上で**「承認できる証拠（acceptable evidence）」**（評価方法）を決定する（第２段階）。その際，パフォーマンス課題（performance tasks）を含め，様々な評価方法を組み合わせて用いる。**パフォーマンス課題**とは，複数の知識やスキルを総合して使いこなすことを求めるような複雑な課題を指す。たとえばレポートやプレゼンテーションは，典型的なパフォーマンス課題である。「逆向き設計」論では，「本質的な問い」や「永続的理解」に対応させてパフォーマンス課題を用いることが提案されている。

　第３に，「求められている結果」「承認できる証拠」に対応できる**学習経験（learning experiences）と指導（instruction）**を計画する（第３段階）。その際，子ども・青年が見通しを持って学習に取り組み，自己評価を踏まえて効果的に改善を図ることができるよう，指導を工夫する。第３段階については，

「WHERETO」で略記される7点を重視することが提案されている。すなわち，単元がどこへ（**W**here）に向かっているのかの見通しを与えること，すべての学習者を惹きつける（**H**ook）こと，学習者に課題に対応できる力を身につけさせ用意させる（**E**quip）こと，修正する（**R**evise）機会や自己評価（self-**E**valuate）する機会を与えること，学習者の多様性に対応できるよう調整する（**T**ailor）こと，全体を組織する（**O**rganize）ことという7点である。

なお，これらの単元設計の3段階について，『理解をもたらすカリキュラム設計』の第1版（Wiggins & McTighe, 1998）では順に考えることが強調されていた。しかしながら，増補第2版（2005年）では3つの段階を必ずしも順に考える必要はなく，考えやすいところから考え始めて最終的に3つの段階が対応するように設計されればよいとされている（図2-9，p.99；ウィギンズ＆マクタイ，2012，pp.301-304）。いずれにせよ，3つの段階の対応関係が明確に意識されるよう，「逆向き設計」論では，表0-3のような**単元設計テンプレート**を用いることが提案されている。

第4に，単元設計（「**ミクロな設計**」）と長期的な指導計画（「**マクロな設計**」）を往復させながら，カリキュラム全体の改善を図る（図4-1，p.146）。ウィギンズ氏らは，**単元**の条件として，「授業をミクロに経営したり，複雑なパフォーマンスの目標を見過ごしたりはしない程度に大きく」，「曖昧で役に立たない計画にはならない程度に小さい」ことを挙げている。そして，このような条件を満たす時，「単元に焦点化することがより確固とした，質の高いカリキュラムをつくるのに役立つ」と指摘している（Wiggins & McTighe, 2002, p.99）。カリキュラム設計にあたっては，ややもすれば長期的な指導計画が日々の授業の実践とうまくつながらず，机上の空論と化してしまう傾向も見られる。「逆向き設計」論においては，単元における「本質的な問い」を抽象化した，**包括的な「本質的な問い」**により，単元間で目標やパフォーマンス課題の系統化を図る発想が採られている。単元設計と長期的な指導計画とを往還させることにより，カリキュラム全体を改善していくことが可能になるのである。

表0−3 「逆向き設計」論における単元設計テンプレート
(「教師のための設計の問い」を記入したもの。ウィギンズ＆マクタイ，2012, p.27。ただし，「本質的な問い」と「理解」の欄は入れ替えた)

第1段階 ── 求められている結果

設定されているゴール： Ⓖ
- この設計は，関連するどのようなゴール（例：内容スタンダード，科目や教科課程の目標，学習の成果を扱うのか？

本質的な問い： Ⓠ	**理解：** Ⓤ
●どのような刺激的な問いが，探究，理解，学習の転移を促進するのか？	生徒は，〜は…だと理解する。 ●重大な観念は何か？ ●それらについて，どのような特定の理解が求められているのか？ ●どのような誤解が予想されるのか？
生徒は，次のことを知る。 Ⓚ ●この単元の結果として生徒が獲得するのは，どのような鍵となる知識とスキルなのか？ ●そのような知識とスキルの結果として，ゆくゆくはどのようなことができるようになるべきか？	**生徒は，次のことができるようになる。** Ⓢ

第2段階 ── 評価のための証拠

パフォーマンス課題： Ⓣ	**他の証拠：** ⓄⒺ
●どのような真正のパフォーマンス課題によって，生徒は，求められている理解を実地で示すだろうか？ ●どんな規準によって，理解のパフォーマンスは審査されるのか？	●他にどのような証拠（例：小テスト，テスト，アカデミック・プロンプト，観察，宿題，日誌）によって，求められている結果を生徒が達成したことが示されるだろうか？ ●生徒はどのように自分の学習を振り返り，自己評価するだろうか？

第3段階 ── 学習計画

学習活動： Ⓛ
どのような学習経験と指導によって，求められている結果を生徒が達成することが可能となるのか？　この設計ではどのようにして
W ＝ この単元がどこへ（Where）向かっており，何が（What）期待されているかを，生徒が知るのか？　生徒がどこ（Where）から来たのか（既有知識や関心）を，教師が知ることができるのか？
H ＝ すべての生徒を惹きつけ（Hook），関心を維持する（Hold）のか？
E ＝ 生徒を用意させ（Equip），鍵となる観念を経験させ（Experience），論点を探究させる（Explore）のか？
R ＝ 理解と作品を再考し（Rethink），修正する（Revise）機会を提供するのか？
E ＝ 生徒に，自分の作品とその含意を評価（Evaluate）させるのか？
T ＝ 学習者の異なるニーズ，関心，能力に合わせて調整する（Tailor）（個性化する）のか？
O ＝ 最初から最大限の参加を喚起し，それを維持するとともに，効果的な学習が最大限に行われるように，組織する（Organize）のか？

序　章　なぜ今，カリキュラム設計なのか

3　パフォーマンス課題の魅力

　筆者は，2004年以来，様々な校種の先生方にご協力いただきつつ，「逆向き設計」論にもとづいてパフォーマンス課題を開発し，活用する実践づくりの共同研究に取り組んできた。その中で，パフォーマンス課題には，次のような魅力があると考えている。

　第1に，**教科の中核に位置する重要な目標に対応する指導**が可能になる。たとえば，状況に合わせてグラフを適切に描く力を育てることは，数学や理科において中核に位置するような重要な目標であろう。しかし，すべての学習者にその力が身につけられているのか疑問に感じさせられるデータもある。中学校2年生に対して2001年に実施された図0－4の問題では，通過率は46.3％にとどまっていた。目盛りありのグラフ用紙が与えられた類似の問題では，通過率は68.8％であった。グラフを描く力を育てるという目標を掲げていたとしても，目盛りありのグラフ用紙を与えて書き込ませる指導をしていたのでは，リアルな状況において自力で適切なグラフを選び，描く力を身につけさせることはできていない危惧がある。

　　智子さんの班は，電圧と電流の関係を調べるために下の図のような回路を作りました。電流の電圧を2.0Vから12.0Vまで変化させて，回路に流れる電流をはかったところ，測定値が下の表のようになりました。

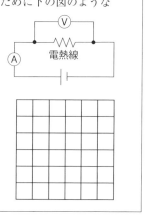

表

電圧 V	2.0	4.0	6.0	8.0	10.0	12.0
電流 A	0.5	1.0	1.6	－	2.4	3.0

(1) 表の結果をもとにして，電圧と電流の関係を右のグラフ用紙に書きなさい。

図0－4　グラフに表す力を評価する問題例
（国立教育政策研究所教育課程研究センター，2003, p.85）

25

それに対し,「逆向き設計」論にもとづくと,「グラフとは何か？　どのようにグラフを描けばよいのか？」という「本質的な問い」に対応するパフォーマンス課題が与えられることとなる。たとえば,小学校4年生の算数で,「高倉小学校をグラフにしよう！」という課題が提供された例がある（京都市立高倉小学校, 2011年度, 小林広明先生の実践）。先生の誕生月や子どものころの夢,年度ごとの入学者数や卒業者数,学年ごとの虫歯の数,図書室に入った本の数など,子どもたちは興味を持ったデータを調べ,棒グラフと折れ線グラフのどちらで表すのがいいのかを考えてグラフを描き,そこから読み取れることを説明するという活動に取り組んだ。このような課題により,学習者自身が「本質的な問い」に直接取り組む学習機会が十分に保障されれば,リアルな状況において,学習者自ら問題解決に取り組む実力を身につけさせる可能性が大きくなると期待できる。

　第2に,パフォーマンス課題を与えることによって,**多面的で個性豊かな表現**が引き出される。図0-5に示したのは,課題「『真の自分』を発見し,表そう」という課題に対応して生み出された作品例である（福岡教育大学附属福岡中学校, 武田巨史先生の実践）。この課題は,「これまでの人生やこれからの人生に対する自分の思いや考えを形や色,表現方法,描画材料,表現技法を自由に組み合わせながら,自画像を描きましょう」（武田, 2009, p.97）という

図0-5　課題「真の『自分』を発見し,表そう」に対応して生み出された作品例
①「私」／②「Don't Know At All」／③「閉ざされた心」
（武田巨史先生提供。武田, 2010, p.175 ; Cf. 武田, 2009, p.97）

ものであった。パフォーマンス課題を教師が設計して与えることについては，学習者の個性豊かな創造性の発揮を阻害するものとなるのではないかという疑問の声が投げかけられる例もある。しかし，「本質的な問い」に対応するパフォーマンス課題において求められる表現は自由度が高く，したがって課題に対する多様なアプローチが認められるようになり，個性的な表現が生み出されうることを，図0-5の例は示している。

　第3に，「逆向き設計」論にもとづけば，**長期的な見通し**のもとで，学習者の「思考力・判断力・表現力」を育てることができる。たとえば，図3-2（p.130）には，小学校4年生のある児童が4月（学年初め），12月，3月（学年末）に描いた観察記録を示している（鳴門教育大学学校教育学部附属小学校・当時，宮本浩子先生の実践）。1年間で，観察記録を取る力が大きく成長していることがうかがわれる。この実践の場合，「どのように観察記録を取れば良いのか？」という包括的な「本質的な問い」に対応させて，類似のパフォーマンス課題（観察記録を描くという課題）が繰り返し与えられたと捉えられる。

　さらに子どもの作品をもとに，質のレベルを捉えるルーブリックを評価基準として作る。この作業により，求められるパフォーマンスの内実や学習者のつまずきを具体的に把握することができ，その後の指導の改善に役立てることができる。このようなルーブリックについては，近年，単元を越える長期的な発達を捉えるような長期的ルーブリック（表4-3，pp.152-153など）や，探究の深化を捉えるようなルーブリックの開発例（表5-8，p.207）も生まれている。なお本書では，何に準拠して評価を行うかを示す用語として「**規準**」を用いるのに対し，「**基準**」は到達点を具体的に明示するものとして用いるものとする。

　第4に，「本質的な問い」に繰り返し取り組むことで，学習者は，**問う力**をも身につけていく。たとえば中学校社会科において，「人々は，どのような地理的条件のもとで，どのような暮らしをしているのか？　それはなぜか？」「社会を変えるのは何か？　どのように変えていくことが民主的で平和的な国家・社会をつくりあげることになるのか？」「人々が幸せに生きられる社会の

しくみはどのようなものか？」といった「本質的な問い」に対応するパフォーマンス課題10個に取り組んだのち，最後は自由なテーマで卒業研究レポートを書いたという実践例がある（横浜国立大学教育人間科学部附属横浜中学校・当時，三藤あさみ先生の実践。西岡・三藤，2009；三藤，2009b；三藤・西岡，2010）。これにより，生徒たちは，「途上国の為に今，日本ができることは何か？」「何故，世界は武器を握り締めて離さないのか？」「なぜ医療（病院のシステム）が安心できないものになったのか？」といった地理・歴史・公民を融合するようなテーマを設定してレポートを書くにいたっている。

「逆向き設計」論において，「本質的な問い」は第1段階，すなわち目標に位置づいている。リアルな状況において問題解決に取り組み，探究を深めるためには，「問い」を持つ力が欠かせない。教科における本質を追究する中で，「問い」を持つ力を身につけさせることを目標に位置づけている点は，「逆向き設計」論の画期的な点である。

第5に，パフォーマンス課題は，学習者に**学習の意義**を感じさせるものである。たとえば，岐阜県立可児工業高等学校の河合英光先生は，電力技術の課題として，次のような課題「照明設計」を与えた。「あなたは照明調査の仕事をすることになりました。3〜4名のチームで可児工業高校の各実習室の照度測定行い，照度基準に適合しているか確認しなさい。また，適合していない場合は照明器具を何台，どのように配置すれば基準を満たすかを調査しレポートにまとめなさい。／調査結果のレポートは，多くの先生やPTA役員が見ることになるので，照明器具の台数がなぜそれだけ必要なのかを，図や計算結果等を用いて論理的に説明してください。このレポートの結果によって，照明器具を購入するかどうかを検討します。」

この課題に取り組んだ生徒たちの声を，表0−4に紹介している。パフォーマンス課題に取り組むことによって力がつく，楽しく親しみやすい，教科書などを自分で調べて取り組んだ，家の電気など別の場面でも学習を活かすような興味を持てるようになった，といった声が寄せられている。

目標から評価や指導を計画する発想については，**ゴール・フリー評価**（目標

表０－４　課題「照明設計」に取り組んだ生徒たちのコメント
（岐阜県立可児工業高等学校，河合英光先生提供）

- パフォーマンス課題は，僕自身の意見ですが，凄く良いものだと思いました。授業やテストでは判断できないような個人，個人の細かい点まで評価できることは良いものだと思います。
- パフォーマンス課題は，実際に自分たちで見て測って計算するという大事な作業だと思い，とても力がつくと思いました。
- パフォーマンス課題はやっていていいと思います。授業で聞いて話をするだけでなく，体験をした方が，その授業を楽しくできますし，覚えやすいと思います。
- パフォーマンス課題では，自分たちで教科書やネットから情報を調べ，取り組めたので良かった。僕的には，メンバーの人達と機械（物）を用いて測定し，そこから計算して求める照明のパフォーマンス課題のほうが好きだった。
- この授業では，パフォーマンス課題というものをやり，それをやったことによって，自分の家の電気はこうなっていて，学校の電気ってこんなに明るいなど，今まで気にしていなかったことを意識するようになり，今では，とても電気に興味があります。
- 充実して身についたと思っています。パフォーマンス課題に関しては，身のまわりの事で作っていたので，とても親しみが持ちやすく，良かったと思います。これからもパフォーマンス課題はあったほうが良いと思います。

にとらわれない評価：goal-free evaluation）や「**前向きアプローチ**（working-forward approach）」の立場などから，偏狭な目標にとらわれて創造性などが育成されない危惧が表明されてきた（Cf. 根津，2006；スカーダマリアほか，2014）。しかし，ウィギンズ氏らの「逆向き設計」論は，思考力や実践力，創造性といった幅広い目標を「求められている結果」として位置づけ，それらを達成するようなカリキュラム設計への道を指し示すものと言えるだろう。

　ただし，ウィギンズ氏らの「逆向き設計」論で想定されているのは，主に教科のカリキュラム設計である。それに対し，日本の学校では，総合学習や特別活動を含めたカリキュラム設計が求められる。また，「逆向き設計」論において，カリキュラム編成の制度については具体的に論じられていない（Cf. 小島，

2014)。そこで本書では,「逆向き設計」論の議論の範疇を越える部分については, 日本の実践に学びつつ補って論じてみたい。

第3節　本書の構成

　本書は,以下,次のような構成となっている。
　第1章では,「資質・能力」重視の方針が打ち出された背景を探るとともに,教科と総合学習における教育目標の設定のあり方について提案する。さらに,学校で育成する「資質・能力」の全体像を捉える枠組みを検討する。
　第2章では,「目標に準拠した評価」の意義と課題を確認するとともに,学力評価の方法を概観する。また,パフォーマンス課題の作り方,ルーブリックやチェックリストといった評価基準の作り方について提案する。
　第3章では,指導過程の改善について考える。特に教科においてパフォーマンス課題を実施する際の指導のポイントを,実践例を踏まえつつ検討する。さらに,「個に応じた指導」の構想についても論じる。
　第4章では,「マクロな設計」とは何かを確認するとともに,学力評価計画の立て方について提案する。さらに,「ミッションにもとづくカリキュラム設計」のあり方について紹介する。
　第5章では,ポートフォリオ評価法の基本的な進め方を確認する。また,単独の教科・科目における活用例,探究的な学習における活用のあり方,学び全体を対象としたポートフォリオについて,それぞれ事例をあげつつ紹介する。
　第6章では,カリキュラム・マネジメントの考え方と進め方について確認したのち,学校におけるカリキュラム改善の具体像について検討する。スタンダードの開発と活用の先行事例についても紹介したい。

第1章
教育目標の設定

はじめに

　カリキュラムを設計するにあたっては，まず教育目標を設定することが必要となる。次の学習指導要領改訂に向けて，教育目標をめぐっては，従来の学力の範疇にとどまらない「資質・能力」を位置づける議論が登場している。

　そこで本章の第1節では，「資質・能力」論が登場した背景，意義と課題について検討する。「資質・能力」を育成するカリキュラムを構想するためには，カリキュラムの領域ごとの目標論を踏まえる必要がある。本章の第2節では教科，第3節では総合学習の目標について検討する。最後に第4節では，「資質・能力」をカリキュラムに位置づける際に，どのような枠組みで捉えたらよいのかについて検討する。

第1節　「資質・能力」論とは何か

■1　国内外における「資質・能力」論の動向

　2016年1月現在，次の学習指導要領改訂に向けての議論が進められている。中央教育審議会初等中等教育分科会教育課程部会教育課程企画特別部会（第7期）の「論点整理」（2015年8月26日）の「補足資料」に示された「学習指導要領改訂の視点」（図0-1，p.14）が示す通り，次の学習指導要領改訂におけるキーワードの1つとして，「育成すべき資質・能力」が挙がっている。そこで本章ではまず**「資質・能力」**とは何かについて検討してみよう。

　2000年代初めのころより，国内外で，従来の「学力」という用語で語られてきた範疇を越える能力論が盛んに論じられるようになっている。これらの議論の中で提唱されている能力を〈新しい能力〉と総称する松下佳代氏は，日本における〈新しい能力〉概念を表1-1のように整理している。また，それらの内容にはおおよそ，①基礎的な認知能力（読み書き計算，基本的な知識・スキルなど），②高次の認知能力（問題解決，創造性，意思決定，学習の仕方の学習など），③対人関係能力（コミュニケーション，チームワーク，リーダーシップなど），④人格特性・態度（自尊心，責任感，忍耐力など）が含まれて

表1－1　日本における〈新しい能力〉概念（松下，2015b）

【初等中等教育】		
生きる力	文部科学省	1996年
リテラシー	OECD-PISA	2001年～
学力の三要素	学校教育法	2007年
21世紀型能力	国立教育政策研究所	2013年
【高等教育】		
就職基礎能力	厚生労働省	2004年
社会人基礎力	経済産業省	2006年
学士力	文部科学省（学士課程答申）	2008年
ジェネリックスキル	OECD-AHELO	2012年
【労働政策・成人一般】		
エンプロイヤビリティ	日本経営者団体連盟（日経連）	1999年
成人力	OECD-PIAAC	2012年
【全般】		
キー・コンピテンシー	OECD-DeSeCo	2003年
人間力	内閣府（経済財政諮問会議）	2003年
基礎的・汎用的能力	文部科学省（キャリア教育答申）	2011年

いることを指摘している（松下，2010，p.3）。

　一方，松尾知明氏は，**コンピテンシーや21世紀型スキル**といった用語を目標として掲げて進められている各国の教育改革の実態を調査している（松尾，2015；表1－2）。松尾氏によると，世界的な動向としては，OECD（経済協力開発機構）やEU（欧州連合）を中心とする「キー・コンピテンシー（Key Competencies）」（ライチェン＆サルガニク，2006）を定義する流れと，アメリカにおける「21世紀型スキルパートナーシップ（Partnership for 21st Century Skills：P21）」（Bellanca & Brandt, 2010；Cf. P21, n.a.）や国際研究プロジェクト「21世紀型スキルのための学びと評価（Assessment and Teaching of 21st Century Skills：ATC21S）」（グリフィンほか，2014；ATC21S, n.a.）のように「21世紀型スキル」の用語を用いる流れの2つに大別される。また松尾氏は，EU諸国やニュージーランド，韓国の教育政策がキー・コンピテンシーの影響を受けているのに対し，アメリカとカナダの教育政策は21世紀型スキルの影響が大きく，オーストラリアやシンガポール，香港については両者か

表1−2　地域・国等が掲げるコンピテンシーと資質・能力目標（松尾, 2015, p.244）

地域・国など	能力の名称	下位の能力					
OECD (DeSeCo)	キー・コンピテンシー	相互作用的道具活用力			反省性（考える力）	自律力活動力	異質な集団での交流力
EU	キー・コンピテンシー	第1言語外国語	数学と科学技術のコンピテンシー	デジタル・コンピテンシー	学び方の学び	進取の精神と起業精神	社会的・市民的コンピテンシー、文化的気づきと表現
イギリス	キー・スキル	コミュニケーション	数字の応用	情報テクノロジー		問題解決協働する	問題解決協働する
ドイツ	コンピテンシー	事象コンピテンシー方法コンピテンシー				自己コンピテンシー	社会コンピテンシー
フランス	共通基礎	フランス語現代外国語	数学及び科学的教養	情報通信に関する日常的な技術の習得		自律性及び自発性	社会的公民的技能、人文的教養
フィンランド	コンピテンシー	生きるために必要な知識とスキル				教育の平等の推進と生涯学習の基礎づくりリテラシー	人として・社会の一員としての成長リテラシー
カナダオンタリオ州	学習スキルと学習習慣（21世紀型スキル）				課題解決能力学習への積極性	自己管理能力、自律性	責任感、コラボレーション
アメリカ	大学・キャリアレディネス（21世紀型スキル）			（情報・メディア・テクノロジースキル）	（学習とイノベーションスキル）		（生活とキャリアスキル）
オーストラリア	汎用的能力	リテラシー	ニューメラシー	ICT技術	批判的・創造的思考力	倫理的行動	個人的・社会的能力、異文化間理解
ニュージーランド	キー・コンピテンシー	言語・記号・テキストの使用			思考力	自己管理力	他者との関わり、参加と貢献
シンガポール	21世紀型コンピテンシー	情報とコミュニケーションスキル			批判的・創造的思考	自己意識・自己管理・責任ある意志決定	社会的意識、関係管理、公民的リテラシー、グローバル意識、文化横断的スキル
香港	汎用的スキル		ニューメラシースキル	情報技術スキル	創造批判的思考スキル	問題解決	コラボレーションスキルコミュニケーションスキル
韓国	（核心力量）	（意志疎通能力）			（論理力）（想像力／創意力）（問題解決能力）	（自己理解力）	（文化的感受性）（市民共同体精神）（リーダーシップ）

らの影響がうかがわれると言う。さらに松尾氏は，各地で提唱されている「資質・能力」目標の構成要素が，およそ「基礎的リテラシー」「認知スキル」「社会スキル」の3つに分けられると指摘している（松尾，2015, pp.240-245）。この研究成果が，国立教育政策研究所の提案する「21世紀型能力」の理論的

基盤（図1－15，p.72）ともなっている。

　ここでは特に国際的に影響力が強いと思われるOECDのキー・コンピテンシー（表1－3）と，ATC21Sが定義する21世紀型スキル（表1－4）を紹介しておこう。まず，OECDのキー・コンピテンシーは，あらゆる文脈で働いているコンピテンシーを，「ツールを相互作用的に用いる」「異質性のあるグループで相互作用する」「自律的に活動する」という3次元で捉えるものとなっている。さらに，それらのコンピテンシーを使いこなすために，中心には「**省察（reflectiveness）**」が位置づけられている。「省察」には，「メタ認知スキル（思考に関する思考）の使用，創造的な能力と批判的スタンスを取ること」が含まれるとされている。なお，OECDが実施しているPISA（Programme for International Student Assessment：国際学習到達度調査）は，表1－3の下線部に対応する調査である。

　一方，ATC21Sはシスコ，インテル，マイクロソフトというIT関連企業が出資したプロジェクトである。ATC21Sでは「考え方」「働き方」「働くためのツール［道具］」「世界の中で生きること」という4つのカテゴリーが示されており，OECDのキー・コンピテンシー以上に，情報リテラシーやICTリテラシーが強調されていることがわかる（ICTとは，情報通信技術〈Information and Communication Technology〉のことである）。またATC21Sは，主要にはテスト開発を意図したプロジェクトであるため，カテゴリーや下位項目は要素的に捉えられており，次元として位置づける発想は見られない。しかしながら，問題解決，コミュニケーションや他者との協働，人生とキャリアといった点では，OECDのキー・コンピテンシーと類似した要素が挙げられていることがわかる。

2　「資質・能力」論の背景

　このように同時代的に「資質・能力」論が登場してきたのは，なぜだろうか。ここでは，その背景として次の3つを指摘しておきたい。

　第1に，労働市場の変化に対応すべきであるとする**経済的要請**である。21世

表1－3　OECDのキー・コンピテンシー
(下線部は引用者による。ライチェン＆サルガニク，2006；OECD，2005をもとに筆者作成)

ツールを相互作用的に用いる	異質性のあるグループで相互作用する	自律的に活動する
なぜか ・技術を最新のものにし続ける必要性 ・自分の目的にツールを適合させる必要性 ・世界と活発な対話を行う必要性	なぜか ・多元的な社会において，多様性に対応する必要性 ・共感の重要性 ・社会的資本の重要性	なぜか ・複雑な世界で自分のアイデンティティを実現し，ゴールを設定する必要性 ・権利を行使し，責任を取る必要性 ・自分の環境とその機能を理解する必要性
どのようなコンピテンシーか A. 言語，シンボル，テクストを相互作用的に用いる B. 知識と情報を相互作用的に用いる C. 技術を相互作用的に用いる	どのようなコンピテンシーか A. 他者といい関係をつくる B. 協力する，チームで働く C. 争いを処理し，解決する	どのようなコンピテンシーか A. 全体像の中で行動する B. 人生計画と個人プロジェクトを形作り実行する C. 権利，利益，限界やニーズを弁護し主張する

表1－4　ATC21Sが定義する21世紀型スキル
(ビンクレーほか，2014；Binkley, M., et al., 2012をもとに筆者作成)

考え方	働き方	働くためのツール[道具]	世界の中で生きること
・創造性とイノベーション[刷新] ・批判的思考，問題解決，意思決定 ・学び方を学ぶこと／メタ認知(認知プロセスに関する知識)	・コミュニケーション ・協働(チームワーク)	・情報リテラシー ・情報伝達技術(ICT)リテラシー	・市民性―ローカルとグローバル ・人生とキャリア ・個人的・社会的責任―文化的意識と文化的コンピテンスを含む

　紀に入り，ICTの革新が進むこととも相まって，工業経済から知識経済へ，知識基盤社会へと転換したことが指摘されている（ドラッカー，1999；ベル，1975；トフラー，1991）。「資質・能力」論の背景の1つには，この経済的要請に対応して教育改革をすべきという主張がある。

　たとえば，ATC21Sが開始された際の問題意識は，「教育を変える――21世紀型スキルの評価と教育」（2009年）において次のように語られている。「今日の世界経済の構造は，……ICTの進展に大きく依存しています。世界をリードする国々の経済は，今や，形のある製品の製造よりも，情報という商品やサービスを製造し届けることが主となっています。……多くの教育制度は，……ユ

ビキタスなICT活用からは，ほど遠い状態にあります。……世界規模で大幅な教育改革が必要とされています」（グリフィンほか，2014，pp.78-79より引用）。ここには，ICT活用を主軸に据えて教育改革を推進しようとする強い意図が見えよう。

技術革新によって『コンピュータが仕事を奪う』（新井，2010）時代が到来することは，日本においても予想されている。今後，ICT機器によって産業構造が大きく変化するのだとすれば，そのことにどう対応していくのかという課題を無視することができないのは事実であろう。

第2に，グローバル化の進展や地球温暖化の深刻化などに伴い，近代国家の政治の枠組みだけでは解決できないような諸課題が登場していることである。つまり，「資質・能力」論の背景には，経済的要請にはとどまらない**社会的・政治的要請**も存在している。

21世紀に入って見られる社会の変化は，ICT活用の普及に限定されるものではない。OECDにおいて「キー・コンピテンシー」の定義に取り組んだ「コンピテンシーの定義と選択（Definition and Selection of Competencies：DeSeCo）」プロジェクトでは，技術革新に対応するだけでなく「自然環境の維持可能性と経済成長のバランス」，「社会的なつながりを伴う個人の成功」，「社会的不平等の削減」といった世界観をめざすためにこそ，「現代世界や明日の世界で最も重要なコンピテンシーは何か，そしてどのようにそのコンピテンシーを開発し育むことができるか」という問いを探究することが必要だと述べられていた（ライチェンほか，2006，p.17）。ここには，単に経済の論理にしたがって教育改革を構想するのではなく，社会的・政治的な諸課題へ対応する力を将来の地球市民に育成するという志向性がうかがわれる。

第3に，**学習に関する諸科学の進展**である。1970年代初頭より，学習を扱う諸科学（心理学，コンピュータ科学，哲学，社会学など）の連携が深まり，認知科学・学習科学が生まれた。その成果を米国学術研究推進会議（National Research Council）がまとめた報告書『授業を変える（*How People Learn*）』が，米国では2000年に刊行された（Bransford, et al., 2002）。そこでは，①学習者

が科学的理論を学ぶためには，素朴概念を自ら修正する学習が必要である，②学習の転移（以前に学習したことが後の学習に影響を及ぼすこと）を起こすためには，概念的枠組みに基づいて知識を構造化するような深い理解が必要である，③適応的熟達者（外部要求に対して柔軟で適応性が高い熟達者）に育てるためには，メタ認知（自己の認知過程についての認知と知識）の能力を多様な教科の指導を通して高めることが重要である，といった学習研究の成果が整理されている（米国学術研究推進会議，2002。Cf. ソーヤー，2009；石田，2013；楠見，2013）。『授業を変える』は，『21世紀型スキル』（グリフィンほか，2014）にも多数引用されており，1つの理論的基盤となっていることがわかる。

OECDの『キー・コンピテンシー』（ライチェン＆サルガニク，2006）においても，神経科学や認知科学，発達心理学といった学習に関する研究成果への言及が見られる。そこでは，人が需要に対応して目標を完遂するためは，知識，認知的スキル，実際的スキル，態度，感情，価値観と倫理，動機づけといった，あらゆる「コンピテンスの内的構造の構成要素」を動員することが必要である，という研究成果が紹介されている。また，人が効果的にふるまえるかどうかは文脈に依存するものであり，だからこそ「転移と適応」を重視する必要性があることが指摘されている。

このようにキー・コンピテンシーや21世紀型スキルの基盤の1つには，学習に関する諸科学が存在している。人が効果的に学習を進め，生涯にわたって有能性を発揮できる可能性を拡大するものとして「資質・能力」が強調されるようになったという側面についても，見過ごしてはならないだろう。

3 「資質・能力」論の注意点

以上で述べたように，「資質・能力」論については無視できない説得力を持っている部分もある。しかし，「資質・能力」論については様々な問題点も指摘されており，この点については既に松下氏によって詳細な検討がなされている（松下，2010）。ここでは特に次の4点について注意を喚起しておきたい。

第1に，「資質・能力」論は，**誰の，どんな要求を反映しているものなのか**

という点である。教育は，第一義的には子どもや青年の権利保障という観点から行われるべきものである。子どもや青年のための権利保障を促進するためには，学習科学の進展に学ぶべき点も多い。しかしながら，経済的需要にのみ従属させて教育改革を構想するとすれば，企業の求める「イノベーション人材」や「グローバル人材」（日本経済団体連合会，2014）の養成は行われても，より公正な社会を築くような市民，人生において幸福を追求する人間の育成に資すことにならない危惧が存在する。

第2に，「資質・能力」については，**誰にも平等に育成することが構想されているのか**という点である。たとえば，教育再生実行会議の第三次提言「これからの大学教育等の在り方について」（2013年5月28日）では，「世界水準の教育研究の展開拠点」「全国的な教育研究拠点」「地域活性化の中核的拠点」といったタイプに分けて大学の機能強化を図ることが推奨されている。このように教育の機能を分ける発想は，労働者のタイプを分けて，それぞれのタイプ別に教育を行う発想と容易につながりうるものだろう。

一方，本田由紀氏は，「多様性・新奇性」「意欲，創造性」「個別性・個性」「能動性」「ネットワーク形成力，交渉力」などを特徴とする「ポスト近代型能力」が，学力以上に家庭での教育的環境に大きく左右されることを指摘している（本田，2005）。また石井英真氏は，「教育に無限責任を負わせる」ことの危険性を指摘している（石井，2015，p.9）。教育によって，社会的な格差に関わるすべての問題を解決できないことは，既に社会学でも明らかになっている通りである（苅谷，2001；同，2012など）。「資質・能力」を強調することは，社会的な格差の再生産をさらに助長する危惧がある。格差の縮小のために，そのための福祉政策などの充実が図られるべきことを忘れてはならないだろう。

第3に，「資質・能力」のどこまでを**育成することが学校教育の役割なのか**という点である。本田氏は，「ポスト近代型能力」の育成をめざすことによって，人間の「深く柔らかな部分」までをも含む全体的な能力が絶えず評価にさらされることになる危険性を指摘している（本田，2005）。「資質・能力」に対人関係能力や人格特性・態度などが含まれる場合，子どもや青年の人格まるごと

が評価にさらされかねない。道徳性が強調される中で価値判断の自由が侵害される危惧も指摘されている（大橋, 2013など）。そこで,「資質・能力」の育成を目標として位置づけるにあたっては, 内面の自由を保障するために, 人格特性や価値観を評定の対象とはしないといった限定をかけることが重要であろう。

第4に,「資質・能力」を具体的に**どのように育成するのか**という点である。「資質・能力」については, 特定の教科に限定されないものであるため, 従来の教科で保障されてきた知識・技能の習得がおろそかになる懸念がある。「資質・能力」の育成をめざす場合, 教科内容を理解することとどのように関係づけるのかを整理する必要があるだろう。

4　「検討会」の到達点と課題

ところで, 中央教育審議会での議論に先立って, 文部科学省では「育成すべき資質・能力を踏まえた教育目標・内容と評価の在り方に関する検討会（以下,「検討会」）」が設置され, 2014年3月に「論点整理」を公表した。この検討会には筆者も委員の一人として議論に参加した。ここで,「検討会」での議論の到達点として3点を紹介しておきたい。

「検討会」では, 第1に,「資質・能力」を教育目標として位置づけることについて, 社会を生きていく上で必要な力を保障し, 学力を向上する上でも意義を持つ可能性があるという点で, 一定の意義を認めた。ただし,「これらの資質・能力の育成は, 総体的に見れば, 教育の目的を踏まえ, その目標を達成できるよう, 人間のよさや可能性を最大限に発揮できるようにすることをめざして行うものである。これらの資質・能力の育成に当たっては, 教育課程全体を貫いて人間としての在り方や生き方を追求する視点を重視する必要がある」としている。つまり, 個人の発達する権利を保障するという**教育固有の論理**で「資質・能力」論を鍛え直す必要性を指摘している。

第2に, 各教科等の目標・内容については, 表1-5の3つの視点で分析した上で, 構造化することが提案されている。まず, 表1-5のア）では, 人格等を含みがちな「資質・能力」を無制限に目標として設定するのではなく, **汎**

用的スキルやメタ認知に焦点を合わせようとしている。つまり，あくまで学校教育において育成できるスキルやメタ認知を，学校のカリキュラム全体のレベルで目標としてより明確に位置づけようという方向性が示されている。「検討会」の座長であった安彦忠彦氏は，むしろ学校教育においては人格形成こそをめざすべきという立場である（安彦，2014）。しかし，「検討会」の「論点整理」においては，むしろ人格形成を前面に掲げることには慎重な立場が採られたと言えるだろう。

また「検討会」では，松下氏がコンピテンシーを育成するためには，「要素的・脱文脈的アプローチ」と「統合的・文脈的アプローチ」があることを紹介し，後者の有効性・重要性を主張した。**「要素的・脱文脈的アプローチ」**とは，コンピテンシーをばらばらの要素にリスト化し，様々な文脈を超えて一般化できるものとして扱うものである。一方，**「統合的・文脈的アプローチ」**とは，コンピテンシーを様々な能力を結集して応答する能力として捉え，個人にとって**レリバンス**のある文脈の中で発揮することを求めるものである（松下，2010，pp.28-30）。「検討会」では，能力の特定の要素・部分を取り出して指導するこ

表1－5 「育成すべき資質・能力を踏まえた教育目標・内容と評価の在り方に関する検討会——論点整理【主なポイント】」（一部。「検討会」，2014）

②育成すべき資質・能力に対応した教育目標・内容について
・現在の学習指導要領に定められている各教科等の教育目標・内容を以下の三つの視点で分析した上で，学習指導要領の構造の中で適切に位置付け直したり，その意義を明確に示したりすることについて検討すべき。ア）〜ウ）については，相互のつながりを意識しつつ扱うことが重要。 　　ア）教科等を横断する汎用的なスキル（コンピテンシー）等に関わるもの 　　　①汎用的なスキル等としては，例えば，問題解決，論理的思考，コミュニケーション，意欲など 　　　②メタ認知（自己調整や内省，批判的思考等を可能にするもの） 　　イ）教科等の本質に関わるもの（教科等ならではの見方・考え方など） 　　　例：「エネルギーとは何か。電気とは何か。どのような性質を持っているのか」のような教科等の本質に関わる問いに答えるためのものの見方・考え方，処理や表現の方法など 　　ウ）教科等に固有の知識や個別スキルに関するもの 　　　例：「乾電池」についての知識，「検流計」の使い方

とを妨げないとしつつも，基本的には「統合的・文脈的アプローチ」を採ることが推奨されることとなった。

　それを踏まえ，教科等における目標については，イ）「教科等の本質に関わるもの（教科等ならではの見方・考え方など）」と，ウ）「教科等に固有の知識や個別スキルに関するもの」に分けて整理することを提案している。これは，次節で扱う「逆向き設計」論の**「知の構造」**を踏まえたものである。**「教科等の本質に関わるもの」**を深く扱うことによって，汎用的スキルやメタ認知を統合的に育成する方向性が提案されたのである。

　第3に，「検討会」の「論点整理」では，「汎用的なスキルや教科等の本質に関わる内容についての評価の方策の1つとして，パフォーマンス評価を重視する必要があると考えられ，そのためのパフォーマンス課題やルーブリック，ポートフォリオ評価などに関する検討を深めることも求められる」とされた。本書で紹介していくように，**パフォーマンス課題**を用いれば，「教科等の本質に関わる内容」について深く扱う中で，汎用的スキルやメタ認知を統合的・文脈的に扱うことが可能になると考えられる。

　このように「検討会」の論点整理は，「汎用的なスキル等」をカリキュラム全体で育成すべき目標として位置づけつつも，価値観や関心といった人格までを評定の対象とはしないよう限定をかける志向性を持っていた。また教科の目標において重点的に扱うべき「本質に関わるもの」に明確にし，そこでパフォーマンス課題を用いることによって深い理解を促すとともに，副次的に「汎用的スキル等」の育成も図るという方向性を示すものであった。

　ただし「検討会」では，カリキュラムの領域の特質を踏まえた議論には至らなかった（表0－2，p.17参照）。教科・総合学習・特別活動という3つの領域には，それぞれに固有の目標・内容があると考えられる（田中，1999b，pp.15-17）。しかし，「検討会」においては，それぞれの領域と「資質・能力」の育成との関係を整理する前に終了の時期を迎えることとなった。本来であれば，教科・総合学習・特別活動というカリキュラムの領域ごとに，それぞれの目標において「資質・能力」をどう位置づけるのが妥当なのかについての議論

が必要であったと言えよう。

以下では，このような「検討会」の議論の到達点を踏まえつつ，特に教科と総合学習に焦点を合わせて，学校におけるカリキュラムづくりの今後の展望を探っていきたい。「逆向き設計」論においては，教科の目標を設定する際に用いられる「知の構造」論が明示されている。そこで第2節では，「知の構造」について検討する。一方，総合学習については，日本のカリキュラムで独自に設定されている領域である。第3節では，総合学習における目標と評価の観点について検討する。第4節では，それらを踏まえて，学校で育成する「資質・能力」を捉える枠組みについて考えたい。

第2節　教科における「知の構造」

1 「理解」とは何か

「逆向き設計」論の原著のタイトル *Understanding by Design* は，「設計によって意図的にもたらされた理解」という意味である。つまり「逆向き設計」論では，設計の手順以上に「理解（understanding）」を保障することが重視されている。では，「逆向き設計」論で言うところの「理解」とは何であろうか。

まず**「理解」**とは，応用・総合などの高次の学力であり（Wiggins, 1998a, p.xii & pp.71-100），文脈に応じて知識やスキルを洗練されたやり方で柔軟に使う力である（Wiggins & McTighe, 1998, p.24）。すなわち「理解」とは，知識やスキルが構造化されて身についている状態と考えられるだろう。

人が「理解」を身につけているかどうかを見分けるためには，知識やスキルを転移させて使いこなすことができるか，すなわち何らかのパフォーマンスを見る必要がある。転移させる場面とは，具体的には，説明（explanation）する，解釈（interpretation）する，応用（application）する，パースペクティブ（perspective：全体像，俯瞰）を持つ，共感（empathy）する，自己認識（self-knowledge）を持つ，といった場面である。ウィギンズ氏らは，これらを総称して**「理解の6側面」**と呼んでいる。

「理解の6側面」は，ブルーム（Bloom, B. S.）氏による「教育目標の分類学」（以下，「分類学」）から示唆を得たものである（ブルームほか，1973）。しかし，「分類学」が教育目標を「知識」・「理解（comprehension）」・「応用」・「分析」・「総合」・「評価」という階層構造で捉えていたのに対し，「理解の6側面」は「理解」の実態を様々な側面から捉えるものとして位置づけられている（表1−6参照）。また，ギリガン（Gilligan, C.）氏の影響から「共感」（ギリガン，1986），ソクラテスや近年の認知科学の影響から「自己認識」という新しい側面が加えられている点にも特徴が見受けられる（ウィギンズ氏へのインタビュー，2002年11月18日）。

　このような「理解」観は，日本の**到達度評価論**において提唱されてきた学力モデルと比較すると，その特徴が明らかになる。到達度評価論においては，認知と情意や態度の関係を捉える際に，段階説と並行説が存在してきた（田中，2008，pp.104-109）。段階説を提唱した中内敏夫氏は，「習得」した知識や方法などが十分にこなされ「習熟」した段階として，態度を位置づけた（図1−1，p.46）。一方，京都の実践家たちは，情意を認知と並行して発達するものとして捉える並行説を提唱した（図1−2）。

　「逆向き設計」論の「理解」では，6側面のうちの2側面に「共感」や「自己認識」が位置づけられている点で，並行説と類似している。しかし，京都の学力モデルの「情意形成過程」においては「意欲」「習慣」「主体性」といった内容が強調されているのに対し，「逆向き設計」論における側面「共感」や「自己認識」ではメタ認知能力を含んだ認知的な側面が強調されているという違いがうかがわれる。

　また，「逆向き設計」論の「理解」の捉え方は，知識やスキルを使いこなす様相を想定している点では中内氏の学力モデルと類似している。しかし，中内氏の学力モデルが「習熟」を「習得」より上位の段階として捉えていたのに対し，「逆向き設計」論においてはあらゆる知が理解を伴うものとして捉えられている点で違いが認められる。すなわち，理解は**「素朴な理解」**から**「洗練された理解」**まで深まっていくと捉えられているのである。

表1－6　[理解の6側面]に関するルーブリック（一部。ウィギンズ＆マクタイ，2012, pp.212-213）

説明されている	意味のある [解釈]	効果的な [応用]	パースペクティブがある	共感的である	省察的な [自己認識]
洗練されており総合的である：著しく綿密な、または創意に富んだ記述（モデル、理論、説明）。完全に実証され、深くて偏りがなく、与えられた情報をはるかに超えている。	**洞察に富む**：重要性、意味、意義についての有効な、かつ啓発的な解釈や分析。豊かで示唆に富んだ物語を語っている。啓発的な歴史や文脈を提供する。	**見事である**：多様で困難な文脈において知識とスキルを活用し理解する。効果的に富に円滑に批評にちに応じて効率的に富み、一見不適切に転移する力。	**洞察に満ちており首尾一貫している**：思慮深く熱意ある見地。効果的な批評。他に見られないものを包含し、関連する論点求め、長期的に冷静な批判的見解をとる。	**成熟している**：よく訓練されている。他の人が見て感じているようなものを、見て感じようとする。そうすることが奇妙なもの、異質なもの、または異なるものを人並み以上に受け入れ、またそれらを進んで求める。他の人には奇妙に見えるテキスト、経験、出来事の意味を捉えることができる。	**賢明である**：自分の理解と他の人の理解の境界線を深く認識している。自分の偏見や投影を認識する。高潔である──理解することはついて行動することができるから、また理解するとそうできる。
詳細である：詳細で自分のものになった観点からの反照、分析。明瞭で、ためになる物語を語っている。啓発的な歴史や文脈を語っている。裏づける証拠や議論がある。	**鋭い**：重要性や意味、意義についての道理にかなった解釈や分析。生徒は作品のものを自分自身のものにしており、与えられたものを超えている。	**有能である**：知識とスキルを活用する際に、適切な文脈で革新的な能力が、限定的に見応えが伸びている。	**よく考えられている**：自分自身の文脈における主要な観点を、適切に批判的に、全的に見ている。他の観点にもたらしらしさがあることを明らかにする。	**自覚的である**：他の人が異なったように感じていることを知り、感じることができる。他の人にいくらか共感することができる。	**思慮深い**：自分が理解していることを理解している。することをおおむね自覚している。偏見や投影がどのように無意識のうちに生じるのかを認識している。
素朴である：表面的な記述、分析、創造的である、またはまばらな観念のパラフレーズ。または大雑把な証明、または白か黒かのような一般化。理論という呼び方を伴っているが、吟味されていない観念や借り物の観念。	**文字どおりである**：単純な、または機械的な読み込み、換え。ほとんど、または全く解釈していない。意義やより広い重要性を全く感じられていないか、教え込まれたことをもそのまま繰り読み直し。	**初心者である**：コーチングを受けないとパフォーマンスができない。または、しっかりお膳立てされた単一の「はめ込み式」の「機械的な」手続きやアプローチに依拠している。	**無批判である**：異なる観点に気がついておらず、他の見方を見落としたり無視したりする傾向がある。物事の見方を想像することが難しい。感情的な批判をする傾向がある。	**自己中心的である**：他の人について理知的に認識している以上には、ほとんど共感しない。自分の考えと感情を通して、自分の異なる感情態度、見解を無視したり、恐れたり困惑したりする。	**無知である**：自分の理解の限界、および意見や偏見に気づかない。物事を理解しようとする試みにおいて投影や偏見を持つ傾向を全く認識していない。

図1-1　中内敏夫氏の学力モデル（中内, 1976, p.74）

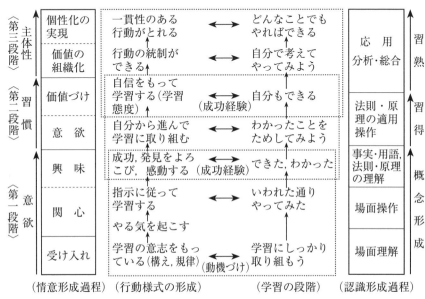

図1-2　京都の到達度評価論における学力モデル（中原, 1983, p.21）

「商品の価格はどのように決まるのか？」という問いに対応する理解を例にとれば，「価格は，店主の裁量によって決まる」という素朴な理解の仕方もあれば，「価格は，需要と供給のバランスによって決まる」という，より社会科学的な理解の仕方もある。さらに「価格は，需要と供給のバランスによってのみ決まるわけでない。時には宣伝によって需要が生み出されたり，供給が意図的にコントロールされたりする」といった，一層，洗練された理解もありうる。学習者が「素朴な理解」を乗り越え「洗練された理解」に達しているかどうかについては，正確な説明ができるか，有意義な解釈ができるか，効果的な応用

ができるか，といった側面から捉えることができる，とされるのである。

このように「理解」は，いったん身につけたとしても，問い直され，練り直されていくものである。したがって，「理解」の中でも特に重要なものについては，カリキュラムの中で繰り返し扱われる必要がある。

2　内容上の優先事項と評価方法の対応

「逆向き設計」論は，「理解」を保障するために，図1−3（p.48）に示す通り，カリキュラムで扱われる教育内容を3つのレベルに分類することを提唱している。図1−3において，教育内容は，「知っておく価値がある（worth being familiar with）」もの，「知ること，することが重要（important to know and do）」なもの，「永続的理解（enduring understanding）」という3つのレベルに分類されている。**「知っておく価値がある」**内容とは簡単に触れる程度でよいもの，**「知ること，することが重要」**は知っておくべき知識や使いこなせるようになるべきスキルを意味する。**「永続的理解」**は，大人になって知識やスキルの詳細を忘れ去ったとしても，なお残っているべきであるような重要な「理解」を指している。「知ること，することが重要」な知識やスキル，ならびに「永続的理解」は，その教科の中核に位置づくような**「重大な観念（big ideas）」**である（Wiggins & McTighe, 1998, p.10）。

ここで，教科の中核部分に位置づく「永続的理解」は，指導要録の観点「知識・理解」で言うところの「理解」とは異なっている。「永続的理解」は，2010年改訂指導要録との関連で言えば，むしろ「思考・判断・表現」や「関心・意欲・態度」に対応していると言えるだろう。

さらに図1−3では，教育内容と評価方法の対応関係が示されている。まず，「知ること，することが重要」な内容や「永続的理解」といった教科内容の中核部分に対応させて，パフォーマンス課題を用いることが主張されている。**パフォーマンス課題**とは，複数の知識やスキルを総合的に使いこなすことを求めるような複雑な課題を意味している。図1−3において内側の楕円ほど小さいのは，汎用性の高い「重大な観念」を絞り込んで扱うべきことを示している。

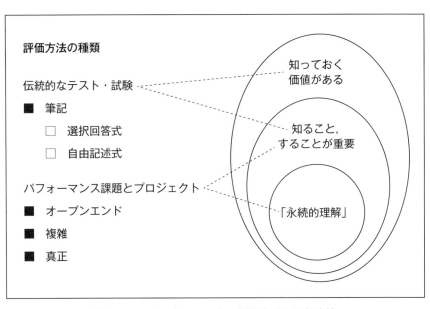

図1-3　カリキュラム上の優先事項と評価方法
（Wiggins & McTighe, 1998, p.15）

　教師は，限られた時間であらゆる内容を同じように深く扱うことはできない。したがって，知識やスキルを実際に使いこなす力を保障しようと思えば，まず深く扱うべき中核部分に焦点を合わせてパフォーマンス課題を用いる必要がある。

　抽象的な説明ではわかりづらいので，ここで具体的な問題・課題の例を検討してみよう。図1-4には，4つの問題・課題を示している。問題や課題がどの程度，複雑な思考を試すものとなるのかは，実際には授業での与え方（教師がどの程度ヒントを与えるかなど）にもよる。しかし，問題・課題を単独で見れば，これらの問題・課題は，①から④に進むにしたがって，より複雑な思考を求めるものとなっていることがわかるだろう。①では「平行四辺形の面積＝底辺×高さ」という公式を当てはめればいいのに対し，②では2つの公園の面積を求めるための底辺と高さを適切に見つけた上で，面積を比較することが必

①**面積を求める問題**（平成20年度全国学力・学習状況調査　小学校算数Aより。
　国立教育政策研究所教育課程研究センター，2008）

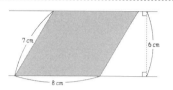

　次の平行四辺形の面積を求める式と答えを書きましょう。

②**面積を比べる問題**（平成19年度全国学力・学習状況調査　小学校算数Bより。
　国立教育政策研究所教育課程研究センター，2007a）

　ひろしさんの家の近くに東公園があります。
　東公園の面積と中央公園の面積では，どちらのほうが広いですか。
　答えを書きましょう。また，そのわけを，言葉や式などを使って書きましょう。

③**パフォーマンス課題「面積の求め方を考えよう」**（小学校5年生対象。加西市立下里小学校・当時，衣笠美智代先生・田淵伯也先生の実践より）

　あなたは，土地測量士です。下里小学校の運動場を縮小した図［多角形］の面積を求めます。自分なりの工夫で「へえ～，そうやって求めるのか」と，みんなを驚かせ，納得させよう。

④**パフォーマンス課題「教室のペンキを塗り替える」**
　　　　　　　　　　　　　　　　　　　　　（小学校4年生対象。Wiggins, 1998b）

　この教室のペンキを塗り替えます。必要なペンキの量と値段はいくらでしょう。調べて発表しましょう。

図1－4　問題と課題の例

要である。③では，多角形を「底辺×高さ÷2」で面積が求められる三角形に分割した上で，面積を求める必要がある。これは，小学校5年生の面積の単元における発展的な課題である。④では，まず，どのような手続きで課題に取り組むかについて，スモールステップに分けて段取りを考えることが必要になる。その上で，ペンキを塗る部分の面積を測定・計算し，単位当たりに必要なペンキの量から必要となる全部の量を算出する。さらに販売されているペンキの1缶あたりの量を見て，半端な余りが出る可能性も踏まえて，必要なペンキの量と値段を計算することが求められる。面積の単元だけでなく，様々な単元で学んだ知識を総合して使いこなすことが求められていることがわかる。課題③と④は，パフォーマンス課題にあたる。

　④の例で言えば，「複雑な課題については，スモールステップに分けて段取りを考えた上で取り組む必要がある」，「あらゆる平面上の面積は，『底辺×高さ÷2』で面積が求められる三角形に分割した上で，それらを足して求めるとよい」といった「永続的理解」に対応させてパフォーマンス課題が作られていると考えられる。

3　「知の構造」

　図1-5は，図1-3（p.48）の右半分（カリキュラム上の優先事項）をより詳細に説明したものである。「事実的知識」と「個別的スキル」が**「知っておく価値がある」**内容に，「転移可能な概念」と「複雑なプロセス」が**「知ること，することが重要」**な内容に，「原理や一般化」が**「永続的理解」**に対応している。また，「事実的知識」と「転移可能な概念」は宣言的知識であるのに対し，「個別的スキル」と「複雑なプロセス」は手続き的知識である。なお，**宣言的知識**とは，事実・出来事・概念に関するものであり，言葉で説明できるような知識である。一方，**手続き的知識**は，認知的・運動的技能に関する知識であり，言語化が難しい（Cf. 川﨑，2013）。

　図1-5に書かれた「要素の定義」に注目すると，「転移可能な概念」「複雑なプロセス」「原理と一般化」といった「重大な観念」については，抽象的で

あり，文脈を越えて転移するものとして捉えられていることがわかる。また，「理解」の項目で強調されている**「看破（uncoverage）」**とは，本質的な内容を学習者自身に見破らせることの重要性を示すものである（「看破」という訳語は，遠藤貴広氏の考案による。Cf. 遠藤，2003）。旧来のカリキュラムでは，内容を「網羅（coverage）」することが重視されがちであったが，内容を浅薄に網羅するだけでは「永続的理解」を身につけさせることはできない。したがって，学習者が教科の中核部分に位置する「重大な観念」を「看破」することを促すようなカリキュラムを設計することが求められている。図1－3（p.48）において，「永続的理解」に対応する楕円が最も小さいのは，その部分を絞り込んで深く扱う必要性を表している。

　図1－6には，「アメリカ合衆国史」のトピック「第二次世界大戦」について，「知の構造」図に具体的な項目をあてはめた例を示している。この図に示している通り，習得すべき知識とスキル，概念とプロセスについては，箇条書きにする形で目標設定することができる。しかし同時に，それらを総合した結果として得られるべき「永続的理解（原理と一般化）」の内容についても，明確にすることが求められている。

　なお，図1－5については，エリクソン（Erickson, H. L.）氏が作成している**「知の構造」**図（図1－7，p.54）と照らし合わせると理解しやすいだろう。エリクソン氏もブルーム氏の「分類学」を発展的に継承している論者である。図1－7では，「知の構造」が「理論―原理―概念―トピック―個々の事実」という階層構造で示されている。この図では，「事実」や「トピック」は知識として把握（comprehension）されるのに対し，分析・総合することで「概念」や「原理・一般化」が得られること，さらにそこから「理論」が仮定・創造されることが表現されている。ウィギンズ氏らも，エリクソン氏のカリキュラム論と「逆向き設計」論の類似性を指摘している（ウィギンズ＆マクタイ，2012, pp.82, 157）。両者はともに，知識の浅薄な把握にとどまらず，分析・総合などによって得られる概念や原理・一般化の深い理解をもたらすようなカリキュラム設計をめざしているのである。

知の構造
―― 要素の定義 ――

事実的知識	個別的スキル	
事実： **K** [= knowledge] ・事実上，宣言的 ・「理論」が基づいている，明白で受容された「真実」 ・転移しない	スキル： **S** [= skills] ・事実上，手続き的 ・単純で，個別的な手続き ・より大きな目標にむけた手段 　（例　試合の用意のための副次的な反復練習） ・限られた転移	[知っておく価値がある]
転移可能な概念	複雑なプロセス	
概念： ・事実上，宣言的 ・単語や短い語句で述べられた抽象的な知的構成概念 ・トピックや文脈を超えて転移可能	プロセス： ・事実上，手続き的 ・意図された結果を達成するためのスキルの複雑な組み合わせ ・学問の中で（時には学問を超えて）転移可能	[知ること，することが重要]
原理（principles）や一般化（generalizations）		
原理と一般化： **U** [= understandings] ・二つ以上の概念をつなぐ抽象概念 ・転移可能 ―― 事実，スキル，概念，プロセスの意味を了解するのを助ける 理解： ・私たちが学習者に理解するようになってほしい原理や一般化を表現する，完全な文の形で叙述されたもの ・「看破」が必要となる，明白ではなく重要な推論		[永続的理解]

重大な観念

図1-5　「逆向き設計」論が捉える「知の構造」（要素の定義）
（McTighe & Wiggins, 2004, p.65。ただし，一部加筆した）

知の構造
アメリカ合衆国史

トピック： 第二次世界大戦

事実的知識	個別的スキル
事実：　　　　　　　　　　　Ⓚ ・ヒトラーの台頭 ・戦前・戦中の合衆国公衆の世論（孤立か介入か） ・ドイツとの融和と摩擦 ・パールハーバーと日本との摩擦 ・同盟の形成 ・鍵となる戦闘と軍事的戦略 ・技術と交戦状態の変化 ・戦時中の日本人の強制収容 ・国家経済への戦争の影響 ・降伏の合意	スキル：　　　　　　　　　　Ⓢ ・ノートを取る ・年表を作る ・歴史的な文書を読み，分析する ・地図・グラフ・図を解釈する ・因果関係を分析する ・視点を討論する ・過去と未来について仮説を作る
転移可能な概念	複雑なプロセス
概念： ・融和 ・孤立主義 ・同盟 ・「正当な」戦争 ・戦争における手段か目的か（例　原子爆弾） ・戦争の「ビジネス」—経済への影響 ・「鉄砲かバターか」	プロセス： ・歴史的な探究 ・知らせたり説明したりするための文章を書く
原理や一般化	

重大な観念

原理と一般化：　　　　　　　　　　　　　　Ⓤ
・戦争の中には「正当な」戦争だとみなされるものがある。なぜなら，人々が悪い敵に立ち向かわなくてはならないと信じるからである。
・交戦状態は，民主主義政府が市民に対する関係の取り方における変化をもたらす。
・交戦状態は，経済的・技術的因果関係を持つ。
・国際的な摩擦はしばしば，孤立か国家主義か，また介入か関わりかに関して，強い不合意をもたらす。

図1−6　「知の構造」図：アメリカ合衆国史の場合
（McTighe & Wiggins, 2004, p.66）

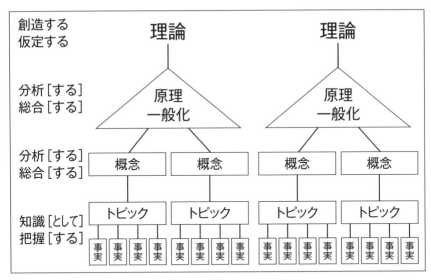

図1-7　エリクソンによる「知の構造」図
(Erickson, 1998, p.5。ただし，一部加筆した)

　こうして「逆向き設計」論における「知の構造」を踏まえれば，教科における教育目標については次の3種類に大別することが有効だと考えられる。すなわち，①宣言的知識（「事実的知識」と「転移可能な概念」），②手続き的知識（「個別的スキル」と「複雑なプロセス」），および③「原理や一般化」に関する「永続的理解」である。宣言的知識は「～を知っている（knowing what…）」という形，手続き的知識は「～することができる（knowing how…）」という形，永続的理解は「○○は，～であると理解している（knowing that…）」という形で示される目標だと言い換えてもよいだろう。

4　「本質的な問い」

　「逆向き設計」論では，永続的に理解すべき「原理や一般化」を看破するために，「本質的な問い」を見極めることが重要だと提唱されている。「本質的な問い」とはどのような問いなのかを理解するために，表1-7を見てみよう。

表1－7 「本質的な問い」と「本質的ではない問い」の例
（日本における実践例を踏まえて筆者作成）

「本質的な問い」の例	「本質的ではない問い」の例
1　どのように話せばいいのか？	1　アイ・コンタクトとは何か？
2　その国の特徴は，どのように捉えられるのか？	2　中国の人口は何人か？
3　自然や社会の中にある，伴って変わる2つの数量の関係は，どのように捉えられるのか？	3　品物の値段と消費税の関係は，比例か？
4　星は天球上をどのように動くのだろうか？	4　今日の日の出の時刻は何時か？
5　この音楽のイメージは，どのように捉えられるのか？	5　この曲の名前は何か？

表の左側には「本質的な問い」の例，右側には同じ単元で問われうる「本質的ではない問い」の例を示している。両者を比較して「本質的な問い」に見られる特徴について考えてみてほしい。

表1－7の例を比較すると，おそらく多くの読者が，**本質的な問い**には次のような特徴があることに気づくことだろう。

- 単純な1つの答えがなく，一問一答で答えられない。論争的で，探究を触発するような問いであり，様々な深さで答えを導き出すことができる。
- 様々な知識やスキルが総合されて，「永続的理解」に至ることができるような問いである。
- ある程度，抽象的であり，したがって様々な文脈で活用できる（転移する）ような問いである。
- 単元を越えて繰り返し現れるような問いである。1つの単元でいったん答えが出ても，次の類似の単元で問い直され，理解が深められる。したがって，カリキュラムの系統性を指し示すような問いでもある。
- 学問の中核に位置する問いであると同時に，生活との関連から「だから

何なのか？」が見えてくるような問いでもある。

　このように，「本質的な問い」は，知識やスキルを構造化することを促し，深い理解を看破することを促すような問いである。第2章で詳述するように，「逆向き設計」論においては，「本質的な問い」に対応させてパフォーマンス課題を開発することが構想されている。教科の中でパフォーマンス課題に取り組む過程で，学習者たちが「本質的な問い」を自ら問えるような力を身につけさせることがめざされている。もとより，そのためにはまず教師の深い教科内容理解が前提となるだろう。

　さらに「逆向き設計」論においては，カリキュラムにおいて「本質的な問い」が**入れ子構造**で存在していると捉えられている（図1−8）。教科や分野・領域には，全体を貫くような**包括的な**「**本質的な問い**」が存在している。包括的な「本質的な問い」は抽象的なものであり，様々な文脈で問われるものである。包括的な「本質的な問い」を，領域・分野や単元の教材に即して具体化することで，領域・分野を貫く「本質的な問い」や単元ごとの「本質的な問い」を設定することができる。**単元ごとの**「**本質的な問い**」は，各授業で問われる主発問を総合させるような問いとも言える。具体的な教材に即して「本質的な問い」を繰り返し探究することで，より包括的なレベルでの「本質的な問い」が問い直され，深い理解がもたらされることが意図されている。

　図1−8の例であれば，様々な領域での問題解決に取り組む中で，現実世界の問題を数学的に解決するためには，「複雑な問題については，スモールステップに分けて段取りを考えて取り組む必要がある」，「現実世界の問題を数学的な問題に置き換え，数学的に解決した後に，また現実世界の条件に適合するように検討しなくてはならない」といった理解が身についていくと考えられる。

　包括的な「本質的な問い」は，ある単元で学習した内容を，別の単元で活用し，問い直し，より深めていくものとなる。入れ子構造で存在している「本質的な問い」を位置づけたことによって，学習者の視点からカリキュラムの系統性が捉えられる可能性を開いた点には，特に注目しておく価値があるだろう。

　教科における「重大な観念」を重視する「逆向き設計」論は，ブルーナー

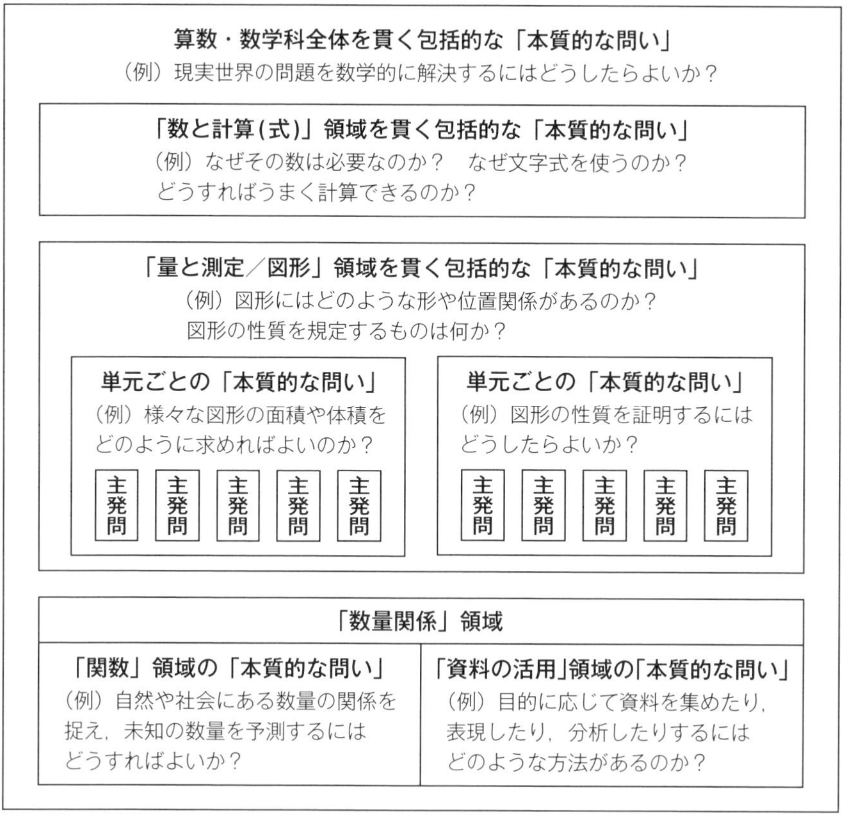

```
┌─────────────────────────────────────────────────────────────┐
│         算数・数学科全体を貫く包括的な「本質的な問い」         │
│   (例) 現実世界の問題を数学的に解決するにはどうしたらよいか？   │
│ ┌─────────────────────────────────────────────────────────┐ │
│ │     「数と計算(式)」領域を貫く包括的な「本質的な問い」      │ │
│ │ (例) なぜその数は必要なのか？ なぜ文字式を使うのか？       │ │
│ │   どうすればうまく計算できるのか？                        │ │
│ └─────────────────────────────────────────────────────────┘ │
│ ┌─────────────────────────────────────────────────────────┐ │
│ │    「量と測定／図形」領域を貫く包括的な「本質的な問い」     │ │
│ │   (例) 図形にはどのような形や位置関係があるのか？          │ │
│ │      図形の性質を規定するものは何か？                     │ │
│ │ ┌──────────────────────┐ ┌──────────────────────┐     │ │
│ │ │  単元ごとの「本質的な問い」│ │  単元ごとの「本質的な問い」│     │ │
│ │ │ (例) 様々な図形の面積や体積を│ │ (例) 図形の性質を証明するには│     │ │
│ │ │  どのように求めればよいのか？│ │  どうしたらよいか？        │     │ │
│ │ │ ┌─┬─┬─┬─┬─┐      │ │ ┌─┬─┬─┬─┬─┐      │     │ │
│ │ │ │主│主│主│主│主│      │ │ │主│主│主│主│主│      │     │ │
│ │ │ │発│発│発│発│発│      │ │ │発│発│発│発│発│      │     │ │
│ │ │ │問│問│問│問│問│      │ │ │問│問│問│問│問│      │     │ │
│ │ │ └─┴─┴─┴─┴─┘      │ │ └─┴─┴─┴─┴─┘      │     │ │
│ │ └──────────────────────┘ └──────────────────────┘     │ │
│ └─────────────────────────────────────────────────────────┘ │
│ ┌─────────────────────────────────────────────────────────┐ │
│ │              「数量関係」領域                              │ │
│ │ ┌──────────────────────┐┌──────────────────────┐      │ │
│ │ │「関数」領域の「本質的な問い」││「資料の活用」領域の「本質的な問い」│      │ │
│ │ │(例) 自然や社会にある数量の関係を││(例) 目的に応じて資料を集めたり，│      │ │
│ │ │ 捉え，未知の数量を予測するには ││ 表現したり，分析したりするには │      │ │
│ │ │ どうすればよいか？           ││ どのような方法があるのか？    │      │ │
│ │ └──────────────────────┘└──────────────────────┘      │ │
│ └─────────────────────────────────────────────────────────┘ │
└─────────────────────────────────────────────────────────────┘
```

図1-8 「本質的な問い」の入れ子構造
(小・中学校の算数・数学科の場合。石井，2014aにもとづき筆者作成)

(Bruner, J. S.) 氏が教科の「構造」を強調したこと (ブルーナー，1963, p.9) などに強く影響を受けたものである。ただし，「本質的な問い」を学習者に身につけさせるべき目標として位置づけた点は，「逆向き設計」論ならではの特長である。カリキュラムにおいて繰り返し「本質的な問い」を探究する中で，徐々に，学習者自身が問題解決の場面でどのような「問い」を設定すればよいかを見分けられるようになっていくことが期待できる。

　以上のような「逆向き設計」論を踏まえることにより，教科のカリキュラム

がどのように設計されるかの具体については，第2章から第4章で検討していきたい。

第3節　総合学習における目標と評価の観点

1　単元の構造

　教科においては，目標が効果的に達成されるよう，問題や課題を教師が系統的に整理する。確かに教科においても，問題や課題を学習者自身が構想したように感じさせるような授業の組み方がなされる場合もある。しかし，学習者自身が的確な問題や課題を構想できるようにするために，教科においては教師が教材を工夫するなど，様々な仕掛けを用意するのが通常である。

　それに対し，**総合学習**は，学習者自身が問いを見いだし，課題を設定できる力を育成することを目的としている。現実の場面で問題解決に取り組むにあたっては，何が問題なのかがわからない状況から問題を設定し，試行錯誤を繰り返していくことになる。しかし，最初から質の良い問題や課題を設定することは難しい。そこで総合学習においては，学習者が自ら問題を見いだして課題を設定し，探究を進めることが求められ，徐々に課題設定力を身につけさせることとなる。

　総合学習において魅力的で効果的な単元指導計画を立てる上では，図1-9に示したような単元の構造を採用するとよい。まず，学年または学級で共通の**大テーマ**を設置する。たとえば，「○○を作ろう」「○○について調べよう」といったものである。大テーマの選定にあたっては，教師の願い，学習者の発達，地域的な条件などに合ったものを選ぶ必要がある。大テーマの候補については，学習者にとって魅力的か，様々な角度から探究できるような広がりがあるか，直接的な体験ができそうか，何らかの論争が生まれ，現代的な課題につながるような深まりが期待されるか，といった点から検討するとよい。候補となる大テーマを模造紙の中央に書き，思いつく疑問や活動をブレーン・ストーミングしつつKJ法（川喜田，1967）で整理すれば，その大テーマで行うことができ

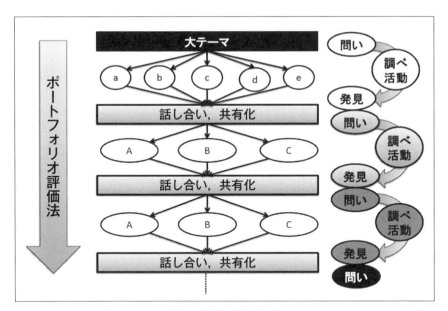

図1－9　総合学習における単元の構造（筆者作成。Cf. 西岡, 2002b, p.217)

る探究の可能性が見えてくる。

　大テーマを設定できたら，学習者が個人やグループで活動する時間と，話し合って気づきや問いを共有化する時間とが交互に配置されるよう，活動の配列を計画する。総合学習では，訪問して調べる，インタビューをする，ものづくりをする，実験をするといった直接的な体験をすることも重視される。直接的な体験を促すために，共通して校外学習をする時間を設定する場合もある。

　個々の学習者の気づきや疑問は，グループや学級で話し合う共有化の場面で検討される。類似点や相違点に注目することで，新しい課題設定が促進される。何度も課題を設定し直すことで，徐々に探究が深まっていく。こうして，単元を通して，「問い（課題）を設定し，情報収集・分析・整理といった調べ活動を行い，新たな気づきや問いを発見する」という**「問題解決のサイクル」**が複数回，繰り返されることとなる。

　図1－10は，相模原市立谷口中学校における総合学習「谷口ドリーム学習」

谷口ドリーム学習：生き方スキル　　　　　　　　　　　　　　　　　　平成14年6月作成

課題解決学習の 考え方の基本（考え方のサイクル）

　課題解決学習ではきちんとした筋道のある考え方が必要です。それが「考え方のサイクル」です。このサイクルを繰り返していくことで，課題解決学習は進んでいきます。

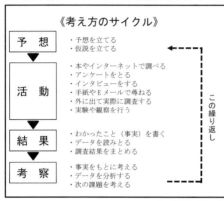

◆予想とは……「こんな事をすればあんな事がわかるのではないか」という，これからの学習活動の見通しを立てることです。
〈予想の例〉
① 「相模大野図書館に行って参考図書を使い，ペットボトルのリサイクルのことを調べたら今，日本で行われていることがわかるのではないか。」
② 清掃工場へ行ったら，相模原市内でのペットボトルのリサイクルや燃やしているかどうかがわかるのではないか。」
③ 「コンビニへ行ってインタビューしたら，ペットボトルを回収した後どうなるかがわかるのではないか。」
④ 「ジュースの会社をインターネットで調べたらリサイクルのことがわかるのではないか。」

◆活動とは……実際に行ったことです。
　〈注意事項〉
　・「まとめシート」の用紙を使うとよいでしょう。別な用紙でもかまいませんが，コンパクトにわかりやすく書いておくとよいですね。（OHCですぐに映せるようにしておくとよい）
　・パンフレットや写真を貼ってもよいですね。
　・インターネットで出したものもそのままにしておくのではなく，必要な部分を切り抜いたり，線を引くなどしておくとよいでしょう。
　・インタビューや調査などは，実際に行ったことを順序よく書いておくといいですね。
　・5W1H（いつ・誰が・どこで・何を・どうした，どうやって）も忘れずに書いて下さい。
　・活動内容を図やグラフ，写真などを使って見やすくまとめましょう。

◆結果とは……実際の活動によって得られた「事実」です。
　〈注意事項〉
　・得られた事実を客観的に書くことを心がけてください。自分の考えは次の考察で入れていきます。
　・インタビューをしたらどんな情報が得られたのか。
　・資料からどんな事実がわかったのか。
　・実験や観察したらどんな結果になったのか。

◆考察とは……得られた結果や事実に基づいて，自分なりに分析し，考えること（考察）することです。
　〈注意事項〉
　・調査した中で気づいたことや，疑問点が出てくると思います。これが考察になります。
　・感想ではありません。事実から導き出された事をもとに自分なりに考えて下さい。
　・考察をしっかりすると，次の活動につながる「疑問・課題」が生まれてきます。

図1-10　「谷口ドリーム学習」における「問題解決のサイクル」（田中, 2003, 資料㉔）

において，生徒たちに「課題解決学習の考え方の基本（考え方のサイクル）」を説明したプリントである。ここでは「考え方のサイクル」と呼ばれているが，実質的には「問題解決のサイクル」を説明したプリントだと解釈できる。このプリントでは，問いの形で予想を立て，本やインターネット，インタビューなどの活動を通して情報を収集し，結果としてわかったことを書き，事実をもとに考察して，そこから新たな予想（問い）につなげていくというサイクルを繰り返すことが示されている。このプリントは，国語・社会・理科の教員が集まって，レポートの書き方について話し合うことによって作成されたと言う（関口・西岡，2003，p.14）。教科横断的な「問題解決のサイクル」を提示した良い例と言えるだろう。

2　評価の観点

　総合学習においては，単元の初めから終わりまで，一貫して同じ観点を用いて繰り返し評価することで，探究の深まりと学習者の力の伸びを捉えることができる。総合学習の実践例を踏まえて，筆者は，総合学習における主な評価の観点として図1－11に示した6点を捉えることができると考えている。以下，個々の観点を検討してみよう。

(1) 課題設定力

　総合学習における評価においては，まず，**「課題そのものの質はどうか？（課題設定力）」**ということに注目することが求められる。図1－12は，谷口中学校の総合学習において，実際の中学生の課題がどのように深まっていったかを説明したプリントである。レベル1では「エイズについて」という漠然とした対象設定だったのに対し，レベル2では「エイズ裁判について」と対象が絞り込まれている。さらにレベル3では，エイズ裁判をたたかう人々の姿に触れる中で，「命が危ないにも関わらず，なぜこの人々は裁判をたたかっているのだろう」という疑問を持ち，「エイズ裁判～自分の命よりも大切なものとは何だろう～」という課題が追究されている。最後にレベル4では，「命よりも大切なものとは何だろう～エイズ裁判を通して～」と，発表において伝えたい

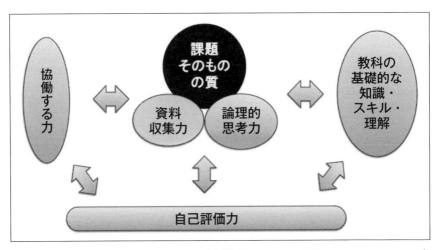

図1−11 総合学習における評価の観点（梅澤，1998；西岡，2002b，p.221；宮本・西岡・世羅，2004，pp.194-195；楠見，2015，p.19などを踏まえて筆者作成）

メッセージを明確にしたテーマが明示されている。このように総合学習においては，学習者が設定している課題（問いやテーマ）を並べてみるだけでも，探究が深まっているかどうかを捉えることができる。

　なお，学習者による課題設定については，発達段階に応じて適切なレベルを想定しておくことが求められる。小学校低学年では，その時々に具体的な体験の中で，目の前のものを見る力，気づく力を養うことが重視される。小学校中学年の総合学習になっても引き続き体験は重視され続けるが，自分なりのこだわりについて好奇心を持って探究することが重視され始める。関係づける力を身につけさせたり，現代的な課題との関連に気づかせたりするための指導もゆるやかに始まる。小学校高学年では，自分自身の生き方や現代的課題に引きつけつつテーマを考えるようになり，徐々に探究する方法の見通しを立てつつ課題を設定できるようになる。中学校・高等学校では，探究の方法がより高度になるとともに，学習者自身が見通しを持ち，検証可能な課題を設定することが重要になってくる。さらに大学における研究では，先行研究を踏まえつつ，利用できる諸条件（資料，時間や予算などリソース）の中で一定の成果を生み出

第1章 教育目標の設定

谷口ドリーム学習：生き方スキル　　　　　　　　　　　　　　　　　　　　平成14年度

カッコイイ課題を考えよう

　いよいよ課題設定も大詰めに迫ってきました。ここでは「カッコイイ課題」にするための工夫を上げてみました。先輩の具体例です。参考にして下さい。

> 《平成12年度　Aさんの例》　Aさんはなかなか課題が決まらないで悩んでいたが，保健体育で行ったエイズの調べ学習がとても印象に残っていた。そこで，それをさらに発展させていくことにした。翌年の3月にエイズ裁判の判決が出ることも興味深かった。

| エイズ | ←具体的な例を出しました。この課題がどう変わるか考えていきましょう。

□レベル1……絞り込もう

| エイズについて | ・保健体育でやったことをそのまま課題にしています。

問題点）エイズといってもいろいろなことがあります。薬害問題や，麻薬の問題，その病気の症状やわれわれの対応，共生など。何がやりたいのかな？
改良点）自分は特に何が知りたいのか焦点を絞って考えていくことが大切です。

□レベル2……具体的にわかりやすく

| エイズ裁判 | ・よく考えて，エイズ裁判の争点・問題点・結果の予想を知りたいと思い課題を絞り込みました。

問題点）エイズ裁判を調べることは，自分にとって何を意味しているのか？　自分との関わりが明確ではない。訴えたいこともわかりにくい。
改良点）サブタイトルを付けて，自分の言いたいことを書き表したりするといいだろう。何を訴えたいかも明確になっていく。

□レベル3……言いたいことを明確に

| エイズ裁判
〜自分の命より大切なものとはなんだろう〜 | ・サブタイトル（副題）をつけた。これによって言いたいことが明確になった。
・いつまで生きられるかもわからない自分の命をかけてまで，裁判をする意味を探ろうと考えた。

問題点）サブタイトルの事柄が課題の「エイズ裁判」よりも大きな内容をもつものなので，実際に考えていくときにやりにくくなってしまった。
改良点）サブタイトルと課題を入れ替えて「命より大切なもの」をめざしていくためにエイズ裁判を通して考えていくというように変えた方がいい。

□レベル4……心を表わす

| 命よりも大切なものとは何だろう
〜エイズ裁判を通して〜 | ・めざしていくもの，心の部分が明らかになった。
・具体的にやることも明確になっている。

後日談：Aさんは「難しかったけれどやってよかった。私の一生のテーマができた。」と言っていました。

図1－12　総合学習における課題の発展（相模原市立谷口中学校提供）

せるような課題を設定することが必須となる。

また，小学校高学年以上では，子ども・青年自身の価値観が揺さぶられるような課題になっているかにも注目しておくことが重要であろう。学習者が自身や社会にとっての意義を感じられるような課題の設定を求めたい。

(2) 論理的思考力と資料収集力

課題を的確に設定し，探究を深めていくためには，特に次の2つの観点に注目しておくことが必須だと考えられる。第1は，「**論理的に考えられているか？（論理的思考力）**」である。価値ある課題の条件の1つは，それが論理的思考にもとづいて設定されていることであろう。さらに，課題を探究するために適切な方法を選び，集めた情報を分析・総合して整理し，それを踏まえて考察し，さらに探究すべき課題を発見するという，いずれの場面においても論理的に考える力が重要な役割を果たす。論理的思考力という観点については，課題設定の場面，情報収集の場面，発表の場面といったすべての場面で，注目しておく必要がある。

第2は，「**充実した資料を収集できているか？（資料収集力）**」である。総合学習においては，文献調査，フィールドワーク，実験など，様々な探究の方法が用いられる。しかし，いずれの方法を用いるにせよ，探究を深めるためには質の良い資料を多く集めることが重要となる。なお，総合学習においては，フィールドワークや実験など直接的な体験が重視される場合が多い。単にどこかに書かれた情報を写すのではなく，そのような直接的な体験によって学ぶことには大きな意義があるだろう。また，文献やインターネットを用いた調査を行う際にも，情報の質に注目しつつ情報を探索し，適切に取捨選択しながら，重要な資料を見つけてくることができるかが重要になる。

実際に探究する際には，論理的に考えることと資料を収集することを往復しながら進めることとなる。資料が集まらなければ思考を深められないし，論理的に考えられなければ適切な資料も集められない。しかしながら，実際の学習者には，資料収集はできていても論理的な整理に困難を抱える例や，論理的に

思考できていても資料収集に困難を抱える例などが見られるため，いったん両方の観点を区別しておくことが有効だと考えられる。

(3) 協働する力

　総合学習は，たとえ個人でテーマを設定する個人研究であったとしても，個々人の自由研究ではない。個別・グループ別の活動をしつつも，それを他者と共有し，つき合わせる中で，改めて個別・グループ別の活動の違いに気づき，それぞれの意味がわかるという場合も少なくない。そこで，「**集団で協力しているか？（協働する力）**」という観点にも着目しておくことが有効であろう。

　小学校低学年については，特別活動に近い実践も多いことから，グループ活動を進めることを通して共同で活動する上での基本的なやり方やルールを学ばせる段階だと考えられる。学年が上がれば，仲間と意見をたたかわせたり，それぞれの意見を活かし合ったりしているか，グループで質の高い協力が行われているかといった点を見る必要がある。中学校・高等学校へと進むと，自分自身で協働できる仲間を見つけ，協力する仕組みを作っていく場合もあるだろう。

(4) 自己評価力

　学習者が自律的・自立的に探究を進めていく力を身につけさせるためには，学習者自身が自分の学習の状況について，どのように自己評価（メタ認知など）できているのかについて注目することが重要である。つまり，「**学習者が自分の実態を把握する力をどの程度身につけているか？（自己評価力）**」という観点である。学習者がどのような規準で自己評価を行っているかを捉え，学習者自身がより的確な規準で自己評価が行えるように成長を促すことが求められる（自己評価力を育てるための指導方法については，第3章，第5章を参照）。

　小学校低学年であれば，計画にもとづいて行動できるかどうかといった点が重視されるだろうが，学年が上がれば，学習者自身がより長期的な見通しをもって学習計画を立てることが必要になる。また，「図や表を使っていてわかりやすい」といった表面的な方法の見栄えの良さに着目する状態を乗り越え，

「この内容だからこそ，棒グラフではなく折れ線グラフが適している。さらに，その折れ線グラフから，こんな新たな疑問が生まれる」といったように，内容の深まりやその後の課題に学習者自身が着眼できる状態になっているかどうかが問われる。

　さらに，自分自身の生き方に関わって重要なテーマを選ぶことができているか，自分自身の力を過大評価や過小評価せずに自己肯定感を育んでいるかといった点も，自己評価力に関わる評価の観点となるだろう。教師は，学習者が立てた問いや課題がどれだけ学習者にとって夢中になれるもの，切実で身に迫るもの，大切なものとなっているかに注意を払っておかなくてはならない。中には，教師がやってほしい課題しか選ぼうとしない学習者もいる。そのような学習者に対しては，「総合学習は，自分自身にとって大切な課題をやるための時間なのだ」と伝えることが必要であろう。

(5) 教科の基礎的な知識・スキル・理解

　ところで，総合学習において探究を進めるためには，図書室で本を探す力，インターネットを使う力，観察・実験を行う力，インタビューする力，フィールドワークを行う力，話し合う力，記録する力など，様々なスキルが必要になる。さらに，資料を収集・分析する際には，特定の概念や方法論といった知識が重要になる場面も少なくないことだろう。

　こういった**知識・スキル・理解**については，必要に応じて総合学習においても指導されることもあるだろう。しかし，これらの知識・スキル・理解の系統的な育成が総合学習での主要な目標とされれば，学習者の自律的な探究活動の流れを阻害する懸念がある。探究するための基礎・基本として必須の力については，教科において全員に保障しつつ，総合学習では必要な場面で織り込まれるべきだと考えられる。

　ただし，このような教科と総合学習の役割分担を行うためには，総合学習で見られる学習者の実態を鑑みながら，教科の基礎・基本をいま一度問い直すことが必要な場面も出てくる。また教科での既習事項については，総合学習でも

活用されるよう指導する必要がある。自己評価力は，教科で学んだことを必要に応じて活用できるようにする上でも重要だと思われる。学習者の自己評価力が育まれるにつれて，教科での学習が総合学習に活かされ，総合学習の成果が教科にも活かされるといった**教科と総合学習の相互環流**（Cf. 行田・園田，1999）も活発になると期待される。

3 長期的な指導計画

学習者自身が課題設定を行う探究については，一朝一夕に深まるものではない。総合学習における探究は，少なくとも数か月，場合によっては数年間にわたって，**「問題解決のサイクル」**を繰り返していくものとなる。その際，学習者の課題設定力も，長期的なスパンで育てていく必要がある。実際には，学年が進むにつれて大テーマの設定を徐々に緩やかなものにし，学習者の自律性を

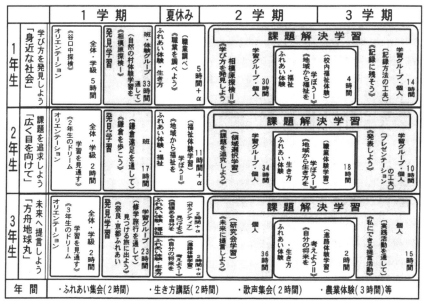

図1-13 「谷口ドリーム学習」における3年間の流れ
（2001年度。田中，2003，資料❶）

高めるといった長期的な指導計画の策定が求められる。

　たとえば図1-13は,「谷口ドリーム学習」の3年間の流れである。「谷口ドリーム学習」では,①学習のイメージをつかむための「オリエンテーション」,②「発見学習」や「ふれあい体験」,「ふれあい集会」といった共通体験の場,③個人やグループで探究を進める「課題解決学習」という3種類を組み合わせた3年計画が立てられている。各学年の前半で,様々な課題を見つけ出すことができるような共通体験（②）を保障しているという特徴が見受けられる。「課題解決学習」（③）については,徐々に一人一人の課題が練り上げられるような学習計画が立てられている。

　まず1年生の「相模原探検」は学級を母体としたグループごとに,地域の「場所」と「人」をテーマに学習を進める。2年生になると,自分の「ねがい・こだわりを大切にした自由な課題を追究」する「領域選択学習」が行われる。「領域選択学習」では,一人一人の関心をキーワードで探り,それを環境,伝統・文化,福祉・健康,国際といった「領域」に分けて,各「領域」内で小グループが編制される。3年生の「研究会学習」は,2年生の「領域選択学習」からつながるものとして意識されており,2年生の時の学習成果に対する反対意見を探したり,考えをさらに広げたりすることから出発する。例えば,2年生の時に環境に優しいと言われる「ケナフ」を使おうという結論を出した生徒が,3年生では本当にケナフは環境に優しいのかと問い直す。あるいは,2年生の時に児童虐待について調べた生徒が,「大人の勝手で傷つく子どもたちの存在」という問題に対する関心を継続しつつ,3年生では「地雷」について調べる。このように「谷口ドリーム学習」は,一人一人の生徒が自分の興味・関心を深め,課題設定する力を3年間を通して育成する計画となっている。

　なお,総合学習における長期的な指導にあたっては,**ポートフォリオ評価法**を活用することが有効だと考えられる。ポートフォリオとは,学習者の作品（work）や自己評価の記録,教師の指導と評価の記録などをファイルや箱などに系統的に蓄積していくものである。ポートフォリオ評価法とは,そのようなポートフォリオづくりを通して,学習者が自らの学習のあり方について自己評

価することを促すとともに，教師も学習者の学習活動と自らの教育活動を評価するアプローチである（西岡，2003）。

総合学習では，学習の初めからポートフォリオに記録を収録し，計画的に**ポートフォリオ検討会**を繰り返しつつ，探究を進めていくことが重要である。検討会とは，学習者と教師やその他の関係者がポートフォリオを用いつつ学習の状況について話し合い，到達点を確認するとともに次の課題や目標を明確にする場を指す。総合学習におけるポートフォリオ評価法の活用に関する詳細については，第5章で扱う。

第4節　学校で育成する「資質・能力」の全体像をどう捉えるか

1 「資質・能力」を捉える枠組み —— 石井英真氏による提案
（1）「資質・能力の要素」と「能力・学習活動の階層レベル」

以上のような，教科と総合学習の目標論を踏まえると，学校で育成する「資質・能力」は，どのような枠組みで捉えられるのだろうか。ここでは，特に，石井英真氏による提案を参考にして考えてみたい。ここで石井氏の提案に注目するのは，①氏の提案が到達度評価論の中で提唱されてきた学力モデルの発展上に位置づいていること，また②ウィギンズ氏らの「知の構造」を踏まえたものでもあること，さらに③教育課程企画特別部会（2015）などで検討されている「資質・能力」のモデルよりも精緻なものだからである（詳細は後述）。

石井氏は，「学校で育成する資質・能力の要素の全体像を捉える枠組み」（以下，「**資質・能力」モデル**と呼ぶ）として，表1-8を提案している。この表では，「資質・能力の要素（目標の柱）」として，知識，スキル（認知的スキル，社会的スキル），情意（関心・意欲・態度・人格特性）が位置づけられている。また，「能力・学習活動の階層レベル」として，「知識の獲得と定着（知っている・できる）」「知識の意味理解と洗練（わかる）」「知識の有意味な使用と創造（使える）」「自律的な課題設定と探究（メタ認知システム）」「社会関係の自治的組織化と再構成（行為システム）」という5つのレベルが捉えられている。

表1-8 石井氏による「資質・能力」モデル：学校で育成する資質・能力の要素の全体像を捉える枠組み
(石井, 2015, p.23)

能力・学習活動の階層レベル（カリキュラムの構造）	資質・能力の要素（目標の柱)			
	知識	スキル		情意（関心・意欲・態度・人格特性)
		認知的スキル	社会的スキル	
教科等の枠づけの中での学習	知識の獲得と定着（知っている・できる）	事実的知識、技能（個別的スキル）	記憶と再生、機械的実行と自動化	学び合い、知識の共同構築	達成による自己効力感
	知識の意味理解と洗練（わかる）	概念的知識、方略（複合的プロセス）	解釈、関連付け、構造化、比較・分類、帰納的・演繹的推論		内容の価値に即した内発的動機、教科への関心・意欲
	知識の有意味な使用と創造（使える）	見方・考え方（原理、方法論）を軸とした領域固有の知識の複合体	知的問題解決、意思決定、仮説的推論を含む証明・実験・調査、知やモノの創発的表現（批判的思考が関わる）	プロジェクトベースの対話（コミュニケーション）と協働	活動の社会的レリバンスに即した内発的動機、教科学習観、知的態度・思考の習慣性
学習者たちが自律・再構成する学習の枠づけ	自律的な課題設定と探究（メタ認知システム）	思想・見識、世界観と自己像	自律的な課題設定、特殊な探究、情報収集・処理、自己評価	人間関係と支わり（チームワーク）、ルールと分業、リーダーシップとマネジメント、争いの処理・合意形成、学びの場や共同体の自主的組織化と再構成	自己の思い・生活意欲（切実性）に根差した内発的動機、志やキャリア意識の形成
	社会関係の自治的組織化と再構成（行為システム）	人と人との関わりや所属する共同体・文化についての意識、共同体の運営や自治に関する方法論	生活課題の開発、イベント、企画の立案、社会問題の解決への関与・参画		社会的責任や倫理意識に根差した社会的動機、道徳的価値観・立場性の確立

※社会的スキルと情意の欄でレベルでの区分が点線になっているのは、知識や認知的スキルに比べてレベルごとの対応関係が緩やかであることを示している。
※網かけ部分は、それぞれの能力・学習活動のレベルにおいて、カリキュラムに明示されて中心的に意識されるべき目標の要素。
※認知的スキル・社会的スキルの中身については、学校ごとに具体化していくべきであり、学習指導要領等で示す場合も参考資料とすべきであろう。
※情意領域については、評定の対象というより、形成的評価やカリキュラム評価の対象とすべきであろう。

教科学習 / 総合学習 / 特別活動

70

	認知的要素	情意的要素
基本性	A	B
発展性	C	D

①広岡モデルは，認知的要素と情意的要素を学力モデルの中に位置づけたが，その関係について両者は異根と考えたため，態度主義との批判を受けた。
②勝田モデルは，当面の学力研究の焦点を[A]に限定することで，「態度主義」に陥ることを回避し，教科内容研究の進展を促した。
③中内モデルは，[A]が学習者の中で十分にこなされた段階を「習熟」（[B][D]）と捉え，認識価値と人格価値を一元的に把握しようとした。京都モデルは，[A]・[B]と[C]・[D]が対応・相即関係にあることを示した。

図1−14　田中耕治氏による学力モデル（田中，1996，p.99）

　これは，カリキュラムにおける理解の深さや能力の階層性を捉える軸と言えるだろう。この時，知識，スキル，情意という3要素が，「知っている」レベル，「わかる」レベル，「使える」レベルそれぞれに同時に機能していることが捉えられている。

　さらに表の左端では，「教科学習」「総合学習」「特別活動」のそれぞれについて，どの階層レベルに主要に関わるのかを整理している。そこでは，「総合学習」「特別活動」は，学習の枠づけ自体を学習者たちが決定・再構築する点で，教科学習との違いが見られることが指摘されている。また，主として**メタ認知システム**に関わる「総合学習」，主として**行為システム**に関わる「特別活動」というように，それぞれの特質が捉えられている。さらに，網かけの部分では「カリキュラムに明示され中心的に意識されるべき目標の要素」が明示されている。

　実は，かつて田中耕治氏は，段階説と並行説を組み合わせて学力モデルを構想していた（図1−14）。このモデルでは，認知的な要素の深まりと情意的な要素の深まりが相即的に進むことが示されている。石井氏のモデルは，この田中氏のモデルを継承しつつ，総合学習・特別活動の領域にまで拡大したものと解釈できる。また，「教科等の枠づけの中での学習」の「知識」の欄については，「逆向き設計」論の「知の構造」が埋め込まれている。

(2) 国立教育政策研究所の「21世紀型能力」との比較

石井氏の「資質・能力」モデルの特長については，国立教育政策研究所の提案する「21世紀型能力」（図1－15）と比較すると明らかになる。「21世紀型能力」は，当初，「基礎力（言語スキル，数量スキル，情報スキル）」「思考力（問題解決・発見力・創造力，論理的・批判的思考力，メタ認知・適応的学習力）」「実践力（自律的活動力，人間関係形成力，社会参画力，持続可能な未来づくりへの責任）」から構成されるものとして提案された（国立教育政策研究所教育課程研究センター，2013，p.26）。その後，「21世紀型能力」は一部が改訂されているものの，「資質・能力」を「①思考力を中核とし，それを支える②基礎力と，使い方を方向づける③実践力の三層構造」で捉えるイメージは継承されている。

国立教育政策研究所のモデルと比較すると，第1に，石井氏の「資質・能

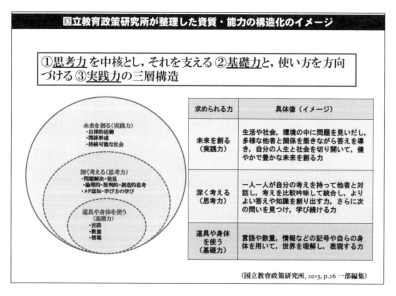

図1－15　国立教育政策研究所が整理した資質・能力の構造化のイメージ
（教育課程企画特別部会，2015，「補足資料」p.173；Cf. 国立教育政策研究所教育課程研究センター，2013，p.26）

力」モデルでは「要素」と「階層レベル」を分化させることにより，「深さ」の軸を明示している点に特長があることがわかる。これにより，「基礎力」「思考力」「実践力」のそれぞれに深さの違いがあることがより明確になっている。このことは，知識や思考の指導において，浅いレベルのドリルにとどまってしまう危険性を回避させるものと言えるだろう。

　第2に，「要素」間の対応関係を整理している点にも特長がある。例えば深く思考する際には，「概念的知識［「逆向き設計」論でいうところの「転移可能な概念」］」や「方略（複合的プロセス）［同「複雑なプロセス」］」，「見方・考え方［同「原理や一般化」］」を使いこなすことが必要となる。すなわち，石井氏のモデルは，カリキュラム設計を行う際に，「思考」することを単なる能力として位置づけるのではなく，対応する知識と組み合わせて捉えることの重要性を浮かび上がらせている。

　第3に，石井氏のモデルでは，教科学習・総合学習・特別活動という3つの領域と「階層レベル」との対応関係が示されている点も特長である。確かに，3つの要素（知識，スキル，情意）は，あらゆる領域の学習において存在している。しかし，このことは，3つの要素が3つの領域すべてにおいて「明示され中心的に意識されるべき目標の要素」として位置づくということを意味してはいない。学習の枠づけがあらかじめ与えられている教科と，学習の枠づけ自体を「学習者たちが決定・再構築する」総合学習や特別活動とでは，求められる「実践力」の内実は異なる。教科において「実践力」を過度に強調すれば，教科において本来，目標の中心に置かれるべき知識やスキルの要素の指導がかえって浅薄なものにとどまってしまう危惧もある。逆に，総合学習や特別活動において知識やスキルを強調しすぎれば，本来，学習者が発揮すべき「実践力」を教師が定めた枠の中に押しとどめてしまう懸念が生じる。カリキュラム設計を行うにあたっては，領域ごとの役割を明確にしつつ相互環流を図ることが重要だということを，石井氏のモデルから解釈することができる。

2 　教育課程企画特別部会「論点整理」の到達点と課題
(1)「資質・能力」の「三つの柱」

　以上のような研究成果などを踏まえつつ，2015年8月に教育課程企画特別部会が公表した「論点整理」では，「資質・能力」を「ⅰ）何を知っているか，何ができるか（個別の知識・技能）」，「ⅱ）知っていること・できることをどう使うか（思考力・判断力・表現力等）」，「ⅲ）どのように社会・世界と関わり，よりよい人生を送るか（主体性・多様性・協調性，学びに向かう力，人間性など）」という「**三つの柱**」で捉えることが提案されている（図1－16）。

　この「三つの柱」には，「21世紀型能力」との類似性がうかがわれる。石井氏のモデルと「21世紀型能力」の比較により得られた視点を踏まえれば，今後の議論においては，次の2点に留意することが必要だと筆者は考えている。

　第1は，教科における**本質的な内容**を明確にした上で，それらを「**深く**」扱うことの重要性である。「三つの柱」の説明においては，「社会の様々な場面で活用できる知識・技能として体系化しながら身につけていく」(ⅰ)）ことや，

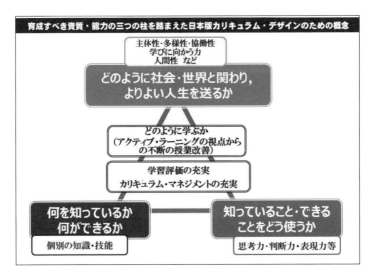

図1－16　育成すべき資質・能力の三つの柱を踏まえた日本版カリキュラム・デザインのための概念（教育課程企画特別部会，2015，「補足資料」p.27）

「知識・技能を適切に組み合わせて，それらを活用しながら問題を解決していく」(ⅱ)) ことの重要性が述べられている (教育課程企画特別部会，2015，pp.10-11)。また，「すべての生徒に共通に育むべき資質・能力と，高等学校各教科の必履修科目の関係等 (仮案・調整中)」(同「補足資料」pp.111-114) を見ると，教科によっては，「個別の知識や技能」として重要な概念やプロセスを位置づけるとともに，「思考力・判断力・表現力等」としては，それらを総合して課題の解決などに取り組むという方向性が示されていることがわかる。しかし，2014年3月公表の「検討会」の「論点整理」(表1-5，p.41) では，「逆向き設計」論の「知の構造」を踏まえ，「教科等の本質に関わるもの (教科等ならではの見方・考え方など)」が強調されていたのに対し，「三つの柱」では「知っている・できる」「使う」「社会・世界と関わる／人生を送る」といった能力面が強調されるものとなっている。その点では，「何を (どんな知識・技能を)」使うのかの議論が後退した観が否めない。

　第2に「三つの柱」では，**領域ごとの固有性**が明示されていない点に課題が残っている。例えば「学習指導要領等の構造化のイメージ (仮案・調整中)」(教育課程企画特別部会，2015の「補足資料」p.110) では，いずれの領域についても「三つの柱」が均等に割り当てられている。しかしながら，これでは領域ごとの特質を踏まえた指導が行われなくなる危惧がある。また，人間の「深く柔らかな部分」(本田，2005) までを含む全体的な能力が絶えず評価にさらされることになる懸念もある。「資質・能力」の「三つの柱」を活かす際には，領域ごとの役割を明確にすることが重要だと考えられる。すなわち，「知識・技能」「思考力・判断力・表現力等」については主に教科の目標として位置づける。一方，「学びに向かう力，人間性等」については，総合学習や特別活動の目標として位置づける。総合学習については主に認識面から，特別活動は主に行動面から，「どのように社会・世界とかかわりよりよい人生を送るか」にアプローチするという形が考えられよう。

(2) アクティブ・ラーニングの位置づけ

さらに，教育課程企画特別部会の「論点整理」では，「課題の発見・解決に向けた主体的・協同的な学び（いわゆる「アクティブ・ラーニング」)」を推進する方針が示されている。そこでは，アクティブ・ラーニングを取り入れることで，「知識・技能」，「思考力・判断力・表現力」，「人間性や学びに向かう力」といった「資質・能力」を育成するような授業改善が図られることが期待されていると言えるだろう。

アクティブ・ラーニングという用語は，日本においては当初，高等教育の授業改善のための手法として普及してきた。そこでは，**アクティブ・ラーニング**が「一方的な知識伝達型講義を聴くという（受動的）学習を乗り越える意味での，あらゆる能動的な学習のこと。能動的な学習には，書く・話す・発表するなどの活動への関与と，そこで生じる認知プロセスの外化(がいか)を伴う」ものとして，定義されている（溝上，2014，p.7）。

一方で，高等教育の分野では，アクティブ・ラーニングについて，既にいくつかの問題点も指摘されている。まず，「知識（内容）と活動の乖離」が生じる危険性である。授業に発表や話し合いなどを取り入れても，教科における重要な知識・技能の習得や活用と結びついていなければ，「はいまわるアクティブ・ラーニング」と化してしまうかもしれない。次に，能動的学習をめざす授業が，かえって学生の受動性を増してしまう危険性である。活動への参加が必須になれば，活動に参加するかどうかについて学習者が選択する機会はなくなる。また，グループ活動では，往々にして個々の学習者の責任が曖昧になってしまう。最後に，学習スタイルの多様性に十分に対応できるかという問題がある（松下，2015a，p.5）。

これらの指摘を踏まえるならば，アクティブ・ラーニングを取り入れる際にも，まず深く扱う知識を明確にした上で，それに対応する活動を位置づけることが求められる。また，能動的学習に関していえば，与えられた枠づけの中で学習を進める教科と，学習の枠づけ自体を学習者たちが決定・再構築する総合学習・特別活動においては，求められる能動性に違いがある点を踏まえた検討

が必要であろう。さらに，グループ学習において個々の学習者の責任を明確にする，学習スタイルの多様性を踏まえて「個に応じた指導」を工夫するという配慮も求められる。

　教育課程企画特別部会の「論点整理」では，アクティブ・ラーニングについて指摘されている問題点を検討している。その上で，アクティブ・ラーニングについては，特定の授業方法ではなく，「指導方法を不断に見直し，改善していく」ための視点として位置づけている。具体的には，「ⅰ）習得・活用・探究という学習プロセスの中で，問題発見・解決を念頭に置いた深い学びの過程が実現できているかどうか」，「ⅱ）他者との協働や外界との相互作用を通じて，自らの考えを広げ深める，対話的な学びの過程が実現できているかどうか」，「ⅲ）子供たちが見通しを持って粘り強く取り組み，自らの学習活動を振り返って次につなげる，主体的な学びの過程が実現できているかどうか」という3つの視点が提示されている（教育課程企画特別部会，2015，p.18）。

　日本の教育界が教育技術の改善を真摯に模索している教師たちによって支えられているという認識に基づき，特定の学習や指導の「型」を推奨することを避けた「論点整理」の判断は，適切なものであろう。ただし，学校現場では既に，アクティブ・ラーニングの実施自体が目的であるかのように捉えられている実態も見聞きする。アクティブ・ラーニング自体は教育目標ではなく，「資質・能力」を育成するための手段であることを忘れてはならない。教科・総合学習・特別活動それぞれの目標を踏まえ，**「深い学び」「対話的な学び」「主体的な学び」**という視点のうちの適切なものを効果のある場面で活かすことが重要であろう。

おわりに

　教育目標として「資質・能力」を位置づけることは，社会を生きていく上で必要になるような実力や人間性を育むことをめざすものだと捉えることができる。学力と実力や人間性の間の乖離は，かねてより指摘されてきた問題であり，「資質・能力」論を踏まえてカリキュラムを見直すことには，一定の価値があ

るだろう。

　ただし,「資質・能力」を目標として位置づけるにあたっては,すべての子どもや青年の発達の権利を保障するという観点から検討を進める必要がある。教科においては,深い理解を身につけさせるために,「知の構造」を踏まえて目標を整理し,明確に設定する。汎用的スキルやメタ認知については,パフォーマンス課題などに取り組む中で副次的に扱うといったように,優先順位を明確にすることが重要であろう。一方,総合学習や特別活動については,子ども・青年に課題設定や活動選択の主導権を与えるなど,学習の枠づけ自体を学習者が決定・再構成する機会を確保していくことが求められる。

　では,そのように設定された目標に対応して,どのような指導や評価が構想されるのか,以下の章で検討していこう。第2章から第4章では,主に教科教育を扱う。第5章では,総合学習を含めたカリキュラム全体を視野に入れた指導と評価を構想する上で有効なポートフォリオ評価法に注目する。

第2章
評価方法と評価規準(基準)の開発

はじめに

日本では，2001年改訂の指導要録において，全面的に「目標に準拠した評価」が採用されることとなった。指導要録とは，「児童生徒の学籍並びに指導の過程及び結果の要約を記録し，その後の指導及び外部に対する証明等に役立たせるための原簿となるものであり，各学校で学習評価を計画的に進めていく上で重要な表簿」である（文部科学省初等中等教育局長，2010）。本章第1節では指導要録の変遷を振り返るとともに，「目標に準拠した評価」の意義と実施上の課題について確認する。

「目標に準拠した評価」を実施するにあたっては，目標に対応させて，適した評価方法を選ぶことが重要になる。そこで第2節では，様々な学力評価の方法について概観する。さらに，第3節では学力評価の方法の中でもパフォーマンス課題に焦点を合わせて，その作成方法を紹介するとともに，第4節では評価基準の作り方について検討したい。なお，本書の第2章から第4章では主に教科教育を扱う。総合学習については，第5章で検討したい。

第1節 「目標に準拠した評価」の意義と課題

1 指導要録の変遷

戦前においては，指導要録の前身にあたる「学籍簿」が使われていた。「学籍簿」においては，**「絶対評価（認定評価）」** が行われていた。戦前型の絶対評価（認定評価）とは，絶対者としての教師が主観的に判断する評価を意味している。しかし，その評価は，恣意的なものとならざるをえなかった（田中，1999c，p. 31）。

戦後日本の指導要録においては，長らく**「相対評価（集団に準拠した評価）」**と**「個人内評価」**が併用されてきた。相対評価とは，学級や学年における序列により成績づけを行う立場である。また個人内評価とは，評価の規準を個人に置き，その学習者を継続的・全体的に評価しようとする評価の立場である。

戦前型の絶対評価における恣意性への批判を背景として，戦後日本において

相対評価は科学的・客観的なものとして歓迎された。しかし相対評価は，必ずできない学習者がいることを前提とする点で非教育的である。自分の成績を上げようと思えば，他の誰かの成績を下げなくてはならないため，排他的な競争を常態化するものでもある。そもそも相対評価は，集団における個々人の位置を示すだけであり，学力の実態を映し出す評価とはならない。したがって相対評価では，教育活動に反省と改善をもたらす教育評価とはなりえないのである（田中，1999c，pp.32-33；Cf. 田中，2008）。

　一方，個人内評価は，一人ひとりの学習者の学習の進展や特徴を丁寧に捉えようとする点で，大きな意義がある。しかし，相対評価と併用される限り，個人内評価は気休めや温情を示すことにより，相対評価の持つ非教育性を見えにくくするという歪んだ役割を果たすものとならざるをえなかった。

2 「目標に準拠した評価」の導入

　さて，指導要録が2001年に改訂された際には，「観点別学習状況」欄と「評定」欄の両方において，全面的に**「目標に準拠した評価」**が採用されることとなった。「目標に準拠した評価」とは，教育目標を規準として評価を行う立場である。

　「目標に準拠した評価」には，指導の前に目標・評価規準（基準）を明確にする点，目標に照らして評価を行い，それを踏まえて指導の改善が図られる点で，大きな意義がある。「目標に準拠した評価」において，評価の機能は，診断的評価・形成的評価・総括的評価の3つに分化する。**診断的評価**は教育を行う前に学習者の学習への準備状況を把握するために行う評価であり，**形成的評価**は教育の過程で成否を確認し，指導を改善するための評価である。また，**総括的評価**は実践の終わりに学力を総体として捉え，目標に照らして到達点を把握するための評価である。これが，成績づけにも用いられる。特に診断的評価や形成的評価の充実によって，すべての学習者に学力を保障することがめざされることとなる。

　しかし一方で，「目標に準拠した評価」を行う上では，目標・評価規準（基

準)をどう設定するか,どのような評価方法を用いるのか,評価にもとづいて指導をどう改善するのかが問われる。さらに,一人ひとりの学習者に応じたきめ細やかな指導を行う上では,「目標に準拠した評価」と「個人内評価」を組み合わせて行うことが求められるが,その具体的な方策の解明も必要である。

第1章で説明した「知の構造」に照らすと,**教育目標と評価方法・評価基準の対応**は,図2-1のように捉えられる。すなわち,「本質的な問い」に対応するような,「原理や一般化」についての「永続的理解」が身についているかどうかについては,パフォーマンス課題を用いて評価する必要がある。しかし,個々の知識(概念)やスキル(プロセス)が習得できているかについては,筆記テストや実技テストを用いて評価しなくてはならない。つまり,幅広い学力を評価するためには,様々な評価方法を組み合わせて用いる必要がある。さらに評価方法によっては,**ルーブリック**(rubric:評価指標)と呼ばれる評価基準を用いることが適していることが指摘されている(Wiggins, 1998a)。

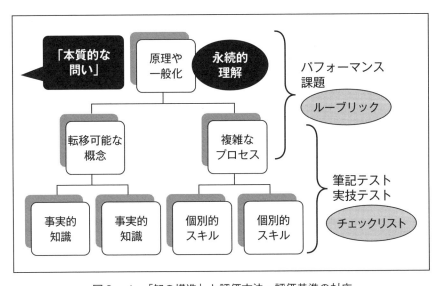

図2-1 「知の構造」と評価方法・評価基準の対応

(McTighe & Wiggins, 2004;Erickson, 2008をもとに筆者作成。
Cf. ウィギンズ&マクタイ, 2012)

そこで次に，評価方法と評価規準（基準）の開発について検討してみよう。なお本書では，評価規準を段階的に具体化したものを評価基準と呼んでいる。

第2節　様々な学力評価の方法

1　学力評価の方法の分類

「目標に準拠した評価」を行う際には，具体的な評価方法を選定することが重要である。学力評価の方法としては，様々なものが開発されている。図2－2には，評価方法を単純なものから複雑なものへと並べるとともに，**筆記による評価**と**実演による評価**を整理している。

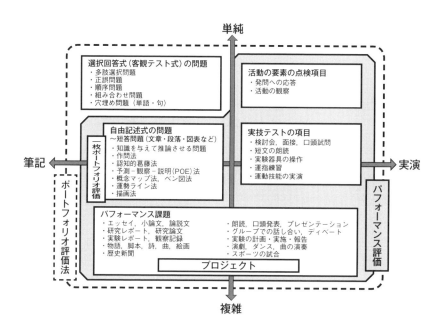

図2－2　様々な学力評価の方法

（西岡，2009a，p.9。この図は，主として次の文献を参考に筆者が作成したものである。西岡，2002a；田中，2005；堀，2006；ホワイト＆ガンストン，1995；ウィギンズ＆マクタイ，2012；Guskey，1997；McTighe & Ferrara，1998；Stiggins，2001）

2 筆記テストと実技テスト

評価方法として一般的に想定されがちなのは，**筆記テスト**や**実技テスト**であろう。テスト法についても，現在までに様々な問題や課題が開発されている。○か×かで採点できるタイプの「**選択回答式（客観テスト式）**」の問題は，限られた時間で多くの人数を対象にして，幅広い知識が習得されているかどうかについて評価を行うのに適している。しかし，思考力・判断力・表現力といった学力を評価するには，**自由記述式の問題**を用いた筆記テストを行ったり，実技テストを取り入れたりすることも重要である。図2－3の例が示すように，テスト法においても，様々な種類の問題が開発されている。

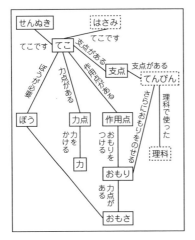
①概念マップ（福岡，2002，p.27）

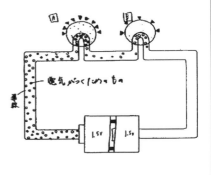
②描画法（電流を粒で表したもの）
（日高，1998，p.99）

③**実技問題**（国立教育政策研究所教育課程研究センター，2007b，p.40）
「実際に児童がメスシリンダーとスポイトを用いて，水を正確に測りとり，上皿天秤を用いて，溶かす前の水と食塩の重さと，溶かした後の水溶液の重さを比べることができるか」を見るために，実験手順を説明するビデオを視聴して，実際に操作を行うことを求める。

図2－3　筆記テスト・実技テストの問題例

また，テストという方法を用いなくても，机間指導の中でノートやワークシートを見たり，学習者の発言や活動の様子を観察したりする日常的な評価も，自然な状況において学習者の実態を捉える重要な評価方法である。

3 パフォーマンス課題

次に，様々な知識やスキルを総合して使いこなすことを求めるような複雑な課題を，**パフォーマンス課題**と言う。パフォーマンス課題は，最も複雑な種類の評価方法であり，筆記によるものもあれば実演によるものもある。具体的には，論説文やレポート，絵画，展示物といった完成作品（プロダクト）や，スピーチやプレゼンテーション，実験の実施といった実演（狭義のパフォーマンス）が評価される。特に，リアルな文脈（あるいはシミュレーションの文脈）において力の発揮を求めるものを，真正のパフォーマンス課題と言う。

表2-1には，現在までに日本で開発されているパフォーマンス課題の例と，対応する**「本質的な問い」**を示している（「本質的な問い」については，第1章 pp.54-57，ならびに本章第3節を参照）。このようなパフォーマンス課題に類似する学習活動は，これまでの教育においても行われてきたことだろう。パフォーマンス課題に取り組むにあたっては，そのような知識・スキルを活用する学習活動を評価課題として位置づけ直すことが求められる。

なお，**パフォーマンス評価**とは，知識やスキルを使いこなす（活用・応用・総合する）ことを求めるような評価方法の総称である。パフォーマンス評価は，米国において，「選択回答式（客観テスト式）」の標準テストを批判する動きから主張されるようになった。そこで，図2-2（p.83）では，「選択回答式（客観テスト式）」の問題以外を囲む形で示している。

表2−1 「本質的な問い」とパフォーマンス課題の例

学年，教科 「本質的な問い」	パフォーマンス課題
①小学校6年生，国語 「説得力のある意見書を書くには，どうしたらよいのだろうか？」 (岩見，2008，pp.33-34)	「国連子ども会議の意見書」 　6年1組で，[模擬]「国連子ども会議」を開くことになりました。あなたは「平和」について考え，自分たちにできることをみんなに呼びかけなければなりません。そのための説得力のある意見書を作り上げてください。 (岩見，2008，p.35)
②中学校3年生，社会 「民主主義とは何か？民主的な国家とはどのようなものか？」 (三藤，2009b，p.34)	「民主的な国家を提案しよう」 　あなたは政治の研究者です。国際連合では，さらに民主的な国家を世界に増やしたいと考えています。しかし，現在，「民主主義とは何か」については意見が分かれています。そこであなたは，「民主主義とは何か。民主的な国家をつくるためには，どうしたらよいか」について提言レポートを頼まれました。国連の会議でレポートをもとにプレゼンテーションしてもらいます。[中略] なるべく具体的に例をあげて，説得力のある提案をしてください。(三藤，2009b，p.35)
③小学校4年生，算数 「広さを比べるにはどうすればよいか？」 (Cf. 上杉，2011)	「広さを調べよう」 　皆さんに相談があります。11月のスマイル高倉に，色んなお楽しみコーナーがあって，『おもしろ科学実験＆工作』のコーナーをお母さんとかがするのだけど，コーナーを決める担当の人が，部屋を理科室にするか，理科室前の廊下にするか迷っています。いっぱい人が入ってほしいから，広い方でしたいそうです。でも先生は，どちらが広いかわかりません。そこで，理科室と理科室前の廊下，どちらが広いかみんなに求めてもらいたいのです。(上杉，2011，pp.70-71)
④小学校6年生，理科 「水溶液の性質とはどのようなものか？　環境を守るには，どうすればよいか？」 (Cf. 井口，2011)	「地球の水を守ろう──普段の生活で気をつけたいこと」 　あなたは，「子ども科学者」です。「水溶液の性質って？」で学んだことをもとにして，次の3つのことについて「理科パンフレット」を作り，それを使って5年生に「地球の水を守ろう」ということについて説明してください。 水溶液の性質について ・お風呂洗剤などに「混ぜるな危険」とあるのはどういうことか。 ・地球の水を守るため，普段の生活で気をつけなければならないことはどんなことか。 (井口，2011，p.93)
⑤小学校，音楽 「美しい合唱をするには，どのように歌えばよいだろうか？」 (Cf. 和中，2011)	「重なりの美しさを感じて歌おう」 　合唱コンクールで，響きのある，美しい，心が1つになった合唱を，聞いている人に届けましょう。そのために，自分たちの合唱を振り返り，直したいことと，それを解決するための方法を考えながら，みんなで1つの合唱をつくりあげていきましょう。(和中，2011，p.104)

学年，教科 「本質的な問い」	パフォーマンス課題
⑥中学校，美術 「自分の思いや考えをよりよく伝えるヴィジュアル・コミュニケーションのあり方とはどのようなものか？」「美術作品が社会にかかわるときに必要な視点とは何か？」 （武田，2009，p.96）	「パブリックアートをつくろう」 　身近な公共空間である「附中前庭噴水」，「唐人町商店街」，「西公園入り口広場」の３つのうちから１つを選択し，写真や資料からその場所の様々な要素を踏まえて，最もふさわしいと思うパブリックアートのプランを考え，レンダリングスケッチをしましょう。また，その作品のコンセプトを説明しましょう。（武田，2009，p.97）
⑦中学校３年生，保健体育（体育） 「柔道をさらに楽しむためにはどうすればよいのだろうか？」 （岡嶋，2009，p.101）	「柔道のグループ学習」 ・柔道経験者に対して：「君たちは柔道部員で，初心者の部員が入部してきたので，柔道についての基本的作法と技法をわかりやすく教えるのです。」 ・柔道初心者に対して：「君たちは，初心者として柔道部に入部し，柔道についての基本的作法と技能を６時間後には身についたかどうかのテストを受けるのです。」 （岡嶋，2009，p.100）
⑧中学校３年生，技術・家庭（技術） 「生物に技術を導入して育成を促すとは，どのようなことか？」 （山村，2009，p.113）	「後輩に宝物を残そう！」 　緊急事態が発生しました！　実は，今年栽培したミニトマトは連作障害を起こしやすい作物なのです。このままでは，後輩たちが同じ土地でミニトマトを栽培することが難しくなってしまいます。しかし，残された技術分野の授業は２時間しかありません。[中略]　１時間目は，ミニトマトの連作障害を回避できる[後作用]作物を選定し，２時間目は，制限時間40分でなるべくこれからの手間がかからないような環境をつくり，選定した後作用作物の種をまきます。 （山村，2009，p.113）
⑨中学校，技術・家庭（家庭） 「健康で安全な食生活とはどのようなものか？」 「上手に調理するために必要なことは何か？」 （田中早苗，2010，p.196）	「30分で和定食を作ろう」 　あなたは今度の勤労感謝の日に，いつも働いてくれている両親のために，夕食を作ることになりました。メニューは，ご飯，豆腐のすまし汁，肉じゃがです。その日は５時まで部活があるので，料理に使える時間は30分しかありません。30分以内に，手早く，おいしく，安全に夕食を作ってください。（田中早苗，2010，p.197）
⑩中学校３年生，英語 「相手の質問に対して，自分の考えを述べ，相手にも理解を得るためには，どのような表現を用いて，どのような表現の仕方をするとよいだろうか？」 （植田，2009，p.136。ただし，一部加筆した）	「入学／入社試験面接練習」 　中学校の卒業が間近に迫ってきました。卒業後の進路を決める時期です。そんな中，突然あなたは家庭の都合で，海外の学校／会社に進学／就職することになりました。 　一生懸命現地のことを調べた結果，これまであなたがイメージしていた学校／会社とほとんど同じ現地の学校／会社を探すことができ，そこを第一希望とすることとなりました。 　第一希望の学校／会社には，英語の面接試験が課せられています。（植田，2009，p.137）

4　ポートフォリオ評価法と一枚ポートフォリオ評価

ポートフォリオ評価法は，ポートフォリオづくりを通して，学習者が自らの学習のあり方について自己評価することを促すとともに，教師も学習者の学習活動と自らの教育活動を評価するアプローチを指す（西岡，2003，p.52）。ポートフォリオとは，学習者の作品や自己評価の記録，教師の指導と評価の記録などの資料と，それらを系統的に蓄積していくファイルや箱などの両方を意味している（図2－4）。

なお，ポートフォリオ評価法も「パフォーマンス評価（パフォーマンスにもとづく評価）」の一種であるが，ポートフォリオには選択回答式のテストも収録することができるため，図2－2では全体を点線で囲む形で示した。ポートフォリオ評価法については多様な展開が可能であるため，その詳細については第5章で説明する。

一方，**一枚ポートフォリオ評価**（One-Page Portfolio Assessment：OPPA）は，堀哲夫氏によって考案された評価方法である。一枚ポートフォリオ評価とは，「教師のねらいとする授業の成果を，学習者が一枚の用紙（OPPシート）の中に授業前・中・後の学習履歴として記録し，その全体を学習者自身に自己評価させる方法」（堀，2013，pp.20-21）を言う。OPPシートにおいては，学習前と学習後に同一の問題が与えられる。図2－5に示した例の場合は，「『力』という言葉を使って文章を3つ書いてく

図2－4　ポートフォリオの例
（①小学生が作ったポートフォリオ，宮本浩子先生提供。②高校生が作ったポートフォリオ，京都府立山城高等学校提供）

第2章 評価方法と評価規準（基準）の開発

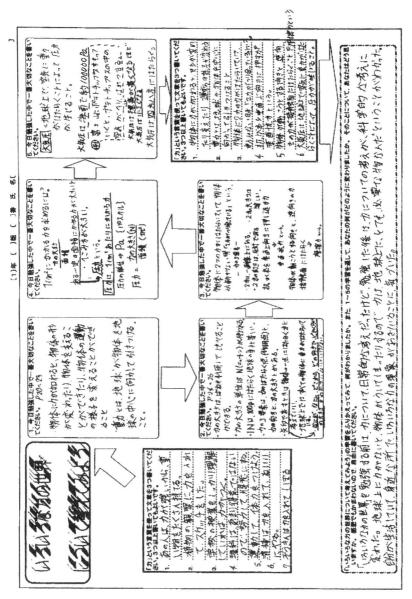

図2-5 OPPシートの記入例（中学校1年生理科の単元「力」。堀, 2010, p.80）

ださい。3つ以上書いてもよいです」という指示が初めと終わりに書かれている。学習の前・後に同じ問題が与えられる場合もある。たとえば，単元「消化と吸収・呼吸のはたらき」では，「からだに取り入れられたものはどうなりますか？」（堀，2013, p.149）という問題が与えられている。また学習中には，毎時間，その時間の最重要点を書く。最後に，学習前・後と学習履歴を振り返り，自分の変化や自分にとっての意味などについて自己評価をさせる。また，教師も，学習者がどのように学習内容について学んでいるかを把握することができる。

なお，ポートフォリオ評価法や一枚ポートフォリオ評価の背景には，**構成主義的学習観**の考え方がある。構成主義とは，「われわれは日常生活において，外界と相互作用しながら，色々な事象を認識していく。そのとき，人は知識や考えを受動的に受け入れるのではなく，主体的に現実や意味を構成し認識していくとする立場」（堀，2013, p.38）である。ポートフォリオでは，学習者自身が学習のプロセスを示す資料を蓄積し，編集することになる。また，一枚ポートフォリオは，既有知識を表出させたうえで，それを組み替えていくプロセスと単元末の到達点が記録される形式となっている。これらは，まさしく構成主義的学習観を反映したものと言えるだろう。

第3節 パフォーマンス課題の作り方

1 パフォーマンス課題づくりの手順

ここで，パフォーマンス課題の作り方について説明しよう。

パフォーマンス課題に類似する学習活動はこれまでも行われてきた。しかしながら，これらの活動の中には，思考力・判断力・表現力の育成に必ずしも効果的につながっていない例も見受けられる。たとえば，活動させてはいても思考や判断を促すような「問い」が位置づけられていないことがある（例：情報を羅列するだけで終わっている歴史新聞）。また，単元のねらいと照らし合わせると最重要課題とは言えない課題に過剰な時間がかけられている場合もある（例：科学的知識の活用や修正がなされないおもちゃづくり）。あるいは，活動

の過程で"手取り足取り"指導されていて，実質的には学習者に思考・判断させていない例も見受けられる。

そこで，パフォーマンス課題を実践に取り入れるにあたっては，質の良い課題の開発が求められる。「逆向き設計」論の提案する「知の構造」を踏まえると，次のような手順でパフォーマンス課題を作ることができる。

① 単元の中核に位置する**重点目標**に見当をつける。
② **「本質的な問い」**を明確にする。
③ 「本質的な問い」に対応して身につけさせたい**「永続的理解」**を明文化する。
④ 「本質的な問い」を問わざるをえないような文脈を想定し，**パフォーマンス課題のシナリオ**を作る。

実際には，この数字の順に作業することよりも，最終的に「本質的な問い」「永続的理解」とパフォーマンス課題が対応するように設計することが重要である。しかしながら，ここでは便宜上この数字の順に，具体例を示しつつ手順を説明していこう。本節で主に紹介する中学校社会科（歴史的分野）の例は，三藤あさみ先生の実践にもとづいている（詳細は，西岡，2007；西岡・三藤，2009；三藤・西岡，2010などを参照）。

2 単元の中核に位置する重点目標に見当をつける

パフォーマンス課題を用いるにあたっては，まず，パフォーマンス課題に**適した単元を設定する**ことが求められる。すべての単元で，パフォーマンス課題を用いる必要はないので，様々な知識やスキルを総合して作品づくりに取り組ませるといった活動を取り入れるのに適した単元を選定することが重要である。また，パフォーマンス課題には一定の時間数が必要なので，複数の小単元を組み合わせて大単元を設定し，十分な時間数を確保することが有効な場合もある。

その上で，単元全体で達成させるべき重点目標は何かと考える。たとえば，明治維新を扱う単元「開国と近代日本の歩み」であれば，知識としてペリー来航，日米修好通商条約，大政奉還，廃藩置県，富国強兵，学制，地租改正など

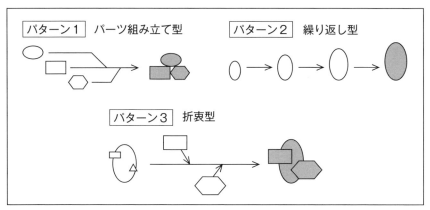

図2-6 パフォーマンス課題の位置づけ（西岡, 2008b, p.12）

を学ばせたい。また，スキルとして，様々な資料を読み取る力や，資料を使って論述する力を身につけさせたいと考えられる。しかし，単元を総体として見れば，江戸時代から明治時代にかけての時代の変化を捉えることが目標の中核に位置していると見当がついてくる。

　なお，パフォーマンス課題は，通常，単元のまとめの課題として位置づく。図2-6は，パフォーマンス課題を取り入れる場合の単元の指導の組み方をモデル図にしたものである。「パターン1　パーツ組み立て型」では，単元末のパフォーマンス課題に必要となるパーツ（知識やスキル）を徐々に身につけさせていき，最後にそれらを組み合わせて使いこなすことを求める。「パターン2　繰り返し型」では，同じような課題を繰り返すなかで，徐々に質を改善するものである。「パターン3　折衷型」では，いったん課題に取り組ませた後，必要な要素を洗練させていくような指導を行い，最後にパフォーマンス課題に取り組ませる。

　これらのパターンはあくまで理念型であるため，この他にも多様な構造化が考えうるだろう。いずれの場合も，パフォーマンス課題は通常，灰色に色づけされている**まとめの課題**として位置づくと考えられる。したがって，そのようなまとめの課題をイメージしつつ，その課題に対応する目標を考えるのも，重

点目標に見当をつける上で1つの有効な方法である。

3 「本質的な問い」を設定する

単元の中核に位置する重点目標に見当がついたら，それを「本質的な問い」に転換する。「**本質的な問い**」は，学問の中核に位置する問いであると同時に，生活との関連から「だから何なのか」が見えてくるような問いでもある。通常，一問一答では答えられないような問いであり，論争的で探究を触発するような問いである。特に「本質的な問い」を問うことで，個々の知識やスキルが関連づけられ総合されて「永続的理解」へと至ることができる（第1章参照）。

単元「開国と近代日本の歩み」において，三藤先生は，「明治維新によって日本社会はどのように変化したのか？ 明治維新後の日本において，人々が幸福で平和に暮らせる社会を築くには，どうすればよかったのか？」（西岡・三藤，2009，p.54）という問いを設定した。このような単元の「本質的な問い」の背後には，歴史的分野全体を貫くような包括的な「本質的な問い」が存在している。すなわち，「時代が変わるとはどういうことか？ 社会を変えるのは何か？ どのように変えていくことが，民主的で平和な国家・社会をつくりあげることになるのか？」という問いである。

図2-7が示すように，「本質的な問い」は，入れ子状に存在している。それぞれの教科や分野・領域には，全体を貫くような**包括的な**「**本質的な問い**」が存在している。包括的な「本質的な問い」は，様々な文脈で問われるものであり，単元を超えて繰り返し現れるような問いでもある。

パフォーマンス課題を作る際には，単元の「本質的な問い」に対応させて考案する。単元の「本質的な問い」を設定する際には，教科や分野を貫く包括的な「本質的な問い」を意識しつつ単元の具体的な内容にあてはめる方法と，個々の授業で問われる主発問を総合させるような問いとして考える方法がある。一般的には，「～とは何か？」と概念理解を尋ねたり，「～するには，どうすればよいか？」と方法論を尋ねたりする問いが，「本質的な問い」となる場合が多い。

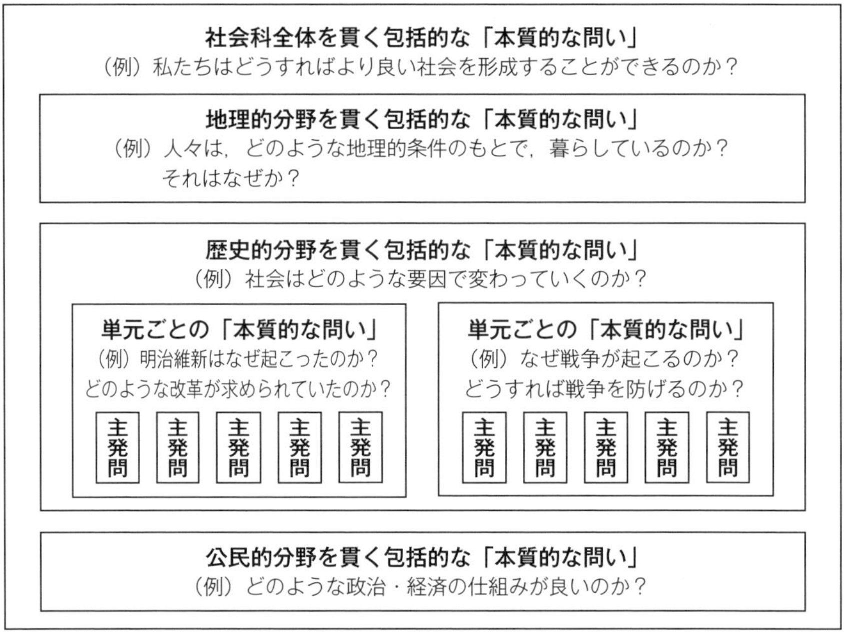

```
┌─────────────────────────────────────────────────────────┐
│         社会科全体を貫く包括的な「本質的な問い」            │
│    （例）私たちはどうすればより良い社会を形成することができるのか？│
│  ┌───────────────────────────────────────────────────┐  │
│  │       地理的分野を貫く包括的な「本質的な問い」        │  │
│  │  （例）人々は，どのような地理的条件のもとで，暮らしているのか？│  │
│  │       それはなぜか？                              │  │
│  └───────────────────────────────────────────────────┘  │
│  ┌───────────────────────────────────────────────────┐  │
│  │       歴史的分野を貫く包括的な「本質的な問い」        │  │
│  │    （例）社会はどのような要因で変わっていくのか？       │  │
│  │  ┌─────────────────────┐ ┌─────────────────────┐  │  │
│  │  │  単元ごとの「本質的な問い」│ │  単元ごとの「本質的な問い」│  │  │
│  │  │ （例）明治維新はなぜ起こったのか？│ │（例）なぜ戦争が起こるのか？│  │  │
│  │  │ どのような改革が求められていたのか？│ │どうすれば戦争を防げるのか？│  │  │
│  │  │ [主発問][主発問][主発問][主発問] │ │[主発問][主発問][主発問][主発問]│  │  │
│  │  └─────────────────────┘ └─────────────────────┘  │  │
│  └───────────────────────────────────────────────────┘  │
│  ┌───────────────────────────────────────────────────┐  │
│  │       公民的分野を貫く包括的な「本質的な問い」        │  │
│  │    （例）どのような政治・経済の仕組みが良いのか？       │  │
│  └───────────────────────────────────────────────────┘  │
└─────────────────────────────────────────────────────────┘
```

図2-7　「本質的な問い」の入れ子構造
（中学校社会科。三藤・西岡，2010；鋒山，2012を参照して筆者作成）

4　「永続的理解」を明文化する

「本質的な問い」が設定できたら，その模範解答をイメージしながら**「永続的理解」**を明文化する。単元の教育目標については，「～がわかる」「～ができる」という形式で書かれることが少なくない。しかし，この記述の仕方では，「何がどのようにわかれば，わかったと言えるのか」，「何をどのようにすれば，できたと言えるのか」が不明瞭である。そこで，「～とは，……である」，「～するには，……するとよい」といった形で，理解の内容を具体的に文章化するのである。

なお，「本質的な問い」に対応する「理解」は，素朴な理解から洗練された理解まで，様々なレベルが考えられる。例えば，「社会はどのような要因で変わっていくのか？」という問いに対して，素朴な理解であれば「英雄が活躍す

ることによって社会は変わる」という内容かもしれない。しかし，より洗練された理解であれば，「社会は，様々な政治的・経済的・文化的要因が複雑に影響し合って変化する」ことを踏まえた内容になるだろう。そこで，「この学年の今，目の前にいる学習者には，この『本質的な問い』に対応して，この程度，理解してほしい」という内容を明確にする。「永続的理解」を明文化する作業は，目の前の学習者に知識やスキルをどのように活用してほしいのかについてのイメージを明確にするものともなる。

　単元「開国と近代日本の歩み」において，三藤先生が文章化した「永続的理解」は，次の通りであった。「明治維新という政治改革の背景には，欧米における市民革命，産業革命とアジアへの進出からの影響，貨幣経済発展を想定していない幕藩体制や年貢制度の矛盾など国内外の様々な要因があった。／また日本が近代国家として国際的地位を向上するために，積極的に欧米文化を摂取し，廃藩置県，富国強兵政策，殖産興業，地租改正，学制の公布など様々な改革を行った。その結果工業のめざましい発展や身分制度の廃止，民主政治の発展など正の側面がみられた反面，公害や労働問題の発生，帝国主義の萌芽による大陸進出など負の側面も表れた」。つまり，「明治維新の背景には，様々な政治的・経済的・文化的要因が絡まり合って存在していた。また，その影響としては，正の側面もあれば負の側面もあった」といった理解がめざされていたと言えよう。

　パフォーマンス課題に取り組ませる場合，ややもすれば作品の表面的な見栄えの良さ（レイアウトの良さや誤字脱字の少なさなど）に目が行きがちになる懸念がある。しかし，「永続的理解」を明文化することで，どのような知識やスキルを活用して思考・判断し，表現することを期待しているのかが明確になる。

　なお，「永続的理解」についても，包括的なものと単元ごとのものが入れ子状に存在している。包括的な「本質的な問い」に対応する**包括的な「永続的理解」**は，単元ごとの「永続的理解」が得られる中で，深まっていくものである。

5　パフォーマンス課題のシナリオを考える

　このように「永続的理解」を明文化する作業は，教師が目標を明確化するために有効である。しかし，この文章をそのまま学習者に暗記・再生させたところで「理解」させたことにはならない。そこで，「理解」していればできるであろうパフォーマンスを学習者に求めることとなる。つまり，単元の「本質的な問い」を学習者自身が問わざるをえないようなシナリオを設定して，パフォーマンス課題を考案するのである。

　「逆向き設計」論においては，**パフォーマンス課題のシナリオ**を設計するにあたって，表2－2に示した6つの要素（**GRASPS**と略記される）を考えるとよいと提案されている。「**なやンだナ，ァァそうか**」は，筆者が日本語に翻案したものである。シナリオを考える際には，実際の生活において学習したことが転移して用いられる場面や，その教科の背景となっている学問における探究を想定してみてもよい。課題のシナリオは，学習者の関心や教師の願いを反映して，様々に設定できるものである。「逆向き設計」論で提唱されている「理解の6側面」（表1－6，p.45）を意識して，「説明する」「解釈する」「応用する」「パースペクティブを持つ（全体像の中に位置づける）」「共感する」「自己認識を持つ」といった状況を想定し，シナリオを考えてみるのも1つの方法であろう。

　6つの要素を考えられたら，重複部分を削るなどして課題文を整える。表2－2の例の場合，次のような課題文ができあがる。「時は1901年，20世紀の始まりです。あなたは明治時代の新聞社の社員たちであり，社会が大きく変化してきた明治維新を記念する特集記事（A4判1枚）を書くことになりました。特集記事では，明治維新によって日本社会がどのように変わったかを振り返り，またこれからの日本社会をどのように変えていけばよいかを，読者に向けて提案します。話し合いの内容や今までの学習を振り返り，今後の改革のあり方について重要だと考えることを提案してください。因果関係をとらえる思考力，多彩な資料を適切に活用する力を発揮して，良い記事を書いてください」（西岡・三藤，2009，p.54。ただし，一部，シナリオを変更している）。

表2−2 パフォーマンス課題のシナリオに織り込むべき6要素
（McTighe & Wiggins, 2004, p.171を参照して筆者作成）

な —何がパフォーマンスの目的（Goal）か？
　（例）明治維新の成果と課題を人々に伝える。

やン—（学習者が担う／シミュレーションする）役割（Role）は何か？
　（例）新聞記者。

だナ—誰が相手（Audience）か？
　（例）新聞の読者（当時を生きる人々。政治家，産業界の人々，文化人，一般の人々など）。

アア
そ —想定されている状況（Situation）は？
　（例）1901年。21世紀の始まりにあたり，明治維新の成果と課題を伝える特集記事を作成する。

う —生み出すべき作品（完成作品，実演：Product, Performance）は何か？
　（例）明治維新によって日本社会がどのように変わったかを振り返り，またこれからの日本社会をどのように変えていけばよいかを提案する，A4判一枚の特集記事。

か —（評価の）観点（成功のスタンダードや規準：Standards and criteria for success）は？
　（例）因果関係を捉える思考力。多彩な資料を適切に活用する力。

　図2−8には，類似のパフォーマンス課題で実際に生徒が作った作品の一例を示している。ただし，この課題においては，「1900年」に「社説」を書くというシナリオが採用されている。

　GRASPS（「なやんだナ，アアそうか」）の6要素を織り込むと，**真正性（リアルさ）**の高い課題を考案することができる。パフォーマンスの「目的」「相手」や「生み出すべき作品」などを明確にすることにより，何をどのように作るのか，あるいは行うのかが明確にイメージできるような課題を作ることがで

きる。ただし、この6要素は必ずしも用いなくてもよい。たとえば体育の授業でバスケットボールの試合をするのであれば、わざわざシミュレーションの設定などしなくても、魅力的な活動となるだろう。

　なお、できあがった課題文については、「測りたい学力に対応しているか（**妥当性**）」、「リアルな課題になっているか（**真正性**）」、「学習者の身に迫り、やる気を起こさせるような課題か（**レリバンス**：relevance）」、「学習者の手に届くような課題か（**レディネス**：readiness）」という4つの視点で検討しておくことが重要である。特に、「本質的な問い」と「永続的理解」に対応するパフォーマンス課題となっているかについて、留意しておくことが求められる。学習者にとって魅力的な課題を作ろうと取り組んでいるうちに、当初、想定していた「本質的な問い」と「永続的理解」からかけ離れていく場合もある。ただし、当初、想定していた「本質的な問い」と「永続的理解」の方が的外れである場合もある。単元における「本質的な問い」「永続的理解」とパフォーマンス課題とが的確に対応するよう、調整することが求められる。

図2-8　パフォーマンス課題「明治時代の新聞の社説」の作品例
（中学校2年生社会科。三藤先生提供）

6 設計プロセスの入り口

 実際に単元を設計するにあたっては，様々な「**入り口**」から考え始めることができる。図2－9は，「確立されたゴールや内容スタンダード」「重要なトピックや内容」「重要なスキルやプロセス」「お気に入りの活動や馴染みのある単元」「鍵となるテキストやリソース」「重要なテスト」といった様々な「入り口」があることを示している。たとえば，学習指導要領に繰り返し出てくるキーワードに注目する，現実世界で学習内容がどのように応用されているかを考える，コミュニケーション・スキルを使って話し合う活動に適した論点に着目する，もともと取り組んでいた学習活動をパフォーマンス課題として位置づけ直す，学習者にとって意義深い教材から発想する，思考力を試すテストの問題をさらに深める可能性を探る，といった方途が考えられるだろう。

 いずれの「入り口」から設計を始めるにせよ，重要なことは，「逆向き設計」の3つの段階，とりわけ「本質的な問い」「永続的理解」とパフォーマンス課題が対応する設計を最終的に仕上げることなのである。

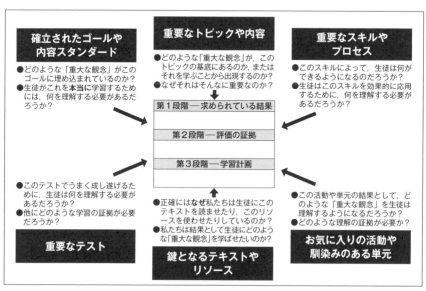

図2－9　設計プロセスの入り口（ウィギンズ＆マクタイ，2012, p. 302）

第4節　評価基準を明確にする

1　ルーブリックとは何か

さて，パフォーマンス課題に取り組み始めると問題になるのが，完成作品や実演といったパフォーマンスの採点基準である。パフォーマンス課題で生み出された作品については，様々な知識やスキルを総合するものであるため，○か×かで採点することができない。そこで，採点指針として，ルーブリックが用いられる。**ルーブリック**とは，成功の度合いを示す数レベル程度の**尺度**と，それぞれのレベルに対応するパフォーマンスの特徴を記した**記述語**（descriptors）から成る評価基準表である（Cf. 西岡，2003，pp.144-157）。表2－3に一例を示している。

表2－3　中学校社会科（歴史的分野）の論説文を評価するルーブリック
（西岡・三藤，2009，p.60）

レベル	記述語
5	情報の密度が高い。政治，文化，産業に関わる複数の事柄を総合的に関連づけて主張をしている。この時代を表す具体的なキーワードが文章の中に用いられており，資料やデータを用いて表現している。 全体的に文章や流れがわかりやすい。その上，時代をきわだたせる表現がされている。事実の解釈の仕方が完全であり，主張も強固で説得力がある。
4	情報の密度が高い。政治，文化，産業に関わる複数の事柄を総合的に関連づけて主張をしている。この時代を表す具体的なキーワードが文章の中に用いられていて，資料やデータを用いて表現している。全体的に文章や流れがわかりやすい。
3	政治，文化，産業のいずれかについて史実にもとづきはっきりとした主張をしている。ただし，史実のおさえ方がもう一息である。具体的な資料やデータが少ないかまたは扱い方が浅い。
2	主張はあるが，根拠になる史実のおさえが弱い。または取り上げた史実の解釈に誤りがある。史実をとりあげて説明しているが，主張は感想にとどまっている。
1	事実が羅列されているだけになっていて主張がない。または［著しく］未完成である。

ルーブリックの記述語においては，パフォーマンスの質のレベルを規定する**規準**（criteria）とともに，**徴候**（indicators）が示される場合もある。徴候とは，規準を満たすパフォーマンスに見られる典型的な行動や形跡である。たとえば，「人をひきつけるような話し方ができる」という規準に対応する徴候は，「アイ・コンタクトを取る」「ユーモアを用いる」といったものである。徴候を示すと規準の内実がより明瞭になるものの，示された徴候が見られないからといって規準が満たされていないとは限らない点に注意が必要である。

ルーブリックについては，表２－４に示したように，様々な種類が考えられる。本節では，以下，特定課題ルーブリックと長期的ルーブリックに焦点を合わせて，作り方を説明する。まず，課題を実施した後でルーブリックを作る場合について説明した後，実践前に作る予備的ルーブリックの作り方を紹介しよう。

表２－４　ルーブリックの種類（西岡，2003，pp.147-149を踏まえて作成）

① 観点を分けるかどうか	
観点別ルーブリック	観点を分ける
全体的ルーブリック	観点を分けない
② どの程度の汎用性があるか	
特定課題ルーブリック	特定課題に対応する
特定教科ルーブリック	特定の教科内容を扱う （例）数学的論証，歴史のレポート
特定ジャンルのルーブリック	特定のジャンルのパフォーマンスに用いられる （例）論説文，口頭発表，図表
一般的ルーブリック	多種類のパフォーマンスを対象に適用できる （例）「説得力に富む」「正確である」
③ 特定場面に対応するのか，長期的な進歩を示すのか	
特定場面ルーブリック	特定の課題・内容・文脈に対応する
長期的／発達的ルーブリック	長期にわたる成長を描き出す

2 特定課題ルーブリックの作り方

「特定課題ルーブリック」については，表２－５の手順で作ることができる。この方法であれば，学習者の作品の実態に即して評価基準を明確にすることができ，ひいては次の目標や指導の手立てが的確に構想できるようになる。また，ルーブリックづくりに複数名で取り組めば，評価の観点や水準について共通理解することもできる。

表２－５の手順でルーブリックを作った場合，各レベルに対応する典型的なパフォーマンスの事例（これを「**アンカー作品**」と言う）を整理することができる。ルーブリックには，そのようなアンカー作品を添付しておくと，各レベルで求められているパフォーマンスの特徴をより明確に示すことができる。また，ルーブリックの使い手や読み手にも各レベルで求められている評価の観点や水準の内実をより明瞭に伝えることができる。

このように共同でルーブリックを作れば，評価の観点や水準を共通理解することができる。つまりルーブリックづくりは，評価の**比較可能性**（p.168参照）を高める**モデレーション**（moderation：調整，p.272）の有効な方法となる。

一人でルーブリックを作らざるをえない場合も，基本的には学習者のパフォーマンスをレベル別に分類して作成することが有効である。たとえば，パフォーマンスの事例を「優れている」「普通」「改善が必要」といったレベル別に分け，理由を書きだす。必要に応じて観点を分けて，記述語を作成する，といった方法が考えられる（Cf. Arter & McTighe, 2000, pp.37-44）。

ルーブリックで評価基準を明確にすることについては，創造性を阻害することになるのではないかという懸念の声も聞かれる。しかしながら，「創造性を豊かに発揮する」といった規準を示せば，創造性を阻害することにはならないだろう。なお，表２－６には，ルーブリックを作る上での留意点を示しているので，あわせて参照されたい。

こうして作成されたルーブリックの記述語に表される内容は，パフォーマンス課題づくりの際に想定されていた「永続的理解」に対応するものとなるはずである。ただし，パフォーマンス課題に取り組み始めた当初は，的確に「永続

表2−5 「特定課題ルーブリック」の作り方

(Wiggins, 1998a, p.177を踏まえて筆者作成。写真は，西岡ほか，2003, pp.11-12)

① パフォーマンス課題を実施し，学習者の作品（完成作品や実演）を集める。

② パッと見た印象で,「5　すばらしい」「4　良い」「3　合格」「2　もう一歩」「1　かなりの改善が必要」という5つのレベルで採点する。複数名で採点する場合は，お互いの採点がわからないように，評点を書いた付箋紙を作品の裏に貼り付けるといった工夫をするとよい。

③ 全員が採点し終わったら，付箋紙を作品の表に貼り直し，レベル別に作品群に分ける。複数名で作る場合は，意見がだいたい一致した作品群から分析するとよい（評価が分かれた作品については，よ

けておく）。それぞれのレベルに対応する作品群について，どのような特徴が見られるのかを読み取り，話し合いながら記述語を作成する。

④ 一通りの記述語ができたら，評価が分かれた作品について検討し，それらの作品についても的確に評価できるように記述語を練り直す。

⑤ 必要に応じて評価の観点を分けて，観点別ルーブリックにする。たとえば，観点によって複数の学習者の作品の評価が入れ替わる場合には，観点を分けた方が良い。ただし，観点については分けすぎると煩雑になるため，多くても2〜6個にとどめることが望ましい。

表2−6 ルーブリックを作る際の留意点 (Cf. Wiggins, 1998a, pp.153-185)

①ルーブリックは，全体を通して同じ観点に焦点を合わせるものでなくてはならない（つまり，一貫していなくてはならない）。
②記述語は，尺度のレベル間にある質的な変化の程度が等しくなるように書く（連続的である）。たとえばレベル1とレベル2の間にある質的な違いの程度は，レベル4とレベル5の違いの程度と同じぐらいでなくてはならない。
③レベル0は，パフォーマンスが行われないなど採点対象外となる場合である。
④1つのレベルについての記述語に用いられている規準の言語は，他の点数についての記述語におけるものと対応するようにする。
⑤記述語の作成にあたっては，パフォーマンスの長所と短所の両方に気を配ることが重要である。
⑥記述語は規準と徴候からなるが，特定の徴候が見られないからといって，規準が満たされていないとは限らない。したがって，ルーブリックを開発する際には，観点や規準をまず明確にし，徴候からは作り始めないようにすることが重要である。

的理解」を明文化することが難しい。したがって，ルーブリックづくりを通して捉えられた学習者の実態を踏まえつつ，「永続的理解」の内容を見直しておくと，次年度に同じ単元を指導する際に役立つこととなる。

3 指導の改善へ

学習者の具体的なパフォーマンスから特徴を読み取ってルーブリックを作ることによって，学習者の実態を具体的に捉え，学習者にどのような力を育てることが必要なのか，学習者がどのようにつまずくのかを明確にすることができる。次に重要になるのは，このことを踏まえて指導の改善を図ることである。

たとえば，図2−8の作品を検討してみよう。中学校の社会科においては，「諸資料に基づいて多面的・多角的に考察」することが目標となっている（文部科学省，2008b）。図2−8（p.98）の生徒の場合，政治・教育・産業という3つの要因について考察しようとしている。しかし，政治から教育への影響，教育から産業への影響といった要因間の関連づけについては，十分に考えられていない。

　この例は，チェックリストではなくルーブリックを用いることの重要性を裏づけるものでもある。**チェックリスト**とは，検討・確認すべき事項を列挙したものである。仮に，「政治に関する視点がある」「文化に関する視点がある」「経済に関する視点がある」という3つの項目を示したチェックリストで評価した場合，要因間の関連づけというさらに重要な評価規準が見過ごされてしまう懸念がある。要因間の関連に注目した考察が重要であることは，ルーブリックづくりの過程で，この生徒の作品と別の生徒の作品を比較する中で明確になっていった目標・評価規準であった。

　図2−8の作品については，記述が全般的に抽象的であり，資料を用いつつ，当時の具体的な事実にもとづいて考察するという点でも弱さが見受けられる。この点は，課題のシナリオの問題を示すものでもある。「社説」という設定では，通常，グラフや地図などの資料の引用はなされないため，資料を踏まえつつ記述するという力を引き出しにくい。しかし，「特集記事」という設定であれば，多様な資料が引用されうるため，資料を示しつつ記述する力がもっと発揮されたことだろう。

　このように，ルーブリックを作ることで，指導の改善すべき点も具体的に明らかになる。三藤先生の実践においても，その後，課題や授業の進め方の改善が図られた。

　たとえば，単元「開国と近代日本の歩み」の次の単元「近現代の日本と世界」においては，次のような課題が与えられた。「あなたは平和を守るための調査や研究をしている政治学者です。ところが，20世紀の初めから世界のいろいろなところで戦争が起こるようになりました。第1次世界大戦，第2次世

界大戦と規模が大きく犠牲者も多く出た戦争が二度にわたり起こったため，世界に向けて，『なぜ戦争は起きるのか？ どうすれば戦争が防げるのか？』について提言するレポートを作成することになりました。／その前に，関係したそれぞれの国の研究者と［模擬国際］シンポジウムで意見交換することになります。あなたもそのメンバーとして世界平和に役立ち，『なるほどなぁ……』と思わせることができるような発言をしてください」（三藤，2010a，p.23）。

図2－10 模擬「国際シンポジウム」の様子
（三藤先生提供）

　この課題は，対象として扱う時代は変わっても，政治的・経済的・文化的要因による社会の変化について考えさせる点では共通する力を問うものとなっている。また，生み出すべき作品を「社説」から「提言レポート」に変えたことにより，資料を引用しつつ論じる必然性が高まっている。

　さらに授業においては，生徒たちが切り貼りして使えるよう，教科書や資料集に掲載されている資料をまとめたプリント教材も用意された。「提言レポート」の草稿ができた段階で，模擬「国際シンポジウム」も行われた（図2－10）。グループ間で意見をたたかわせる機会を与えることにより，根拠を示しつつ自分の主張を述べることを練習させるとともに，政治的・経済的・文化的要因が実際には互いに関連しあっていることに気づかせていった。

　図2－11に示したのは，パフォーマンス課題「国際シンポジウムでの提言レポート」の作品例である。実は，図2－11の作品は，図2－8の作品を書いたのと同じ生徒が生み出したものである。比べてみると，明らかに質が向上していることがおわかりいただけることだろう。

第2章 評価方法と評価規準（基準）の開発

図2-11 パフォーマンス課題「国際シンポジウムで提案しよう！」の作品例
（三藤，2010a，p.26）

4 長期的ルーブリック

「逆向き設計」論にもとづいてパフォーマンス課題を開発・実施した場合，**包括的な「本質的な問い」**に対応して，繰り返し類似の課題が与えられる（図2-12）。パフォーマンス課題に取り組むにあたっては，作品が生み出されるたびにルーブリックを作り，指導と評価の改善を図ることができる。

三藤先生の実践例の場合であれば，「社会は，どのような要因で変わっていくのか？　どのように社会を変えていけばよいのか？」という包括的な「本質的な問い」に対応して，時代の変化を扱う類似のパフォーマンス課題に繰り返し取り組ませていった。これにより，因果関係を捉える思考力や資料を活用する力を育成し，「社会の変化は，政治的・経済的・文化的要因が複雑に絡まり合って起こるものである」，「社会の変化をもたらす要因について説得力をもって論じるためには，具体的な資料を根拠として示すことが重要である」といった「永続的理解」を身につけさせていったと言えるだろう。

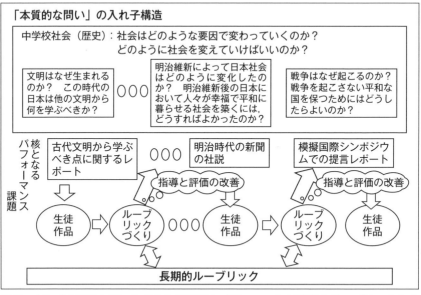

図2-12 「本質的な問い」の入れ子構造とパフォーマンス課題やルーブリックとの関係（三藤先生の実践を踏まえて筆者作成）

この時，特定課題ルーブリックの記述語の抽象度を上げると，同じ包括的な「本質的な問い」に対応する類似のパフォーマンス課題を繰り返す中でもたらされる成長を捉えるような長期的ルーブリックを作ることができる。**長期的ルーブリック**とは，単元や学年を越えて長期にわたる成長を描き出すようなルーブリックである。与えられた課題が違っても，図２－８と図２－11の作品の質を比べることができたことは，同一の尺度で評価できたことの証左と言えよう。三藤先生の実践では，中学校３年間を通して社会科の思考力・判断力・表現力の成長を捉える長期的ルーブリックが開発されていった。表２－７では，「社会的な思考・判断・表現」の観点に対応して，長期的ルーブリックが示されている。

　なお，長期的ルーブリックについては，既に開発されている例を用いたり，複数学年に同じパフォーマンス課題を与えてルーブリックを作ったりすることによって作成された例もある。表４－３（pp.152-153）に示した京都府立園部高等学校と同附属中学校の英語科で開発された評価基準は，そのような例である。表４－３においては，上半分にReading, Listening, Writing, Oral Communicationの４つの観点に対応する長期的ルーブリック，下半分に習得させるべき文法事項がチェックリストの形で示されている（当校の取り組みの詳細については，第４章で扱う）。

　図２－１（p.82）が示すように，幅広い学力を保障するためには，評価方法としてはパフォーマンス課題と筆記テスト・実技テストを組み合わせて用いる必要がある。対応して，評価基準としては，「永続的理解」の深まりを捉えるルーブリックともに，個々の知識やスキルが身についているかを確認するチェックリストを組み合わせて用いる必要があることを強調しておきたい。なお，パフォーマンス課題において，理解の深まりと同時に，個々の知識やスキルの習得が評価の対象となる場合もある。その場合は，１つの課題に対して，ルーブリックとチェックリストを組み合わせて用いる方法も考えられることを付言しておきたい（たとえば表４－13, p.178を参照）。

表2−7 長期的な学力評価計画（中学校社会科、イメージ。三藤先生の実践を踏まえて作成。西岡, 2010c, p.10）

観点	評価方法	レベル1	レベル2	レベル3	レベル4	レベル5
社会的な事象への関心・意欲・態度	パフォーマンス課題			[略]		
社会的な思考・判断・表現	パフォーマンス課題（社会的な事象に関する論説文）	社会的な事象について、政治・経済・文化・人口・地形などの構成要素から事実を述べることができる。しかし、主張を断片的に羅列しているだけであり、主張の根拠を結びつけることに困難が見られる。基本的な資料の読み取りや作成に困難をきたしている。	社会的な事象について、政治・経済・文化・人口・地形などの構成要素から何らかの根拠に基づく主張を持つことができる。しかし、捉えられている因果関係は、表層的で単純なものにとどまる。基本的な資料を読み取ったり作成したりすることはできる。	社会的な事象について、政治・経済・文化・人口・地形などの構成要素から2つ以上の視点を持つことができる。これらの視点づけつつ分析し、具体的な根拠をあげて明確な主張を述べることができる。複数の資料を関連づけながら論述を行うことができる。	社会的な事象について、政治・経済・文化・人口・地形などの構成要素から2つ以上の視点を持つことができる。これらの視点づけて関連に分析し、具体的かつ詳細な根拠をあげて説得力のある主張を組み立てることができる。主張に適した多様な資料を複数選択し関連づけて論述している。	社会的な事象について、政治・経済・文化・人口・地形などの構成要素から3つ以上の視点をもつことができる。これらの視点づけを総合的に関連に分析し、最適に詳細かつ具体的な根拠をあげて、非常に説得力のある主張を組み立てることができる。主張に最適な資料を複数選択し、多角的に関連づけつつ論述している。
資料活用の技能	実技テスト 筆記テスト	3年間で身につけるべき技能を0〜20%習得している。	3年間で身につけるべき技能を20〜40%習得している。	3年間で身につけるべき技能を40〜60%習得している。	3年間で身につけるべき技能を60〜80%習得している。	3年間で身につけるべき技能を80〜100%習得している。
社会的な事象についての知識・理解	筆記テスト	3年間で身につけるべき知識・概念を0〜20%習得している。	3年間で身につけるべき知識・概念を20〜40%習得している。	3年間で身につけるべき知識・概念を40〜60%習得している。	3年間で身につけるべき知識・概念を60〜80%習得している。	3年間で身につけるべき知識・概念を80〜100%習得している。

中学校1年生：レベル2付近
中学校2年生：レベル3付近
中学校3年生：レベル4〜5付近

対応するチェックリストを用意する。

5 予備的ルーブリックの作り方

　長期的ルーブリックの開発が進めば，それを踏まえて，個々のパフォーマンス課題に対応する特定課題ルーブリックにおいても何を評価規準（基準）とすべきかを想定することができる。しかしながら，パフォーマンス課題を開発し始めた当初は，指導案作成にあたって，学習者の作品が生み出される前に評価基準を明確にする必要がある場合も想定される。そこで，最後に，予備的ルーブリックの作成方法について，2つ紹介しておこう。**予備的ルーブリック**とは，指導前に学習者のパフォーマンスの特徴を想定しつつ仮に作成するルーブリックである。

　予備的ルーブリックの作成手順の1つは，次のようなものである。第1に，3つのレベルを示すような，全体的ルーブリックのテンプレートを用意する（表2－8）。第2に，レベル1の記述語の欄には単元を始める時点で見られるであろう学習者の実態，レベル2の記述語の欄には単元末までに全員に到達させたい状態，レベル3の記述語の欄には単元の最後までに到達しうるであろう理想的な状態を想定して，予想されるパフォーマンスの特徴を記述する。最後に，必要ならば，観点別に記述語を整理して観点別ルーブリックを作成する。

　予備的ルーブリックのもう1つの作成方法は，次のようなものである。第1に，表2－9のような観点別ルーブリックのテンプレートを用意する。経験的

表2－8　全体的ルーブリックのテンプレート（筆者作成）

レベル	記述語
3 優れている	
2 合　格	
1 改善が必要	

に，観点別ルーブリックの観点は多くても6つだと言われている。表2-9では，4つの観点に記述語を分けることを想定している。第2に，特定のパフォーマンスを想定しつつ，「すばらしい□□□□の条件は何か？」（例：すばらしいウェーター／ウェートレスの条件は何か？）を考える。思いついた条件のうち重要なもの4つに絞り，観点の欄（表2-9の太い囲みの欄）に書き込む（例：清潔さ，正確さ，気が利くこと，料理に関する知識）。第3に，表2-10に示した「程度の違いを記述する用語集」を参照しつつ，各レベルの記述語を完成させる（例：「常に清潔である」「一般的に清潔である」「時に清潔である」「めったに清潔ではない」）。最後に，必要な場合には，重みづけの欄に計100％となるように配点の重みづけを書き込めば，ルーブリックから全体の評点を算出することもできる。

　このように予備的ルーブリックを作成することは，指導に先立って，目標・評価規準（基準）を明確にするのに役立つ。ただし，予備的ルーブリックは，あくまで仮説として設定するものである。指導が行われて学習者のパフォーマンスの事例が入手できたら，改めて，それらを用いてルーブリックづくりを行い，記述語を練り直すことが重要である。

表2-9　観点別ルーブリックのテンプレート（McTighe & Wiggins, 2004, p.191）

尺度＼観点				
重みづけ➡				
4				
3				
2				
1				

表2-10　程度の違いを記述する用語集（McTighe & Wiggins, 2004, p.192）

理解の程度	頻度の程度
・綿密で完全な ・しっかりした ・部分的ないし不完全な ・誤解がある，あるいは深刻な誤概念	・常に，継続的に ・頻繁に，一般的に ・時々，時に ・めったに～ない，決して～ない

効果の程度	独立の程度
・非常に効果的 ・かなり効果的 ・いくらか効果的 ・効果的ではない	学習者は課題を…なしとげる。 ・独立して ・最小限の支援のもとで ・いくらかの支援を必要としつつ ・かなりの支援を必要としつつ

正確さの程度	明瞭さの程度
・完全に正確である。すべて（の事実，概念，手順，計算）が正しい。 ・一般的に正確である。些少な不正確はあるが，全体としての結果には影響ない。 ・不正確である。数多くの間違いによって，結果が損なわれている。 ・大きく不正確である。終始，重大な間違いがある。	・非常に明瞭。とてもわかりやすい。 ・概して明瞭。わかりやすい。 ・明瞭さに欠ける。わかりにくい。 ・不明瞭。わからない。

おわりに

　2001年の指導要録改訂において「目標に準拠した評価」が導入された際，多くの場合，評価規準に関する文書は多数作成されたものの，評価方法については十分に議論されていなかった。その結果，現在でも学校現場では，評価といえば書類づくりというイメージを持たれていることも少なくない。

　しかし，「逆向き設計」論を踏まえると，思考力・判断力・表現力を含めた幅広い学力を保障するためには，パフォーマンス課題を含めた多様な評価方法を組み合わせて用いることが重要であることがわかる。「本質的な問い」に対応させてパフォーマンス課題を開発・活用することにより，教科の中核に位置するような重要な知識・スキル・理解の獲得を促進することができる。また，

表2－11 「E. FORUMスタンダード（第1次案）」（中学校数学科。石井，2014a）

算数・数学的活動（方法論に関する問い）：
どのようにして現実世界の事象や問題の本質を数学的に抽象化し，条件を解析すればよいか。筋道を立てて考え，数学的によりよく問題を解決したり，証明し

領域		数と計算（式）	図形
領域の本質的な問い		なぜその数は必要なのか。なぜ文字式を使うのか。どうすればうまく計算できるか。	図形にはどのような形や位置関係があるのか。図形の性質を規定するものは何か。
中学1年生	本質的な問い	負の数を用いるよさは何か。なぜ文字式を使うのか。方程式を使うと何ができるのか。	線対称，点対称の見方のよさは何か。空間を規定するものは何か。
	永続的理解	現実の世界においては，正反対の方向や性質をもつ量を1つの言い方にまとめる必要から負の数が生まれる。事象の関係を一般的に簡潔に表わす必要から文字が使われる。方程式を作れば，解を見いだすことを形式的・自動的に行うことができる。	平面図形を形と大きさを変えずに動かす必要から線対称や点対称の考えが生まれる。空間はそれを構成する点，線，面の位置関係により規定され，それらの関係に着目し，図形の運動として捉えたり，平面上に見取り図や投影図を用いて表現したりすることで把握できる。
	課題例	（東京の時刻を基準としたときの各都市の時差が示された上で，）ニューヨークで12月15日19時開始のバスケットボールの試合があります。東京でこの試合のライブ中継を見るためには，何月何日の何時にテレビをつければよいでしょうか。答えとその根拠を説明してください[1]。	あなたは建築設計師で，マンション購入者からの次のような依頼をうけました。「私が購入したマンションの床と天井が平行ではないように思うんです。確かに床と天井が平行であるか調査してください」あなたは平行であることを必要最低限の調査費用で購入者に明瞭な理由を示し，報告書を作成しなければなりません。報告書には，簡潔・明瞭な説明と図，及び必要経費を記載する必要があります。なお，課題解決に使用できるものは，正確な角を測ることができる分度器1つ，伸縮自在の高性能メジャー（10mまで測定可能）1つのみで，分度器，メジャーとも1回の測定につき，使用料金は1万円です[2]。（神原一之先生）
中学2年生	本質的な問い	連立方程式はどんな場面で必要なのか。	図形の性質を証明するにはどうすればよいか。
	永続的理解	問題に2つ以上の変数が存在し，変数の関係式が変数の数だけ立式できるとき連立方程式をつくり問題を解決することができる。	角の大きさ，線分の長さなどの関係性について調べるために図形に内在する合同な三角形に着目するのが1つの方法である。
	課題例	あなたは自宅の近くにできたJバーガーへ行き，家族の分を持ち帰りで買うことにしました。バーガー類は全品300円，サイドメニューは全品200円です。入会金（300円）を払って会員になると，単品も10%引きで買うことができます。家族の要望（全員がバーガーもサイドメニューも食べられるように，3400円以内でたくさん，持ち帰るには合わせて15個までなど）に応えつつ，得をするにはどのように買えばよいだろうか。あなたの考えとその根拠を説明してください[3]。（八尋純次先生）	教科書などから問題を選んで，その条件をいろいろと変えて問題をつくってみましょう。また，その問題の結論がいえるかどうかを調べ，数学新聞にまとめてみましょう[4]。
中学3年生	本質的な問い	無理数とは何か。2次方程式を解くにはどうすればよいか。	相似であるとはどういうことか。三平方の定理とは何か。
	永続的理解	無理数は有理数とは異なる既約分数で表せない新しい数であり，無理数と有理数を合わせると実数になり，数直線が連続になる。2次方程式を変形し，1次方程式に帰着させることによって解くことができる。	2つの図形が相似であるとは，その2つの図形の対応する2点間の線分の比，対応する角の大きさがすべて等しいことであり，現実の世界において形が同じで大きさが異なる関係を概念化する必要から相似が生じる。三平方の定理は，直角三角形の3辺の間で，直角をはさむそれぞれの2辺の長さの平方の和が，直角に対する辺（斜辺）の長さの平方に等しいということが成立するということである。
	課題例	あなたはインテリアデザイナーです。教会の神父から，教会の壁にステンドグラスを作ってほしいという依頼を受けました。その教会の壁は，面積が60m²の正方形です。神父は「面積が3m²の直角二等辺三角形の形をしたステンドグラスを，すきまをできるだけ少なくしてしきつめたい」とあなたに伝えました。必要なステンドグラスの枚数は何枚か，またそれはなぜかについて，根拠となった計算と設計図を示しつつ，説明してください[5]。（神原一之先生）	太郎君は，弟の次郎と一緒に防波堤で投げ釣りに行きました。二人で釣りを始めてしばらくすると，太郎の竿にあたりが来ました。「大物だ！」次郎はそう叫ぶと，持ってきたカメラで，太郎の勇姿を写真に収めました。しかし，おもりは海底に引っかかり，糸が切れ，おもりは海底に沈んだままとなってしまいました。あなたは，太郎君の友人として，おもりが沈んでいる場所を示す必要があります。次郎君が撮った写真をもとに，岸から何mの場所におもりが沈んでいるか調べなさい。また，判断した理由を図や式を用いて分かりやすく説明しなさい[6]。（神原一之先生）

1 『中学校数学1』学校図書，2012年，53頁に石井が若干の修正を加えた。
2 西岡加名恵・田中耕治編『「活用する力」を育てる授業と評価』学事出版，2009年，49頁に石井が若干の修正を加えた。
3 京都大学大学院教育学研究科E. FORUM『「スタンダード作り」基礎資料集』（以下，『基礎資料集』と示す）2010年，103頁に石井が若干の修正を加えた。
4 『未来へひろがる数学2』啓林館，2012年，171頁に石井が若干の修正を加えた。
5 石井英真編『『教科する』学習を目指す中学校教育のデザイン——パフォーマンス評価を通して授業とカリキュラムを問い直す』（科学研究費補助金 中間報告書），2011年3月，49頁に石井が若干の修正を加えた。
6 同上書，70頁に石井が若干の修正を加えた。

第 2 章　評価方法と評価規準（基準）の開発

するにはどうすればよいか。どうすれば解析の結果を発展させることができるのか。数学的表現を使ってわかりやすく説明するにはどのようにすればよいか。

数量関係	
関数	資料の活用
自然や社会にある数量の関係を捉え，未知の数量を予測するにはどうすればよいか。	目的に応じて資料を集めたり，表現したり，分析したりするにはどのような方法があるのか。不確実な事象や集団の傾向を捉えるにはどうすればよいか。
比例，反比例とは何か。座標の数学界における功績は何か。	全体の傾向を表すにはどうすればよいか。
比例，反比例は，いずれも 2 つの対応する変数間の関数関係であり，比例は，対応する変数の商（比）が一定なものであり，反比例とは，対応する変数の積が一定なものである。座標によって 2 つの変数の対応についての変化の分析ができ，代数と図形が融合され，機械的な代数処理と直観的な図形処理が結びつけられる。	目的に応じて収集した資料を，表の形では度数分布表，グラフの形ではヒストグラムまたは折れ線グラフ，数値の形では代表値（平均，メジアン，モードなど）としてまとめ，結果から資料全体の傾向を読み取る。
右の表は，2004 年 10 月 23 日の新潟県中越地震における，観測地点 7 か所の初期微動継続時間と震源までの距離をまとめたものです。この表をもとに，初期微動継続時間と震源までの距離の間にどんな関係があるのかを調べてみましょう。県内の長岡では，初期微動継続時間が 2.15 秒間でした。震源までの距離はおよそ何 km と考えられるでしょうか。答えとその根拠を説明してください[7]。	ある日の新聞に，「今年の 2 月は暖冬だった」という記事がありました。寒い日も多かったと思うあなたは，記事の内容を確かめるために，自分の住んでいる町の，今年と 13 年前の 2 月の毎日の最低気温について調べてみました。調べたデータをもとに，今年は 13 年前よりも暖かくなっているかどうかを考え，クラスメートに自分の考えを説明しましょう[8]。
1 次関数とは何か。座標平面上における直線を決定づけるものは何か。	確率とは何か。
1 次関数は，単調増加，もしくは単調減少の連続関数で，グラフは常に直線になる。直線は 2 点で決定されるが，関数的に見たとき直線を決定するのは変化の割合（変化率）と初期値（y 切片）である。	確率とは，偶然の影響を受けるいろいろな事柄について，起こりうるすべての場合について同様に確からしい時に，起こりやすさを，客観的に測る尺度である。起こりやすさを数値で表したものである。
次の資料は，福岡市における各年ごとのスギ，ヒノキの花粉の量と前年 7 月の全天日射量を示したグラフです。毎年，花粉に悩まされている人が多くなっていると言われています。それが正しいとした場合，この資料から今年の花粉の量を予測し，予測の根拠を説明しなさい[9]。（八尋純次先生）	ある年の年末ジャンボ宝くじの当せん金と 1 千万本当たりの当せん本数は，右の表のようになっています。この宝くじの当せん金の期待値を求めて，レポートにまとめましょう[10]。
2 次関数とは何か。	標本調査を行うことで何がいえるのか。
2 乗に比例する関数は，原点を境に減少から増加へ，または増加から減少へと変わり，変化の割合が一定ではなく，グラフは放物線となる。	標本のもつ傾向から，母集団のもつ傾向について判断できる。ただし，標本を抽出する際には，標本が母集団の傾向をよく表すように，公平で偏りのない方法で標本を抽出することが重要である。
友達と自転車で遊びに行ったときに，前を走っていた友達が急に止まったので，あなたは「危ない！」と思いブレーキをかけましたが，前の友達にぶつかってしまいました。自転車で集団で走行するとき，安全に走行するためには，自転車の間隔を何 m くらいあければよいでしょうか。明らかになったことをクラスメートに説明しましょう[11]。	夏目漱石の『我が輩は猫である』には，今まであまり見られない漢字がよく使われています。また，小説に使われている漢字の数は今と昔とではかなり違うようです。そこで，2 冊の小説を選び，それぞれで使われている漢字の数を調べたいと思います。2 冊の小説を選ぶ視点とそれぞれの小説に使われている漢字の数を比較した結果を説明しなさい[12]。（吉永政博先生）

7　『中学校数学 1』学校図書，2012 年，218 頁に石井が若干の修正を加えた。
8　『新しい数学 1』東京書籍，2012 年，146 頁に石井が若干の修正を加えた。
9　『基礎資料集』103 頁に石井が若干の修正を加えた。
10　『中学校数学 2』学校図書，2012 年，179 頁に石井が若干の修正を加えた。
11　『新しい数学 3』東京書籍，2012 年，105 頁に石井が若干の修正を加えた。
12　『基礎資料集』109 頁に石井が若干の修正を加えた。

115

ルーブリックづくりを通して評価基準を明確にすることは，教師の評価力を向上させ，指導の改善を実現する上でも，また評価の比較可能性を高める上でも，有効な道筋だと考えられる。なお，ルーブリックについては，具体的な事例を踏まえて練り直していくことが重要である。ルーブリックは指導の改善にこそ役立てるべきものであり，ルーブリックに学習者の実態をあてはめてレベル分けすることを自己目的化してはならない（Cf. 森，2015，p.37）。

　また，本章で取り上げた実践例が示すように，パフォーマンス課題に取り組むにあたっては，様々な知識・スキルを総合する思考力が求められる。また，指導の過程では，グループや学級での話し合いも取り入れられるため，コミュニケーション力などの育成にも資することが期待される。パフォーマンス課題を有効に活用することは，2017年（予定）の学習指導要領改訂に向けて議論されている汎用的スキル等を育成する上でも大きな意義を持つと言えるだろう。

　優れたパフォーマンス課題を開発することは，容易なことではない。しかしながら，日本でも既に数々の実践例が蓄積され始めている。それらの実践例は，より良い課題を作る上で参考になるものである。たとえば，京都大学大学院教育学研究科E. FORUMでは，2006年度から2013年度までパフォーマンス課題づくりのワークショップを提供し，そこで蓄積された実践事例を集約して，「E. FORUMスタンダード（第1次案）」を作成した（京都大学大学院教育学研究科E. FORUM，2014；Cf. 同，2010。詳細は第6章参照）。これは，各教科における重点目標とは何かを探り，「本質的な問い」「永続的理解」を提案するとともに，パフォーマンス課題を例示したものである。表2－11には，中学校数学科の例を掲載している。2016年1月現在，小学校の国語・社会・算数・理科・音楽・体育・家庭の各教科，中学校の全教科，高等学校の保健体育・家庭・英語について，同様の資料をウェブ上で公開しているので，あわせて参照していただきたい（http://e-forum.educ.kyoto-u.ac.jp/seika/）。

第3章
指導過程の改善

はじめに

「逆向き設計」論では,「求められている結果(目標)」を明確にし,「承認できる証拠(評価方法)」を決定した上で,対応できる学習経験と指導を計画することが構想されている。第1章で目標,第2章で評価方法について検討してきたので,本章では,単元における学習経験と指導の計画について扱おう。

第1節では,パフォーマンス課題を取り入れた場合,単元の指導を計画する上での基本的なポイントを確認する。「逆向き設計」論の第3段階で提案されている内容を紹介するとともに,「単元の構造化」を図ることの重要性を指摘する。また,自己評価力を育てるための手法として,フィードバックと検討会を説明する。第2節では,実践事例を2つ取り上げ,指導上のポイントがどのように実現されるのかを検討する。第3節では,「逆向き設計」論において「個に応じた指導」がどのように位置づけられるのかについて紹介しよう。

第1節　単元の指導を計画する上での基本的なポイント

1 「逆向き設計」論の第3段階

「逆向き設計」論において,第3段階は,「学習経験と指導を計画する」段階とされている。つまり,指導過程と学習形態を考える段階だと言えるだろう。「逆向き設計」論の第3段階については,「WHERETO」と略記される7点を考慮することが主張されている(表3-1)。表3-2の「はひふへほとさ」は,筆者が「WHERETO」を日本語版に翻案したものである。なお,「逆向き設計」論の原典である『理解をもたらすカリキュラム設計』の初版では「WHERE」の5点が提唱されていた。「TO」の2点は,増補第2版で追加された内容である(Wiggins & McTighe, 1998；Wiggins & McTighe, 2005)。

W(は)は,「どこへ向かっているのか？」(単元の目標,評価方法,評価規準〈基準〉など)を,単元の最初に学習者に理解させる重要性を指摘したものである。つまり,単元の初めに「はっきりとした見通しを与え」ることの重要性を指摘したものである。特に,単元末に取り組むパフォーマンス課題がどの

表3−1　学習経験と指導を計画する上での注意事項
（McTighe & Wiggins, 2004, p.214をもとに筆者作成）

W	*Where* are we going? *Why*? *What* is expected? どこへ向かっているのか？　なぜか？　何が**期待されている**のか？
H	How will we *hook* and *hold* student interest? どのように生徒の関心を**つかみ**，**維持する**か？
E	How will we help students to *explore* the Big Ideas and Essential Questions? How will we *equip* students for expected performances? 生徒たちが「重大な観念」と「本質的な問い」を**探究する**よう，どう助けるか？ 期待されるパフォーマンスに向けて，どのように生徒たちを**用意させる**か？
R	How will we help students *rethink* and *revise*? どうやって，生徒たちが**再考し**，**改訂する**よう手伝うか？
E	How will students self-*evaluate* and reflect on their learning? 生徒たちはどのように，**自己評価をし**，学習を振り返るか？
T	How will we *tailor* learning to varied needs, interests, [and] styles? 学習をどうやって様々なニーズ，関心，スタイルに合わせて**調整する**（tailor）か？
O	How will we *organize* and sequence the learning? どのように学習を**組織し**，順序立てるか？

表3−2　「学習経験と指導」を計画する際の配慮事項（筆者作成）

は：はっきりとした見通しを与え，	→パフォーマンス課題のイメージをつかませる。
ひ：一人一人を惹きつける。	→意欲がわくような工夫をする。
ふ：不安がないよう用意させ，	→パフォーマンスに必要な知識（概念）やスキル（プロセス）を身につけさせる。
へ：下手なところは改めさせる。	→やり直す機会，練り直す機会を与える。
ほ：本人に自覚を促す自己評価。	→正確に自己評価できるよう指導する。
と：ところで個人差，どうするか？	→一人一人の習熟度や興味・関心に配慮する。
さ：最後に全体，見渡そう。	→学習活動を魅力的・効果的に配置する。

ようなものになるのかについて最初に示しておくことによって，その後の授業を課題に関連づけつつ進めることができる。

　H（ひ）は，学習者の心をつかみ，興味・関心を維持することである。つまり，学習者の「一人一人を惹きつける」ような工夫が求められている。具体的な例としては，導入において刺激的な問いや奇妙な事実，謎などを提示することや，実験，ロールプレイやシミュレーション，個人的な経験や選択を採り入

れることなどが挙げられている。

 3文字目のE（ふ）は，探究を進めさせ，最終的に期待されるパフォーマンスを行う力を身につけさせるために，経験的・帰納的な学習，直接的な指導，宿題などをどのように取り入れるかを考える観点である。パフォーマンス課題に取り組むのに必要となる知識（概念）やスキル（プロセス）を身につけさせ，「不安がないよう用意させ」るための視点と言える。

 R（へ）では，学習者がいったん作った作品を作り直す機会を与えることが重視されている。パフォーマンス課題は，かなり挑戦的なものとなるため，いきなり質の高い作品が生み出されるとは考えにくい。そこで，やり直す機会，練り直す機会を与え，「下手なところは改めさせる」。ただし，単元に割り当てられた時間数が少ない場合，1つの単元においてやり直しの機会を与えることは難しい場合もある。その場合は，複数の単元で，やり直しの機会を与える発想も求められる。この点については，第4章で検討する。

 5文字目のE（ほ）は，学習者が自己評価する機会を与えることを示している。パフォーマンス課題に取り組むにあたっては，的確に自己評価し，自己調整に活かす力が求められる。したがって，「本人に自覚を促す自己評価」の力をどのように育てるかという視点を持っておく必要がある。

 T（と）は，学習活動を個々の学習者に合わせて調整する重要性を指摘したものである。学習者一人一人の習熟度や興味・関心といった「個人差」をどう配慮するかについても検討しておくことが望ましい。O（さ）は，全体を見渡して学習の順序について考える視点である。上記の視点をヒントとして考えてきた学習経験や指導が魅力的・効果的になるよう，「全体」の配置を考えることが求められる。

 とりわけ，W（何が求められているのかを予め知らせること）や，R（再考させ改訂させること）と5文字目のE（自己評価）には，主体的に知識を再構成する存在として学習者を位置づける構成主義的学習観からの影響がうかがわれる。なお，ウィギンズ氏らの別の著書では，第3段階において「モニターし調整するために，診断的評価・形成的評価を用いること」を重視する記述も見

られる（McTighe & Wiggins, 2004, p.213）。

なお,「逆向き設計」論では,第3段階においても,**「理解の6側面」**（表1－6, p.45）に対応する活動を織り込むことが推奨されている（ウィギンズ＆マクタイ, 2012, pp.262-263）。つまり,学習活動の中で学習者には,「説明する」「解釈する」「応用する」「パースペクティブを持つ（全体像の中に位置づける）」「共感する」「自己認識を持つ」といった活動を行う機会が与えられるべきだと考えられている。

では次に,「単元内の構造化」について検討するとともに,自己評価力を育成するための手法として「フィードバック」と「検討会」を説明しよう。

2 単元内の構造化

単元の指導を組み立てる上での1つの視点として,**「単元内の構造化」**がある。図2－6（p.92）に示した通り,パフォーマンス課題は通常,単元のまとめの課題として位置づく。そこで,まとめの課題に至るまでに,意識的に指導を組み立てていくことが重要になる。

表3－3に示したのは,そのような「単元内の構造化」に意識的に取り組むことを促すような,学習指導案の書式の例である。この書式では,「2　単元目標」のところで,「本質的な問い」と「永続的理解」を書くことが求められている。また,「3　評価目標と評価方法」の欄で,評価の観点と評価方法との対応を示すようになっている。さらに,「4　指導計画」で各時間の指導計画を概観した後,「5　構造化」の欄で,各授業で重点的に指導する観点と,それらの関係が図示されている。パフォーマンス課題「天球上の星の動き」は,「科学的な思考」の⑨で示された内容に対応しており,その課題には,それまでの授業で学んだことを総合して取り組むことが求められている。なお,「5　構造化」の欄で抜けている番号があるのは,いったん各授業で扱われる4観点の内容を記入した後,重要なものに絞り込んでいるからである。

このように「単元内の構造化」を図ることは,「はっきりとした見通しを与え」(W),「不安がないよう用意させ」（3文字目のE）,「最後に全体,見渡そ

表 3－3　学習指導案の書式の例（一部）

(井上, 2006, pp.102-103. なお, この書式は, 京都市立衣笠中学校（当時）において北原琢也校長（当時）によって考案されたものである)

京都市立衣笠中学校	理科学習指導案　3年6組　35名　平成17年11月4日（金）第5校時（12:30～13:20）教室名　指導者名　井上典子（3年6組）
1 単元名	2分野 6章　1節 天体の1日の動きと地球の運動
2 単元目標	身近な天体の観察を行い, その結果やモデル実験などから天体の見かけの運動が地球による相対的運動であることを見いだす。 【本質的な問い】 星は1日で天球上をどう動くのだろうか？ 【永続的な理解】 星は地軸を中心にすべて一斉に東から西に円を描くように動く。これは日周運動が地球の自転によるものである。
3 評価目標と評価方法	評価目標 / 評価方法 (1) 天体の動きや地球の自転によって起こる自然事象に関心を持ち, 意欲的にそれらについて考えようとする。「自然事象への関心・意欲・態度」 (2) 地球の自転による太陽や星の日周運動を天球上に描いて動かす。また, 実際の日周運動の記録とともに推測し, なぜ, そうなるのかを説明することができる。「科学的な思考」 (3) 太陽の1日の動きを一定の時間ごとに調べ, 透明半球に3つの星の位置を記録し, ワークシートにその結果をまとめることができる。「観察・実験の技能・表現」 (4) 地球上の4方位や指定された地点での日の出・入り, 正午, 真夜中などのおよその時刻がわかる。「自然事象についての知識・理解」 ◎パフォーマンス大課題 「天球上の星の動き」 あなたはプラネタリウムの職員です。小学生の子どもたちに3つの星の1日の動きを説明することになりました。実際には星は自転せず, 地球が自転していることを示しながら, なぜ3つの星がほぼ同じように動くのか（地軸の近く, 少し離れたもの, 大きく離れて）について天球上に3つの星の動く道すじを描いて示すこと。 ○ワークシート ○ペーパーテスト
4 指導計画	第一次　天体の1日の動きと地球の運動　　　6時間 　第1時　地球上の位置と方角・時刻 　第2時　《観察》透明半球を使って太陽の1日の動きを調べる【本時】 　第3時　太陽と私たちの生活 　第4～5時　地球上の各地点から見た太陽の1日の動き 　第6時　日本から見た星と季節の変化　　　5時間 第二次　四季の星座と季節の変化　　　6時間 第三次　太陽系
5 構造化	観点 / 自然事象への関心・意欲・態度 / 科学的な思考 / 観察・実験の技能・表現 / 自然事象についての知識・理解 第1時～第2時：①太陽にはそのおよその方角や時刻を知っており, 太陽が沈まない現象などについて自分が知っていることをあげられる。／／／①地球上での観測の方角の決め方を知り, 日の出, 正午, 真夜中などのおよそまた時刻のおおよそがわかる。また, 地球の自転方向を知る。 第3時～第4時：／⑤地球の外に視点をおいて地球の自転とともに太陽の自転が見えることを天球上に描くことができる。／⑥実際の太陽の一部を1周運動の日時計にサインペンで記録し, 結果を観察ワークシートに記入できる。／ 第5時～第6時：／⑨指定された地点上の時空で星がどの方向に見えるかを, 地球の自転する方向が変わることを指摘することで説明できる。／／

122

う」（O）という視点を実現する上で，有効な方法と言えよう。

3 フィードバック

　ここで，学習者の自己評価力を育てるための指導について考えてみよう。つまり，「本人に自覚を促す自己評価」（5文字目のE／ほ）をどう実現するか，という視点である。

　教師は，学習を進める過程で，その時々に学習者の様子を観察したり，発問に対する応答を聞き取ったり，ノートやワークシートを点検したり，小テストをしたりしながら，それぞれの学習者の学習の状況について形成的評価を行っている。形成的評価によって，学習が順調に進んでいることが明らかになれば，さらに高度なことを補足する。逆に不十分な状態が見られれば，補習をしたり軌道修正をしたりといった形で，指導の改善が図られる。

　同時に，学習者が効果的に学習を進められるようにするためには，学習者の自己評価力を育てることが重要になる。ここでいう**自己評価**とは，単に，「楽しかったか」「がんばったか」などを捉えるような種類のものではない。取り組んでいる課題に対応して，自分のできている部分とできていない部分を正確に把握することによって，自己調整を可能にしていくような力である。

　学習者の自己評価力を育てる上で重要だとされているのが，教師によるフィードバックである。**フィードバック**とは，意図したことに照らした時にどのようにその人が行っているかについて情報を与えることである。表3－4には効果的なフィードバックと効果的ではないフィードバックを対比的に示している。

　「よくできた」といった褒め言葉や「これではダメだ」といった非難を投げかけるだけでは，学習者は，どうすれば「よくできた」と言えるのか，どういった問題があるから「ダメ」なのかを理解することができない。たとえばテニスで効果的にスマッシュを打つことを指導するためには，どのようなタイミングで，どのようなラケットの振り方でスマッシュを打ち込めばいいのか，それに対し，現在のスマッシュのタイミングやラケットの振り方はどのようにズレているのか，といった事実を伝える必要がある。このように，目指している結

表3−4 フィードバックの条件
（西岡，2015，p.159より転載。Wiggins, 1998a, p.49を踏まえて筆者作成）

効果的なフィードバック	効果的ではないフィードバック
パフォーマンスが，その意図に対応するような効果がある（またはない）とはっきりさせるような有用な証拠を提供する。	たとえば「もっとがんばれ」「君の文章はひどい」「よくやった」といった一般的なアドバイスや褒め言葉，非難や奨励の言葉を口にするだけである。または，レポートに点数をつけるだけである。
現在のパフォーマンスの傾向をうまくいった場合の結果（スタンダード：社会的に共通理解されている目標・評価基準）と比較する。子どもの作品を模範例や規準・基準と見比べる。	単純にも，指導，努力，助言プロセスがゴールの達成のために十分と考える。子どもは課題学習の仕上げ方についてのみ指示され，最終的な完成作品のスタンダードについての指導は行われない。
時宜にかなっている。	時宜にかなっていない。
頻繁に行われ継続的である。	まれにしか行われず，1回きりである。
パフォーマンスの様相を評価する際に，説明的な言語が優先的に用いられる。ルーブリックではパフォーマンスの質が，各レベルに固有の具体的な指標を用いて説明されている。	パフォーマンスを評価するにあたって，価値判断をする言語や比較する言語が優先的に用いられる。ルーブリックは，基本的に「すばらしい」「良い」「普通」「悪い」といっているにすぎず，そのような価値判断がどのような特性に基づいて行われるのかについての洞察が示されていない。
与えられる点数はパフォーマンスの効果を適切に反映しているものだと，パフォーマンスをする人が認識することができる。	どのようなことに基づいて点数が与えられているのかが，パフォーマンスをする人にとっては謎のままである。
どのような結果が求められているのかについては，現実世界のモデル（模範例）から導き出されている。パフォーマンスを効果的に行う人が現実に達成している事項といったゴールの観点から，フィードバックが与えられる。	どのような結果が求められているのかが，学習目的のために単純に記述されたゴールから導き出されている。学習するという観点からのフィードバックがあっても，現実にパフォーマンスをするという観点からのフィードバックが十分に行われない。
パフォーマンスをする人が自己評価と自己調整を通じて進歩することを可能にする。	パフォーマンスをする人が，自分がどのように行ったかについての評価を，常に審査員に依存しないと行えないようになってしまう。

果と照らし合わせつつ事実を伝えることで，学習者が自分の実態を把握し，自己調整を可能にする行為が，学習者にとってのフィードバックである。

4 検討会

　学習者の自己評価力を育てる上で有効な指導方法の1つとされているのが，検討会（conference）である。**検討会**とは，学習者の学習の実態について学習者と教師や関係者の間で話し合い，相互の評価のすり合わせを行っていくような対話の機会を指す。検討会については，次の3つのタイプがある（西岡，

2003, pp. 71-82)。

① 学習者の学習の実態を予め決められた評価規準（基準）に照らし合わせつつ，教師が対話を主導して進めるタイプ
② 教師と学習者の間で相互作用しつつ評価規準（基準）を創り出していくタイプ
③ 学習者が自ら主導して進めるタイプ

学習者の自己評価力を育てる上では，②のタイプが最も重要だと考えられる。そこで，ここでは②のタイプの例を踏まえて検討会の基本的な進め方を確認しておこう。

表3-5　ジルが書いた作文
（西岡，2003, p.76より転載。Stiggins, 1997, pp. 494.）

私　の　犬

　誰でも人生において何か大切なものを持っています。私にとって一番大事なものは，今までは，私の犬でした。彼の名前はラフでした。おじいちゃんの家の近くの野原でキャンプをしていたとき，古い納屋の中にいるのを，お兄ちゃんが見つけました。誰かがそこにラフを置き去りにして，ラフはとても弱っていて，死にそうでした。でも，私たちは，看病してラフを元気にし，ママは，少なくともしばらくの間，ラフを飼っていていいと言ってくれました。結局それが10年になりました。
　ラフは黒と茶色で，長いしっぽとだらりと下がった耳と，短くて太った顔をしていました。特別な種類の犬ではありませんでした。多くの人は，ラフのことをかっこいい犬とは思わなかったでしょうけど，私たちにとってラフは特別でした。
　ラフは，しょっちゅうこっけいないたずらをしては，私たちを楽しませました。影に隠れてにわとりを驚かそうとしたけどにわとりにはただのはったりだとわかったのであきらめなくてはなりませんでした。ラフがトラックにはねられたとき，私はもう泣き止むことはないと思いました。お兄ちゃんもラフがいなくなってさみしがっているし，ママだってそうですが，私以上にさみしがることなんて誰にもできません。

表3－6　検討会での対話の例
（西岡，2003，pp.76-77 より転載して一部加筆。Stiggins, 1997, pp.495-496.）

①	「ひどいもんでしょ？」とジルは先生に尋ねる。 「君はどう思うんだい？」と，彼は同じ質問を彼女に投げ返す。彼女はすぐには答えないが，エド［先生］は沈黙を破らない。数秒たつ。エドは待つ。 「終わりが気に入らないわ」と，ついにジルは自分から言う。 「どうしてだか言ってごらん」。 「だって，ただ終わってしまうんだもの。全体的に言って，私が本当に感じたようには書かれていないわ」。 「どういうふうに君は感じているんだい？」
②	彼女は1分ほど考える。「そうね，私はいつでもラフのことを思い出して寂しがっているわけではないわ。全然思い出さない日だってある。だけど——ひょっとした拍子に，ドアのところにラフがいるような気がしたり，納屋の横に影が走るのを見たりするの。時々，外で料理をするときなんか，ラフのことを考える。だって，ラフったら，グリルからホットドッグを取って，一度なんかパパに怒鳴られて，滑って足をひどく火傷したの」。
③	「ほら，ジルとラフの本当の話が出てきはじめているよ！　君は僕にラフのことを本当の自分の言葉で話してくれているし，僕は君の感じていることを察することができる。ラフのことを書いたとき，そういうふうに話していたかい？　君の書いたものを，もう一度読んでみよう」。 そうしたあと，ジルはこういった。「かなりつまんないわね，あんまり私らしくない！」
④	「もし君が話していたように書いたとしたら，どういうふうになると思うかい？」 「物語のようになるでしょうね，多分」。 「やってごらん，そしてどうなるか見てみよう。ラフについて自分の言葉で僕に語ってごらん。それに，グリルからホットドッグを取った話は，面白い絵になるね？　そういった心の中の絵について話すと，とってもよくなるよ。君が言っていることを僕が絵のように心に描けるとき，それをアイディアというんだ。君は物語にイメージと焦点を与えている，そこが僕の気に入っているところなんだ。この作文にはそういうイメージがあるかな？」 2人は作文をもう一度ざっと読む。ジルは低い声でこう言う。「ここにはイメージは全然ないわね——事実ばっかり」。

⑤	「じっくり考えてみて，君がラフについて思い出せる個人的なことのいくつかを書いてみてはどうだい？」 「そうすべきだと思う？」 「そうだね，君が話してくれていたとき，ずっと君らしさを感じたよ――どれだけ君が犬をなくして寂しいか，彼のことをどれだけ考えているかといったことをね」。 「そういったことは，何とか書けそうだわ」。 「ちょっとやってみてごらん。そして来週また話し合おう」。
⑥	「スペリングや時制や，文章はどう？　大丈夫かしら？」とジルが尋ねる。 「それについては，後回しにしよう。まずはアイディアと，構成と，自分の言葉で書くことを考えてごらん。他のことはあとで考えればいいから」。 「でも，間違うのは嫌だわ」と彼女は打ち明ける。 「でも，今そんなことを心配するのはいいと思うかい？」 「わかんない。ただ，悪い点はとりたくないの」。
⑦	「よし」エドはうなずく。「今のところは，さっき言った3つ，アイディアと，構成と，自分の言葉で書くことだけについて，評価することを約束しよう」。 「それだけ？」 エドはもう一度うなずく。「それで，君がもし学校の雑誌にこの作文を発表したくなったら…」 「他の部分に手直しできるってことね？」 「そう，手直しする時間をあげるよ」。

　表3－5は小学校2年生のジルが書いた作文，表3－6はその作文についてジルとエド先生が話し合っている場面である。エド先生が何をしているのかに注目して，表3－6を読んでみていただきたい。

　表3－6の最初の8行（①）にわたってエド先生がしているのは，「君はどう思うんだい？」「どうしてだか言ってごらん」「どういうふうに君は感じているんだい？」というオープンエンドの問いかけである（オープンエンドの問いとは，イエスかノーかのクローズドエンドではなく，自由に答えさせるもので

ある）。それとともに、ジルが語り始めるまで、辛抱強く待っている。検討会を進める上で教師に求められる力量の１つが、「待つ」力だと言われている。

次に、ジルが生き生きとしたエピソードを語る（表３−６②）と、エド先生はすかさず褒めている（③前半）。このように達成点を褒めることは、学習者の意欲を高めるだけでなく、達成できている部分を強化する上でも重要である。

さらに、エド先生は、ジルの語りと作文を比較させる（③後半、④最後の３行）。これによりジルは、良い作文の条件を直観的に把握することができている。その上で、エド先生は、既に自分が持っていた「アイディアと、構成と、自分の言葉で書くこと」という３つの目標を言語化して共有し、ジルとの間で次の目標を合意して、検討会を終えている（④〜⑦）。

なお、表３−６では示されていないが、そのように合意された目標については簡単なメモ書きでもよいので記録として残しておけば、次の検討会では、「先日の検討会では、……といったことを目標にしようと話し合ったね。実際に取り組んでみて、どうなった？」といった形で対話が始められることだろう。

興味深いのは、検討会においてジルが、「スペリングや時制や、文章はどう？」「間違うのは嫌だわ」と発言していることである（⑥）。当初、ジルの自己評価の規準は、「スペリングや時制」といったところに限られていたことがうかがわれる。このような評価規準のズレを訂正しないまま作文に取り組ませていても、質の改善にはつながらない。正確に自己評価できるようになるために、評価規準を理解させることの重要性をうかがわせる事例である。

表３−６の事例を踏まえると、検討会における対話の基本的な流れとしては、表３−７の内容を確認できるだろう。このような検討会によって、的確な評価規準（基準）に照らして到達点と課題を確認するとともに、今後の目標を共通理解することができる。

ただし、このような検討会を個別の対話の形で行うのは、通常、教科指導においては難しいだろう。その場合、**作品批評会**の形であれば、一斉指導の中でも検討会を行うことができる。たとえば、ルーブリックづくりを通して明らかになった評価規準（基準）が具体的に伝わるような事例を幾つか見せつつ、「ど

表3－7　検討会における対話の流れ（筆者作成）

① 教師から「この作品のいいところはどこかな？」「今，困っていることは何？」といった**オープンエンドの問い**を投げかけることによって，学習者の自己評価を引き出す。
② 学習者の言葉に耳を傾ける。この時，教師には「**待つ**」**力**が求められる。
③ 達成点を確認し，いいところを**褒める**。
④ **具体例の比較**を通して，目標・評価規準（基準）を直観的につかませる。この際，つかませたい評価規準（基準）を読み取りやすいような具体例を選んでおくことが重要である。
⑤ 次の目標について，**合意する**。直観的に把握された目標・評価規準（基準）を言語化するとともに，見通しが立つ範囲の目標に絞り込む。
⑥ 確認された達成点と課題，目標について**メモを残す**。

ちらの作品がいいだろうか？　それはなぜか？」と問いかけ，話し合わせる。話し合いの過程で明らかにされた評価規準（基準）を板書で整理するとともに，それらと照らして自らの作品を振り返らせ，既に達成している点と改善すべき点を確認させるという方法が考えられる。

　たとえば図3－1は，小学校4年生の理科で生み出された「植物の観察記録」の評価規準をマップの形で整理したものである。指導にあたった宮本浩子先生（鳴門教育大学学校教育学部附属小学校・当時）は，まず，児童の作品を踏まえてルーブリックづくりを行った（表2－5，p.103）。その後，評価規準を児童に理解させるために，児童に年度初めと最近の作品を比較させる作品批評会を行った。作品を2つずつ映し出して，「年度初めの作品とその後の作品を比べてみると，どんなところが良くなっているかな？」などと問いかけ，児童たちから出てきた評価規準を板書に整理していった。図3－1は，そのような板書をプリントに整理し直して配付したものである。受け取った児童たちは，これらの評価規準に照らして自らの作品例を振り返り，到達した規準には青で日付を，次の目標として意識したいポイントには赤で丸を付けた。この作品批

評会の後，児童の作品の質は特段に改善された。図3－2に示した児童の場合であれば，作品批評会の後の③の作品では，観察対象を絞ることや予想を立てながら観察することが意識されるようになっている（西岡ほか，2003；西岡，

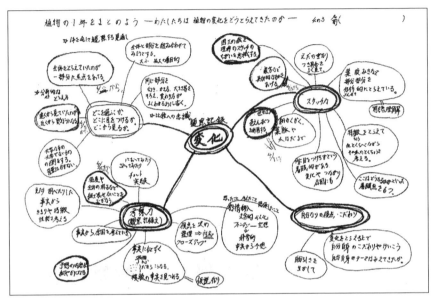

図3－1　評価規準を整理したマップのプリント（西岡ほか，2003，p.42）

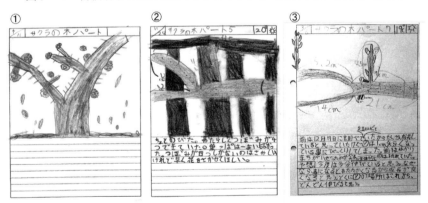

図3－2　一人の児童の作品（①は4月，②は12月，③は3月の作品）
（西岡ほか，2003，p.51）

2010aも参照)。

パフォーマンス課題については,学習者が主体的に取り組む課題となるため,どのような完成作品・実演が望ましいかについて,具体的なイメージをつかませる指導が求められる。作品批評会は,そのような指導の1つの進め方と言えるだろう。

第2節　実践事例の検討

次に,具体的な実践事例を検討してみよう。**1**では,三藤あさみ先生による中学校3年生社会科の単元「経済」に注目する。この単元では,政策提言レポートの作成が求められた。また,**2**では,宮本浩子先生による小学校6年生国語科の単元「生きる姿を見つめて　～読書会をしよう～」を紹介する。この単元では,グループでの話し合いが課題となっている。以下では,〔　〕で「WHERETO／はひふへほとさ」(表3-1・表3-2,p.119)との対応を示す。

1　中学校3年生社会科の単元「経済」
(1) 見通しを与え,日々の授業とパフォーマンス課題を関連づける

横浜国立大学教育人間科学部附属横浜中学校(当時)の三藤先生が単元「経済」において生徒たちに与えたパフォーマンス課題は,表3-8に示したものである。このパフォーマンス課題に取り組むにあたって,三藤先生は図3-3のように単元を組み立てた。前半は「パーツ組み立て型」,後半が「繰り返し型」で構造化されている〔O／さ〕。

まず,オリエンテーションの授業では,パフォーマンス課題を説明した〔W／は〕。また,関連するテレビ番組の録画(ワーキング・プアを扱ったもの)を見せて課題でテーマの重要性を伝えるとともに,どのような立場や状況から検討する必要があるかを例示して,課題についての具体的なイメージを持たせた。そもそも課題の設定自体を,近く行われる衆議院議員選挙に関連するものとしていることも,生徒たちを動機づける工夫と言えよう〔H／ひ〕。

表3−8　パフォーマンス課題「経済政策を提言しよう！」(三藤，2010b, pp.31-32)

> あなたは国会議員です。まもなく衆議院議員選挙が行われます。テレビFYでは選挙に向けて，経済政策に関する連続討論番組を行うことになりました。番組では，それぞれのテーマについて，考え方の違う経済政策を主張する議員が登場し，それぞれの政策を主張する討論会を行います。
>
> 　テーマは次の三種類です。
> 1　経済格差の縮小　　〜ワーキング・プアの問題〜
> 　　　A：さらなる自由競争を進める　　B：社会保障を強化する
> 2　環境政策
> 　　　A：温暖化防止を最優先にする
> 　　　B：国際競争に打ち勝つことを優先する
> 3　食糧政策
> 　　　A：貿易の自由化をさらに強化
> 　　　B：食料生産の保護をして食糧自給率の向上
> 　まず自分が"国会議員"として登場したい回を選び，
> (1)「何が問題なのか，その問題を生じさせている原因は何か」を社会の仕組みから解説します。
> (2) (1)の解説とともに，「どうすれば，問題を解決できるのか」の政策提言を行います。
> そして，
> (3) 同じ問題に対して別の提言を行っている議員と論争するとともに，番組に参加している一般の視聴者からの意見や質問に答えてください。
> (4) 最後に，討論会の後にその内容を生かし，必要な修正を加えて政策提言レポートを完成させてください。

　次に，「家計」「市場経済」「企業」「金融」「財政」といった基本的な内容を学ぶ授業が行われた。パフォーマンス課題には，そのような要素を総合して取り組むこととなった〔3文字目のE／ふ〕。

　図3−4に示したのは，基本的な内容を説明した授業で用いられたワークシートの一例である。このワークシートは，パフォーマンス課題に取り組む際に用いることのできる重要な知識を確認するものとなっている。また，ワークシ

第3章 指導過程の改善

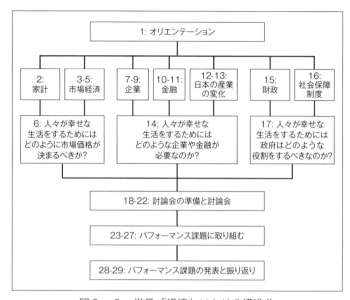

図3-3 単元「経済」における構造化
(数字は第何時の授業かを指す。三藤, 2009a, p.79をもとに筆者作成)

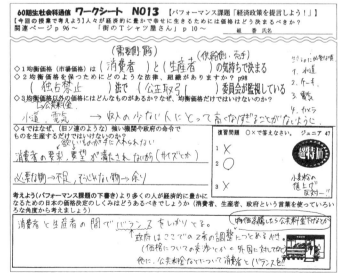

図3-4 ワークシートの例 (Cf. 三藤, 2010b, p.34)

ートの末尾には，パフォーマンス課題の草稿の一部を書くことを求める欄が用意されている。従来であれば，基礎を学んだ後で応用させるというのが基本的な流れであったと思われるが，むしろ応用のイメージを持たせつつ，基礎的な事項を学ばせていく形に転換していることがうかがわれる〔3文字目のE／ふ〕。

(2) 討論会を行い，板書で思考を整理する

　生徒たちがパフォーマンス課題に取り組む力を身につけさせる上では，授業の中で，生徒自身が考えたことを表現したり，他の人と考えを交流したりする機会を計画的に設けることが有効である。三藤先生の場合も，グループやクラス全体で，討論会やディベート，発表など，様々な形式での話し合いを指導に取り入れた。

　単元「経済」の場合は，パフォーマンス課題の文中にある模擬「討論番組」における**「討論会」**として行われた。そこでは，クラス全員が一度は「国会議

表3-9　単元「経済」における「討論会」の流れ（三藤，2009a, p.79）

①　自分たちの主張を発表する。（A3用紙に主張を書いてプレゼンする）　　　（作戦タイム［グループの中で，別のグループにどのような質問や反論をすればよいか考える］）
②　相手に対して質問をする。　　　（作戦タイム）
③　相手の質問に答える。
④　意見を出しあう。
⑤　一般国民の参加者から質問，意見をもらう。　　　（一般国民の参加者は，家計を預かる主婦，学校に行けなくなった高校生，大企業，中小企業，大富豪，農家など発言の立場をはっきりさせて発言する）
⑥　それぞれのグループは，出された質問や意見に答える。
⑦　今までの内容を受けて，まとめの提案をする。
⑧　活動の振り返りをワークシートにまとめる。

員」として参加できるように，3つのテーマのそれぞれA・Bの主張に合わせて6～7人の班に分けた〔T／と〕。表3-9に討論会の流れ，図3-5には授業の様子を示している〔3文字目のE／ふ；R／へ〕。

「討論会」の最中，三藤先生は，生徒たちからの発言に出てきたキーワードなどを**板書で整理する**ことによって，生徒たちの思考を助けた。たとえば，テーマ1「経済格差の縮小」の「A派：さらなる自由競争を進める」と「B派：社会保障を強化する」の班の話し合いの場合の板書は，図3-6に示したような内容となった〔3文字目のE／ふ〕。

図3-5 「討論会」の様子（三藤先生提供）

このような「討論会」は，他の生徒たちの発表を見たり，発言を聞いたりすることによって，説得力のある論じ方を学ぶ機会にもなる。たとえば，資料を効果的に用いて発言している例に触れることによって，資料の活用の仕方を学ぶことができる。また，討論会において自分の意見と対立する立場と意見をたたかわせることによって，多角的なものの見方を学ぶことができる〔3文字目のE／ふ；R／へ〕。

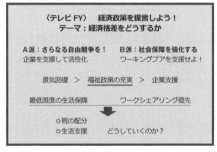

図3-6 A派・B派の意見を整理した板書（三藤，2010b, p.37）

「討論会」の後，生徒たちは下書きを行い，さらに練り直して清書を完成させた。その際に，教師はルー

図3-7 発表の様子（三藤先生提供）

ブリックも配布して，**自己評価・自己修正**に役立たせた〔R／へ；5文字目のE／ほ〕。また，資料活用力を発揮しやすくなるように，生徒たちが引用できるようなグラフや地図などの資料をまとめたプリントも作成して配付した〔3文字目のE／ふ〕。生徒たちはプリントの中から必要部分を切り貼りして引用しつつ，「政策提言レポート」を完成させた。最後に，完成したレポートをグループで発表した（図3-7）〔5文字目のE／ほ〕。

2　小学校6年生国語科の単元「生きる姿を見つめて ～読書会をしよう～」

(1) 単元の構造

続いて，徳島市福島小学校（当時）の宮本浩子先生による国語科の単元「生きる姿を見つめて　～読書会をしよう～」（宮本，2004b）を紹介しよう。この単元における学習の流れを，図3-8に示している。第一次で小説「海の

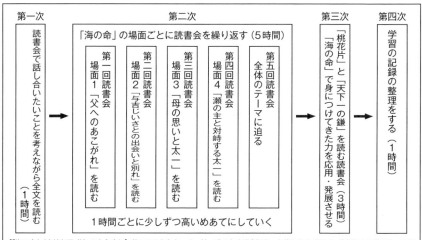

図3-8　単元「生きる姿を見つめて　～読書会をしよう～」における学習の流れ
（宮本，2004b, p.92）

命」の全体を読んだ後，第二次では「海の命」についての「読書会」に繰り返し取り組む。第三次では，第二次で身につけた力を「桃花片」「天下一の鎌」についての「読書会」で応用・発展させ，第四次で学習の記録の整理をするという流れとなっている。

　この実践に取り組んだ当時，宮本先生はパフォーマンス課題という言葉こそ使っていなかったものの，実質的には，次のようなパフォーマンス課題に取り組ませたと解釈できる。「グループに分かれて，読書会をします。物語を読み，『じっくり考えてみたいなあ』と思ったり，『友達と話し合ってみたいなあ』と思ったことについて，20分程度，話し合いをしてください。お互いの発言を生かし合って，読みを深めるような話し合いにしましょう」。また，この単元については，まさしく「繰り返し型」で単元が組み立てられている〔O／さ〕。

　導入（第一次）では，まず読書会で話し合いたいことを考えながら，「海の命」の全文を読ませた〔W／は〕。その後，「じっくり考えたいことや話し合いたいこと」を場面ごとに書き出させた。そのような**「学習の記録」**を踏まえつつ，宮本先生は読書会で話し合うための「読みの視点」を整理した。第二次では，いくつかの「読みの視点」ごとに希望のグループに分かれ，読書会を行うこととなった〔T／と〕。

(2)　「台本型手引き」と「相互評価カード」

　読書会では，まず教師が用意した「台本型手引き」の読み合わせをする。宮本先生は，大村はまの「学習の手引き」に学んでいる。**「学習の手引き」**とは，学習者の発想が生まれるように刺激を与えたり，適切な進め方の見本を示したりすることによって学習の支援をする手立てのことである（大村，1991a；同，1991b）。

　宮本先生が作成した「台本型手引き」一例を，図3－9に示している。「台本型手引き」では，読書会で児童に使ってほしい表現が織り込まれている。児童は，グループの中でA・B・C・Dを誰が担当するかを決め，声を出して読む。教師は，「言いやすいように語尾を変えて言ってもいいこと，それぞれの

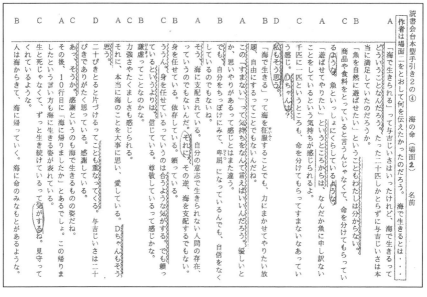

図3-9 第2回読書会の「台本型手引き」の一例（宮本，2004b，p.105）

人物になりきって言うこと」などを確認した。「台本型手引き」を2～3回，読み合わせをした後，読書会での話し合いを進めることとなった。

図3-9の例では，「海で生きるってどういうことなんだろう」，「『魚を自然に遊ばせたい』ということもわたしはわからない」といった疑問を投げかける発言から話し合いが始まっている。また，「～ような」と推測を述べたり，「『遊ばせてやりたい』というところからは…」と小説の内容を踏まえて意見を述べたりする部分も見られる。さらに，発言がないメンバーに対し，「Dちゃんは？」と発言を促す表現が織り込まれている。なお，図3-9に手書きで傍線や丸印が付けてあるのは，児童が使いたい表現に印を付けたものである。このような「台本型手引き」によって，児童は読書会の進め方を学び，使える表現を増やしていった〔3文字目のE／ふ；R／へ；5文字目のE／ほ；T／と〕。

また読書会では，グループごとに1人の観察者を置いた。読書会が終わると，観察者は話し合いを振り返り，グループのメンバーに最もふさわしいと思われ

第3章 指導過程の改善

```
┌─────────────────────────────────────────┐
│「○○さんの発言と○○さんの発言を重ねると……」と関連付けることができた。│
│「今まで、このことについてあまり……」自分にとっての意味を考え発言できた。│
│「自分にとって、こんな意味があるよ」自分の生き方を考えていた。│
│「……だけじゃない」「もっと深い意味が」さらに深く考えようとした。│
│「言いかえると」「……とも言える」いろいろな見方を示し幅を広げようとした。│
│タイミングよく発言したり、全身で聞き、反応し、話し合うことを楽しんでいた。│
│話し合いを盛り上げる、司会者のような役割が果たせていた。│
└─────────────────────────────────────────┘
```

図3-10 第5回読書会での相互評価カード（宮本，2004b，p.115）

る「**相互評価カード**」を渡していった。第5回読書会での「相互評価カード」を図3-10に示している。実際の「相互評価カード」では，観察者が自分で文言を書き込める枠だけのカードも用意された。このような活動は，観察者にとってもカードをもらうメンバーにとっても，よりよい話し合いの進め方についての評価規準を学ぶ機会となったと言えよう〔5文字目のE／ほ；T／と〕。

このような指導を重ねて，最初は10分程度の話し合いでも行き詰まっていた児童たちが，単元末には25分の話し合いもできるようになっていった。第5回の読書会では，「太一の生きる魅力は目標に向かってがんばった姿ではなく，母の気持ち，父の気持ち，クエの気持ちをも，その全部の気持ちを受け止めていったところにあるのではないかと考えた」，「太一が一生涯だれにも話さなかったのは，与吉じいさやお父に会えたうれしさを大切にしたかったから。太一が出会った世界が，海の命そのものだと思った。……［海の命は］父であり，与吉じいさであり，クエであり，それらが命なのだと考えた」といった内容が話し合われた（宮本，2004b，p.116）。当初は「海に帰る」「海に遊ばせる」といった難解な表現の意味がよくわからない状態だったのに対し，読書会を通してそれぞれに読みを深めていった様子がうかがわれる。

表3－10　読書会を進める力のルーブリック（宮本，2004b, p.123）

5 すばらしい	○生き生きと話し合いに参加し，積極的に意見を述べている。互いの意見を関連づけて意見を述べたり，疑問に思ったことを投げ返したりしながら，話し合いを深めようとしている。話し合いのメンバーにも配慮することができ，発言をうながしたり，声をかけたりするなど，司会者的な役割を果たしている。話し合いの中で，自分の考えが深まっていく楽しさを自覚している。 ○学習の記録に，物語の核心に迫るような読みや，自分の生き方に引きつけて考えた意見・感想などが書かれている。話し合いの様子や成長だけでなく，読書会の良さについても自分なりに考えたことが書かれている。目次やタイトルなど，学習の記録の整理に工夫が見られる。 ○話し合いを観察していた友達からの評価も高く，評価規準の高いレベルにある相互評価カードを多くもらっている。
4 よい	○話し合いにおける発言回数がだんだん増えてきている。台本型手引きのことばをまねながら，話し合いを整理したり，話題を転じたりするために発言しようとしている。発言の少ない者への声がけをしようとしている。 ○学習の記録に，自分の物語の読みがどう深まってきたのか，読書会での話し合いの様子はどう成長したかということが記されている。学習の記録が手順に従い整理されている。 ○話し合いを観察していた友達から，多くの相互評価カードをもらっている。
3 普通	○20分程度の読書会を続け，言うべきときには意見を述べることができる。相手の発言に関心をもって聞き，質問したり感想を述べたりして，相手の発言にかかわっている。 ○学習の手引きに示されたことをもとに，自分が物語をどう読んできたか，読書会での話し合いの様子はどうであったかということが書かれている。学習の記録が手順に従い整理されている。 ○友達から相互評価カードをいくつかもらうことができている。
2 あと一歩	○読書会の初めのうちは単発的に感想を述べることはできるが，中盤以降は，なかなか話し合いの中に入っていけない。友達に促されて意見を述べることもあるが，周囲の友達や教師の助けが必要である。 ○学習の記録が不揃いで，（何について話し合ったかという）読書会記録等が書かれていない部分がある。ここがよかった，ここがおもしろかったといったような単発的な内容が記されている。 ○「前の時間より発言が増えた」といったような，毎時間の成長を認める相互評価カードはもらっているが，授業のねらいに応じたより高いレベルの相互評価カードはもらえていない。相互評価カードの数も少ない。
1 努力が必要	○話し合いの場に座って友達の話を聞いているが，友達の発言に反応したり，自分から発言したりしていない。 ○学習の記録がほとんど整理されたり，書かれたりしていない。 ○相互評価カードをほとんどもらえたりしていない。

また各グループでの話し合いの様子を観察する中で、教師自身、読書会を進める力を評価するためのルーブリックを明確に捉えられるようになっていった（表3-10）。この単元に取り組む前に、宮本先生は、「理科の観察記録」を用いてルーブリックづくりを行った経験を持っていた（p.103, pp.129-130参照）。それにより、児童の話し合いの実態を踏まえて評価基準を作るという発想が身についていたのである。この単元の場合は指導が終わった後でルーブリックができたが、次に類似の単元を指導する際にはこのルーブリックを念頭に置きつつ指導に活用することができると言えよう。

第3節　個に応じた指導

1　「個に応じた指導」論との統合

　ここで、「逆向き設計」論において、「個に応じた指導」がどのように位置づいているかについて紹介しておこう。

　「逆向き設計」論では、単元設計を行う際、「求められている結果（目標）」を明確にする（第1段階）、「求められている結果」が達成できているかどうかを確かめる上で「承認できる証拠（評価方法）」を決定する（第2段階）、「求められている結果」「承認できる証拠」に対応できる学習経験と指導を計画する（第3段階）という3つの段階を経ることが提唱されている（序章参照）。『理解をもたらすカリキュラム設計』の初版では、これらの3つの段階において、学習者の多様性に対する配慮はほとんど見られなかった。しかし増補第2版では、第3段階で配慮すべき要素として新たに、「**個に応じること**（differentiation）」（必要に応じて、学業を「調整すること（Tailor）」）が強調されるようになっている（Wiggins & McTighe, 2005）。筆者のインタビューにおいてウィギンズ氏は、この変更は、ワークショップを受けた教師たちから、学習者の多様性への配慮はどこに位置づくのかという疑問を投げかけられたことによるものだと述べた（2006年8月4日）。

　また2006年には、トムリンソン（Tomlinson, C. A.）氏とマクタイ氏による

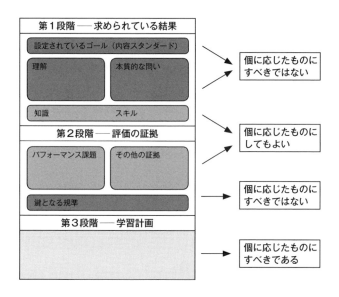

図3—11 「個に応じること」を「逆向き設計」の枠組みに適用する
(Tomlinson & McTighe, 2006, p. 36. 一部加筆)

共著書『「個に応じた指導」と「理解をもたらすカリキュラム設計」を統合する（*Integrating Differentiated Instruction and Understanding by Design*）』が刊行されている（Tomlinson & McTighe, 2006）。そこでは，「逆向き設計」論と，トムリンソン氏の提唱する「個に応じた指導（Differentiated Instruction）」論（Tomlinson, 1999）とを統合する枠組みとして，図3－11が示されている。図3－11では，「理解」と「本質的な問い」を共通の目標として設定し，「鍵となる評価規準」を維持しつつも，「知識」や「スキル」に関する目標，及びパフォーマンス課題などの評価方法は多様化されうることが示されている。また，「学習計画」については，個に応じたものにすべきだとされている。

「逆向き設計」論は，「本質的な問い」と「永続的理解」をすべての学習者に保障しようとする発想を強く持つあまり，学習者の多様性を配慮するという点は十分に考慮されていなかった。米国において実践が重ねられる中で，この点についての反省がなされ，修正が加えられたと言えるだろう。

2 実践事例との対応

　米国における理論の修正を待つまでもなく、日本における実践事例では学習者の多様性への対応が課題として意識され、この課題を克服する方途が編み出されてきた。

　三藤先生の実践では、課題「経済政策を提言しよう！」において、「どんな経済問題があるのか？　その原因は何か？　どうすれば問題を解決できるのか？」という「本質的な問い」を設定しつつ、具体的なテーマとしては「経済格差」「環境政策」「食糧政策」の３種類が用意されていた（表３－８、p.132）。これにより、生徒が自分の関心に応じて自分のパフォーマンス課題を選択することが可能となっている。

　また、宮本先生の実践においても、児童が希望する「読みの視点」ごとにグループ分けを行っていた。これも、パフォーマンス課題の選択肢を与える工夫として読み取ることができる。さらに、「台本型手引き」は、児童に見られる多様性に配慮したものとなっていた。発言している児童には発言していない児童にも配慮することを、また発言していない児童には話しかけられれば応答することを、「台本型手引き」でモデルとして示すことにより、それぞれの児童がルーブリックで示された基準のより上のレベルへと到達できるよう支援が行われたのであった。

　これらの実践例は、図３－11に示された枠組みの有効性を裏づけるものと言えるだろう。

おわりに

　本章では、パフォーマンス課題に取り組むにあたっての指導のポイントについて検討してきた。三藤先生の実践でも宮本先生の実践でも、単元末までパフォーマンス課題に取り組む力が学習者に身につくよう、効果的に「単元内の構造化」が図られていた。もとより、いくら構造化を図っていても、授業においては必ず偶発的なことや教師の意図を超える学習者の反応が生じるものである。そのような偶発性や反応を受容し、臨機応変に対応するためにも、教師には予

めできるだけ多様な展開を想定した指導を構想しておくことが求められるのである。

　パフォーマンス課題に取り組むに際には，単元の最初の方で，単元末までにどのような課題に取り組むことになるのかの見通しを与えることが重要となる。パフォーマンス課題は挑戦的な課題でもあるため，学習者を動機づけるような導入の工夫も求められる。また，パフォーマンス課題との関連を意識させつつ，個々の授業で必要な知識やスキルを身につけさせていく指導も求められる。従来の指導が基礎を身につけた上で応用させるという発想に立ちがちであったのに対し，応用を見通しつつ基礎を学ばせる指導に転換が図られる点に注目しておきたい。

　さらに，学習者がパフォーマンスをやり直し，洗練させる機会を与えること，その際，正確に自己評価できるような指導を行い，学習者が自己調整できるようにしていくことが重要である。

　加えて，学習者の多様性に対応して調整するという視点も提案されている。特に「個に応じた指導」論と「逆向き設計」論が結合することにより，重点目標や鍵となる評価規準においては共通性を確保しつつ，評価方法や学習計画では学習者の多様性に対応するという道筋が示されていると言えるだろう。

　なお，三藤先生や宮本先生の実践例が示すように，パフォーマンス課題に取り組める力を身につけさせる指導の過程では，グループ別やクラス全体での話し合いなどの形でアクティブ・ラーニングが行われることが多い。しかしながら，アクティブ・ラーニングが「逆向き設計」の第3段階（学習経験）に位置づく概念であるのに対し，パフォーマンス課題は第2段階（評価方法）に位置づくものである。「逆向き設計」論にもとづくパフォーマンス課題は，あくまで深い理解の保障という目標のために実施される。パフォーマンス課題の実践において行われるアクティブ・ラーニングは，それ自体が目的となるのではなく，本来の目標達成に有効な範囲で取り入れられるものとなるだろう。

第4章
「マクロな設計」

はじめに

「逆向き設計」論においては，単元設計（「ミクロな設計」）と長期的な指導計画（「マクロな設計」）を往復させながら，カリキュラム全体の改善を図るという発想が採られている。第1章から第3章では「ミクロな設計」を中心に論じてきた。そこで本章では，「マクロな設計」に焦点を合わせてみよう。

第1節では，「マクロな設計」とは何を指すのかについて，概要を説明する。第2節では，「マクロな設計」の考え方を踏まえた学力評価計画の立て方について提案する。第3節では，「ミッションにもとづくカリキュラム設計」のあり方について紹介したい。

第1節 「マクロな設計」とは何か

1 「ミクロな設計」と「マクロな設計」の往還

「逆向き設計」論においては，単元設計（「ミクロな設計」）とより長期的な指導計画（「マクロな設計」）とを往還させながら，カリキュラム全体の改善を図るという発想が採られている（図4－1）。

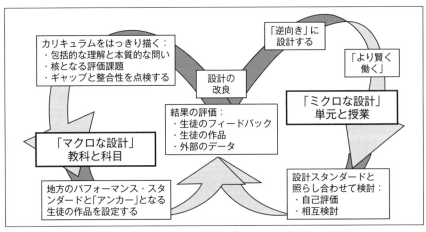

図4－1　「ミクロな設計」と「マクロな設計」の往還
（Wiggins & McTighe, 2002, p.111）

まず，「ミクロな設計」に注目しよう。図4－1の右上に示されている「『逆向き』に設計する」という項目は，「逆向き設計」の3段階（図0－3，p.22）を踏まえて単元を設計することを意味している。次の「より賢く働く」は，教師がチームで協同したり交流会に参加したりすることによって，知見を共有しつつ単元設計に取り組むことを勧める項目である。さらに，そのような単元設計ができたら，設計スタンダードと照らし合わせて，自己評価・相互検討する。**設計スタンダード**というのは，優れた設計が満たすべき条件を列記したものである。具体的には，「どの程度，この設計は，めざしている内容の重要な観念に焦点を合わせているか？」「評価方法はどの程度，求められている結果について公正で妥当で信頼できる十分な測定を提供するか？」「どの程度，学習計画は効果的で魅力的か？」「3段階すべての要素が調整されることにより，単元全体はどの程度，首尾一貫したものとなっているか？」といった条件が挙げられている（ウィギンズ＆マクタイ，2012，p.32）。

設計した単元を実施すると，生徒からのフィードバックが得られたり，生徒の作品が手に入ったりする。また，学力調査などの外部のデータが入手できる場合もある。それを踏まえて設計の改良が図られる。その際には，単元や授業といった「ミクロな設計」だけでなく，科目や教科といった「**マクロな設計**」の改善も図られる。「マクロな設計」において鍵になるのは，包括的な「本質的な問い」や理解であり，包括的な「本質的な問い」に対応して繰り返し与えられるようなパフォーマンス課題である（図2－12，p.108参照）。その際，単元間のギャップと整合性が点検される。また，「アンカー」となる生徒の作品を踏まえて，期待される**パフォーマンス・スタンダード**（p.257参照）を設定する。それらの検討が，さらに単元設計や長期的な指導計画の改善につながっていく。

ウィギンズ氏らは，**単元**の条件として，「授業をミクロに経営したり，複雑なパフォーマンスの目標を見過ごしたりはしない程度に大きく」，「曖昧で役に立たない計画にはならない程度に小さい」ことを挙げている。このような条件を満たす時，「単元に焦点化することがより確固とした，質の高いカリキュラ

ムを作るのに役立つ」と指摘している（Wiggins & McTighe, 2002, p. 99)。いきなり長期的な指導計画を立てても，それは机上の空論になりがちである。そこで，授業を教える教師たちにとって具体的に考えやすい単元に焦点を合わせつつ，**包括的な「本質的な問い」**を軸にして長期的な指導計画と単元との間を構造化する構想が立てられているのである。

では，具体的な実践例に即して，そのような往還がどのように起こるのかを見てみよう。

2　単元間の構造化

「ミクロな設計」から「マクロな設計」を構想していく方向としては，単元を実施した後でルーブリックづくりを行い，そこで得られた知見を同じ包括的な「本質的な問い」を扱う他の単元に活かしていくというものである。これにより，**「単元間の構造化」**を図ることができる。

図2-6 (p.92) で示した通り，パフォーマンス課題に取り組むにあたっては，課題に取り組む際に必要な要素を身につけた上で総合させる，あるいは繰り返し課題に取り組む中でレベルアップを図るといった指導の構造化を図る必要がある。そのような構造化は，単元内で図られる（第3章参照）だけでなく，単元間でも構想される。

たとえば，図2-12 (p.108) で示した三藤あさみ先生による社会科の実践の場合，「社会はどのような要因で変わっていくのか？　どのように社会を変えていけばいいのか？」という**包括的な「本質的な問い」**に対応して，社会の変化について論じるレポートを書くという類似の課題に繰り返し取り組ませているという点で，**「繰り返し型」の構造**になっている。その際，生徒のレポートを踏まえてルーブリックを作り，そこで得られた知見を踏まえて，課題の設定を変えたり，資料を集めたプリント教材を作ったり，因果関係について考えさせる話し合いをさせたりするという改善が図られている。それにより，長期的ルーブリック（表2-7, p.110）に照らして捉えられるような成長が促される。

また図4-2には，**「折衷型」**（一部，**「パーツ組み立て型」**）で単元間の構造

「本質的な問い」の入れ子構造

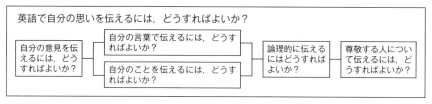

パフォーマンス課題

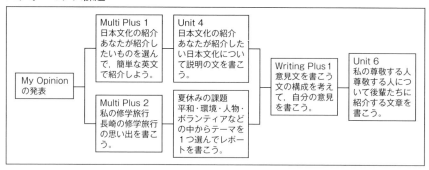

図4−2　中学校英語科における「単元間の構造化」の例
（森，2008，p.113をもとに筆者作成）

化が図られた一例を示している。京都市立衣笠中学校（当時）の森千映子先生は，英語科の実践において，2年生の時に課題「My Opinionの発表」（表4−1①）を与えた。そこで生み出された作品をもとにしてルーブリックを作ったところ，生徒たちの問題点として，次の2点に気づくこととなった。1つは，筆記テストでは解答できる英語の表現が，発表原稿で必ずしも使えないという問題である（「自分の言葉で伝える」）。もう1つは，自分自身について語ることに慣れていないという問題である（「自分のことを伝える」）。そこで，その後の単元では，この2点を意識した指導を行っていった。さらに，「論理的に伝える」ことについて指導をした後，課題「私の尊敬する人」（表4−1②）に取り組ませた。このような単元間の構造化については，対応する「本質的な問い」の入れ子構造を読み取ることができる。

図4−3に示したのは，ある生徒が課題「My Opinionの発表」と課題「私

の尊敬する人」に対応して生み出した作品である。課題「My Opinionの発表」の時には，同じ表現を繰り返し用いており，内容も分量も少ない作品にとどまっていたのに対し，課題「私の尊敬する人」に対しては，自分の尊敬する手塚治虫について，具体的なエピソードも交えつつ，多彩な英語表現を用いて

表４－１　中学校英語科のパフォーマンス課題

①　課題「My Opinionの発表」（中学校２年生）	②　課題「私の尊敬する人」（中学校３年生）
あなたは今ホームスティに来ています。そこで通っている学校の英語の授業で，提示されたテーマについて自分の考えを発表するという課題が出ました。あなたはクラスの前で考えを発表しなければなりません。自分の意見をはっきり述べるとともに，その理由を具体例とともに述べ，論理的にまとめた原稿を作り，発表してください。また，授業で学んだ表現をできるだけ使うこと。（森，2006a，p. 209）	これから後輩たちに英語でメッセージを書きます。その中では，あなたが選んだ偉人がどういう人なのか，なぜあなたはその人を尊敬しているのかを述べてください。その偉人が何を目指して，どのような人生を歩んだ人なのかを説明するとともに，あなた自身とその人を比較して，あなたがどのように考えているのかについて述べると，生き生きしたメッセージとなります。後輩たちがこのメッセージを見て，英語学習の目標にできるような作品に仕上がるように，この3年間で身につけた英語の力を総動員して作成しなさい。（森，2008，p.111）

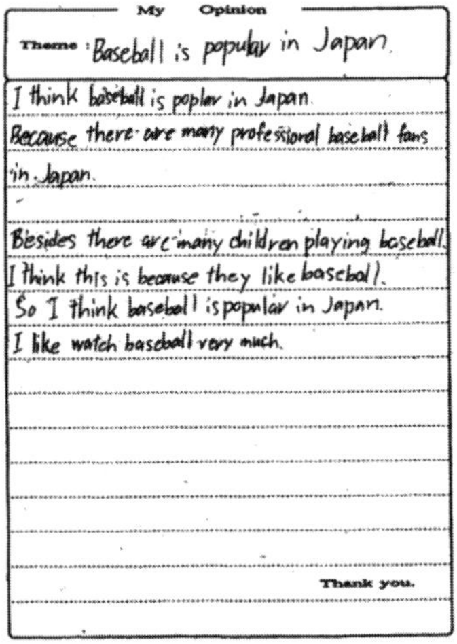
My Opinion

Theme : Baseball is popular in Japan.

I think baseball is poplar in Japan.
Because there are many professional baseball fans in Japan.
Besides there are many children playing baseball.
I think this is because they like baseball.
So I think baseball is popular in Japan.
I like watch baseball very much.

Thank you.

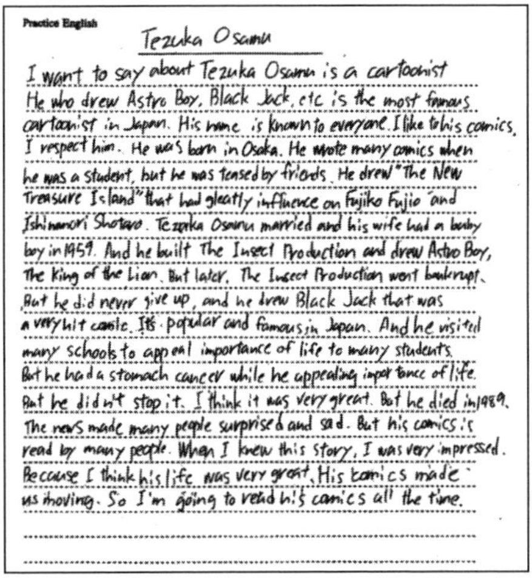
Practice English

Tezuka Osamu

I want to say about Tezuka Osamu is a cartoonist
He who drew Astro Boy, Black Jack, etc is the most famous cartoonist in Japan. His name is known to everyone. I like to his comics. I respect him. He was born in Osaka. He wrote many comics when he was a student, but he was teased by friends. He drew "The New Treasure Island" that had gleatly influence on Fujiko Fujio and Ishinomori Shotaro. Tezuka Osamu married and his wife had a baby boy in 1959. And he built The Insect Production and drew Astro Boy, The King of the Lion. But later, The Insect Production went bankrupt. But he did never give up, and he drew Black Jack that was a very hit comic. It's popular and famous in Japan. And he visited many schools to appeal importance of life to many students. But he had a stomach cancer while he appealing importance of life. But he didn't stop it. I think it was very great. But he died in 1989. The news made many people surprised and sad. But his comics is read by many people. When I knew this story, I was very impressed. Because I think his life was very great. His comics made us moving. So I'm going to read his comics all the time.

図４－３　ある生徒の作品の変化（左が課題「My Opinionの発表」，右が課題「私の尊敬する人」に対応するもの。森千映子先生提供）

表4-2　課題「私の尊敬する人」のルーブリック（森，2008，p.114）

		内　容	英　語　表　現
A	4	自分の感じたこと，考えたことなどを，理由や例をあげ，自分のことと関連づけながら伝えようとしている。	かなり長い英文が，少しの間違いはあるものの，ほぼ正確に書けている。また，自分の考えを伝えるための適切な表現を用いている。
B	3	自分の感じたこと，考えたことなどをはっきりと伝えようとしている。	それぞれの文は短いが，適切な表現を用い，語順などが正確に書けている。
C	2	調べた事実はわかるが，自分の考えがあまり伝えられていない。	単純な文は書けているが，少し複雑になると適切な表現が用いられておらず，語順などに正確さを欠く。
C	1	調べた事実も内容も乏しく，自分の考えが伝わってこない。	全体的に語順が不正確で，適切な表現が用いられていない。大文字，小文字，符号なども不正確な部分が少なからず見られる。

書くことができるようになっている。

　なお，表4-2に示したのは，課題「私の尊敬する人」に対応するルーブリックである。観点「内容」が「自分のことを伝える」，観点「英語表現」が「自分の言葉で伝える」という目標にほぼ対応していることが読み取れる。この実践の場合は，それぞれの観点に対応する指導を行った上で，両者を総合することを求める「パーツ組み立て型」で単元間が構造化されていたと言えよう。このように三藤先生・森先生の実践は，「ミクロな設計」（1つの単元の設計）から「マクロな設計」（複数の単元の設計）の改善へとつなげていった事例であった。

3　長期的ルーブリックから単元設計へ

　次に，「マクロな設計」のレベルで**長期的ルーブリック**を共有した上で，個々の単元設計の改善を図った事例として京都府立園部高等学校（ならびに同附属中学校）英語科の実践例を紹介しよう。園部高校は，1学年5クラス編成の規模で，普通科コース（地域制），普通科中高一貫コース（中学入学時に府

表4－3　京都府立園部高等学校英語科の評価基準（長期的ルーブリックとチェックリスト）
（京都府立園部高等学校提供。西岡, 2014, pp.86-87；田中容子, 2012）

2013年度版

京都府立園部高等学校　英語6年間 Assessment Grid

一年間にめざす学力推移：

- 一貫コース中学1年：習熟段階1
- 一貫コース中学2年／普通科SB1年：習熟段階2
- 一貫コース中学3年／普通科SA・京都国際科1年／普通科SB2年：習熟段階3
- 一貫コース高校1年／普通科SA・京都国際科2年／普通科SB3年：習熟段階4
- 一貫コース高校2年／普通科SA・京都国際科3年：習熟段階5
- 一貫コース高校3年：習熟段階6

	習熟段階	1	2	3	4	5	6
理解	Reading	身近な名詞がわかる。ごく短い英文が理解できる。	高頻度語で書かれたやさしいテキストが読める。日常生活の広告や時刻表の中から必要な情報が読み取れる。	文の主述をつかめる。さまざまな分野の現代的な問題（言語・学習・科学・環境・社会）の文を辞書を使いながら読める。	複文構造を理解し、前から読み進められる。物語文をほとんど読める。評論省の論の展開が理解できる。英字新聞などの英文は辞書があれば読める。	長い文学作品が読める。自分の興味のある分野の専門用語を含んだ文が読める。英字新聞や英語サイトがあれば読める。	辞書を使って専門的な論文が読める。英字新聞や英語サイトを読める。
	Listening	授業で何度も使う表現や語句を聞き分けることができる。	自分の家や家族や身近な語りの具体物について、ゆっくりしゃべってくれたら、なじみのある語を基礎的な語句を認識できる。	学習したテーマに関する質問を聞いて内容がわかる。またそのテーマに関するメッセージを聞いて内容を短く認識することができる。	学習したテーマに関する短い話しかけがゆっくりはっきり読まれたとき、メインポイントを取ることができる。	ゆっくりはっきり読まれたニュースの内容がわかる。テレビの番組などのポイントが聞いてわかる。	長いネイティブスピーカーの講義を聴いて、知っているトピックなら論理が多少複雑でも理解できる。テレビや時事番組の大部分が聴きとれる。スラングの多くない映画や方言ならほとんど理解できる。
表現	Writing	アルファベットで自分の名前などを書けて、身につけた短文が書ける。	文法的な間違いを含みつつも、簡単な日記などで自分の興味のあることについて簡単な語を使って短い文を書くことができる。既習の語を使って文を書くことができる。	興味のあることや、学習したテーマに関する学習したテーマ及び自分の興味のあることについて簡単な感想や意見を短く書くことができる。	幅広い分野に関する理由や説明文を加えて、意見や感想を書くことができる。	幅広い分野に関して理由や説明文を加えて、パラグラフ構成が整った、ある程度の長さの文章を書くことができる。	しっかりした論理構成で、カデミックな題材の小論文や報告を書くことができる。
	Oral Communication	自分の名前、住んでいる町市などを言える。	簡単な名前や自己紹介や家族・学校部活動などの紹介をすることができる。	自分の町、知っている人々のことを簡単に述べることができる。	文をいくつか効果的に組み合わせて経験、夢などについて簡単に述べることができる。	自分の好みや意見を理由を合わせて経験、夢などについて述べることができる。テーマに沿ったスピーチをできる。	自分の興味のある分野のできごとまとめて述べる。ある話題について、視点を明確に、説得力ある発表することができる。

152

第4章「マクロな設計」

習熟段階	1	2	3	4	5	6
	繰り返して発音してくれたり手振りや身振りで理解できるよう援助してくれる相手がいて、発話することを促してくれて、話を聞こうとして耳を傾けてくれて、簡単な語句であれば、ごく簡単で必要なことを質問したり、質問に答えたりすることができる。	学習したテーマ及び身近な事柄について情報の取り取りができる。主語と述語というまとまりが際立って話されれば、ごく簡単な会話を続けることができるが、自分から会話を長く続けることはできない。	英語が話されている地域へ旅行する際に出会うさまざまな事柄について、辞書の力を借りて情報の入手や意思の伝達を行うことができる。	自分の興味のあることや生活圏内の事柄（趣味・家族・出来事など）についてなされる会話に参加できる。	読む・書く・聞く・話す活動を通して多様なジャンルの英語を経験する。そのことを通して英語の体系に習熟する。	英語のネイティブスピーカーに対しても自然でごく自発的に会話をすることができる。ある事柄について自分の意見を説明したり主張したりしながら会話に積極的に参加することができる。
知識	英語の音に慣れる。 英文の基本的なかたちを理解する。（主語のかたまりが際立つ） 語動詞のかたまりという概念を理解する。 主語と述語という概念を理解する。 名詞・代名詞・人称の概念を理解する。 特殊な文の形を知る（命令文・There + be 動詞の文） 疑問文と否定文の構造を知る（Do Does Did の役割） 疑問詞の意味とその使い方を知る。 自動詞と他動詞の区別を認識する。 SV + 名詞・SV + 名詞 + 名詞・SV + 名詞 + 形容詞の形が表す意味とこれらの構文を使える。 and と but、従属接続詞の when の使い方を理解する。	動詞を知る（一般動詞・be 動詞）（不規則変化） 助動詞の意味と使われ方を理解する。 be+~ing が表す進行形を理解する。 be+~ed が表す受身形を理解する。 「時制」の概念を知る。（現在・過去・未来） 完了形の表す概念を知る。	前置詞を知る。前置詞 + 名詞 の表す意味と働きを理解する。 英文の基本的な修飾構造を理解する（形容詞 + 名詞）（名詞 + 前置詞句）（副詞 + 動詞）（動詞 + 前置詞句） 現在分詞（~ing）の意味と用法を理解する。 過去分詞（~ed）の意味と用法を理解する。 to 不定詞の意味と用法を理解する。	複文構造の英文を音声で理解する。 従属接続詞二つつながれる文の連結を読み取る。 間接話法 間接疑問文 SV + 名詞節。SV + 名詞 + 分詞。SV + 名詞 + 不定詞の多様な構文を知る。 従属接続詞全般 仮定法を理解し、使える。 多様な助動詞 助動詞 + 完了形 完了進行形 受身の完了形 名詞 + 関係詞節を正しく理解し、使える。		

153

内全域から募集：2006年発足），京都国際科（府内全域から募集）という3種類のコースを持っている。非常に幅広い学力層の生徒たちを受け入れている高校である。園部高校の英語科では，2006年度にスーパー・イングリッシュ・ランゲージ・ハイスクール（SELHi）に指定されて以降，目標を共有するとともにパフォーマンス評価を取り入れる実践の開発に取り組んできた。

　その初期（2007年）に開発されたのが，表4－3の上半分に示されている長期的ルーブリック（Sonobe Assessment Grid）である。この長期的ルーブリックでは，Reading, Listening, Writing, Oral Communicationの4つの観点に照らして，長期的に生徒たちに促したい英語力の成長が描かれている。英語について低学力で入学してきた生徒でも，卒業するまでに長期的ルーブリックのレベル4以上の力を保障することがめざされている。

　長期的ルーブリックの作成にあたり，当校では，「ヨーロッパ言語共通参照枠（Common European Framework of Reference：CEFR）」の「ヨーロッパ言語レベル」（European language levels - Self Assessment Grid）」（Cf. European Union and Council of Europe, 2004-2013）を参考にした。また，共通するパフォーマンス課題に複数学年で取り組み，教師たちが共同でルーブリックづくりを体験することで，各レベルで想定されているパフォーマンスの水準について，共通理解していった。この時に提供されたパフォーマンス課題は，「あなたは園部高校を訪れている外国からの観光客に日本のことや暮らしを紹介することになりました。下にあるような内容を適宜選んで自由に英語で書いてください。その際，あなた自身の経験や感じたことなどを書いて，できるだけ具体的になるようにしてください。／わたしからのおすすめ観光スポットやもの・私の住む町・市・私の家族・趣味・好きなこと・学校生活・週末の過ごしかた・など」というものである。表4－4には，その時に整理された記述語とアンカー作品が示されている。

第4章「マクロな設計」

表4-4 長期的ルーブリックと対応するアンカー作品（綴りの間違いは、生徒の作品の原文による。田中容子、2010, p.250）

レベル	長期的ルーブリック（ライティング領域）	アンカー作品
1	アルファベットを使って自分の名前が書ける。練習した短文が書ける。	Kyoto is beautiful ディリシャス food and beautiful が景色
2	文法的間違いを含みつつも、簡単な日記などの短文を書くことができる。既習の語を使って短文を書くことができる。	Japanese food is the best Sushi. Sushi is very delicious. Fujisan is the best Mountain in Japan. There are a lot of nature and It is very beautiful.
3	学習したテーマ及び自分の興味のあることについて簡単な感想や意見を書くことができる。	Japan is butiful because Japan has many season. I think Kyoto is the best place, because Kyoto has a lot of temples. Temples ars very butiful. Japanese food is delicious, for example. It is Sushi, Sushi is very delicious. Japanese music is nice. for example. It is kumi kouda. I like kumi kouda. She is very nice voice and very cute.
4	興味のある幅広い分野に関して、理由や説明文などを加えて、意見や感想を書くことができる。	I will talk to you about Japan. Japan has four seasons, spring, summer, fall and winter. In spring, you can see the beautiful cherry blossoms and very warm. In summer, you can swim in the sea and we have a long vacation. but this season is very hot. In fall, we have many ivents at school. This season is cool so I like it the best. I like winter, too. This season is very cold, but you can see the view of snow. In Japan, there are a lot of traditional food, festival, place and so on different from your country. You will be able to enjoy your stay.
5	幅広い分野に関して、理由や説明文を加え、パラグラフ構成が整ったある程度の長さの文章を書くことができる。	I'd like to introduce you Kyoto and Japan. First, I'm going to talk about Kyoto. Kyoto is formar capital of Japan and there're lots of temples and shrines. These are famous and popular and many visitors visit there as sightseeing. Not only these, the city itself is beautiful. There are many modern buildings in the city. But these are made to fit the view of classic building like temples or shrines so you also can enjoy the beautiful view of city during you walk around Kyoto. Also you can eat Japanese sweets or food. Next, I'm going to talk about Japan. In Japan, you can buy good quality electrical things like cameras, TVs and DVDs. Also you can enjoy many different cantry's food.

155

表4-5に示したのは，園部高校で共有されている指導案の書式（一部）である。この指導案では，「2　このクラスの学年末到達目標」の欄において，表4-3に示された長期的ルーブリックに照らし，担当しているコースについて年度末までに到達させるべきとされているレベルを記入することが求められている。これにより，学年末に到達させるレベルを意識しつつ，単元の指導を組み立てることが促されている。

　こうして，適した単元においてパフォーマンス課題の開発が進み，学校の共有財産となっていった。現在では，各学年では，年間3つ程度のパフォーマンス課題が取り入れられ，徐々にレベルアップが図られるようになっている（表4-6）。また，長期的ルーブリックに対応する**パフォーマンス課題**を繰り返し与える中で，どのような文法事項を確実に習得させることが重要であるかが明確になっていった。表4-3の下半分には，そのような文法事項がチェックリストの形で示されている。さらに，たとえば文型の指導については教科全体で統一した記号を用いるなど，より効果的な指導方法の共有も進んだ。

　園部高校英語科においては，長期的ルーブリック（「マクロな設計」）を共有する中で，各単元設計（「ミクロな設計」）の改善が進んでいき，さらにその成果が「マクロな設計」の改善（チェックリストの開発と共有）へと反映されるという往還が生まれたと言えるだろう。

表4－5　指導案の例（一部。竹村有紀子先生提供。Cf. 竹村, 2012）

教科名(科目名)	英語科（総合英語）	学校名	園部高等学校
単元名 (学習指導要領)	『Lesson 3 Abu Simbel ―Rebirth on the Nile―』 教科書掲載の世界遺産アブシンベル神殿に関する英文を読み，学習した表現を活用して，自分が選んだ世界遺産について，その世界遺産の名前や場所や特徴などを，自作のポスターを提示しながら聞き手に分かりやすいように発表する。（12時間） 教材：CROWN English Course I （SANSEIDO）		
対象クラス	京都国際科1年生		
実施時期	2学期後半		

1	生徒観・補足	京都国際科1年生。クラス内の学力には差があるが，全体的に学習意欲は十分高く，授業や課題に前向きに取り組むことができるクラスである。もともと英語への関心が高い生徒が多く，英文を音読したり聞きとったりする活動に積極的に取り組むことができる。自分の意見を表現したり発表しようという意欲も高いが，一方で文法に苦手意識があるため，課題によっては自信が持てず消極的になってしまう生徒も少なくない。文法事項の習熟度を上げ，文構造を丁寧に確認して読解する力をつけるための授業や課題を提供しながら，苦手意識を持っている生徒も自分の力を磨き達成感を得られ，得意な生徒がさらに能力を伸ばせるような発表や活動させる場を設定するに心がけている。週5時間授業。1クラス19名で，現在アメリカコロラド州からの交換留学生1名も授業に参加している。

2	このクラスの学年末到達目標（Sonobe Assessment Grid Level 4）			
	読むこと	聴くこと	書くこと	話すこと
	複文構造を理解し，前から読み進めることができる。物語文をどんどん読める。評論文の論旨の展開が理解できる。英字新聞などを辞書があれば読める。	学習したテーマに関する短い，簡単なニュース，メッセージがゆっくりはっきりと話された時，ニュースのメインポイントを聴き取ることができる。	文をいくつか効果的に組み合わせて自分の経験，将来の夢等について述べることができる。	興味のある幅広い分野に関して，理由や説明文などを加えて，意見や感想を書くことができる。

3	単元名：CROWN English Series I　Lesson 3 Abu Simbel ―Rebirth on the Nile―

4	単元設定の理由：20世紀初頭，エジプトは近代化を進めていた。その中でナイル川へのダム建設案が持ち上がった際に政府は「文明の発展を優先するか，文化の保護を優先するか」という選択を迫られた。この問題を扱った本文を読み，生徒たちに人類の発展と環境について考えさせたい。また，この問題が人類の智恵と国際協力によって，文明も文化も犠牲にせず解決された点から，広い視野を持って学び協力することの大切さも感じ取らせたい。本文に関しては難解な単語を含むが，読解を通じて一定レベルの語彙を習得させ，発表で物の特徴や位置関係や物事の経緯を表す表現を自由に活用できる力をつけさせたい。

5		エジプトの世界遺産アブシンベル神殿と周辺住民とナイル川の関わりについての話を読み，人類の発展と環境の望ましい関係を考える。また，本文学習する表現を活用しながら，実在する物の特徴や現在に至るまでの経緯を調べて英語で説明文を作成し，聞き手に伝わりやすいように伝える。	
	単元目標	重点目標	下位目標（知識・理解）
		＜本質的な問い＞事物の特徴や位置関係を具体的に説明して，事物の目的を文や句で的確に述べるためにはどのような表現を用いればよいか。 ＜永続的理解＞具体的な数字と共に用いる形容詞の用法の習得と位置関係を表す前置詞のイメージを膨らませて理解し活用することが大切。また文章や句で目的を表す表現を習得することが必要である。	・関係代名詞や…longや…tallや…above等の表現を使って具体的なものの特徴を英語で表現できる。 ・so that（～するために），in order to等の表現を使って，事物の目的や経緯を英語で表現できる。
	評価の方法	パフォーマンス評価 「あなたはSNB Travel（株）の新入社員です。4月の入社から様々な研修を重ねてきた今，新入社員全員に約半年の成果を発表する機会が設けられることになりました。内容は以下の通り。世界に数ある世界遺産の中から最も魅力的だと自分が思うものを1つ選びだし，①具体的特徴，②見どころやおすすめプラン（おすすめする理由）等を含む内容を150語（約1分30秒）の長さの英文で発表してください。SNB Travel（株）を世界中の人に利用される会社に育てられる，若きリーダーの出現を期待しています。」	その他の評価 ○各パート毎に行う音読テスト 　意味を理解して聞かなければ覚えられない程度の長めに区切られた本文を聞き，何も見ずに英文をリピートできるかどうかを問う。 ○各パート毎に行う筆記テスト 　単語10語のディクテーションと意味，本文1文のディクテーションとその訳，その構文を含む英作文1題（教員が考える日本語を英語にする）。

表4－6　年間指導計画（2012年度。坂上渉先生・永井妙子先生・田中容子先生提供）

京都府立園部高等学校　科目：英語科年間シラバス　科目：英語　類：学年：1年1・2組（SB）　テキスト：Crown English Course I　週当たりの時間数：4　担当：坂上渉・永井妙子・田中容子

	読む力	聴く力	話す力	
学年末の到達点	文の主述をつかみ、さまざまな分野の現代的問題（言語・学習・科学・環境・社会）の文を、辞書を使いながら大意を読むことができる。	学習したテーマ及び興味のある現代的テーマに関する質問を聴いてわかる。またそのテーマに関するメッセージや語られた文の内容を聴いて内容が理解できる。	簡単な英文を使って自己紹介と家族・学校・部活動等の紹介をすることができる。（会話または長く続けることはできないが）身近な事柄についてのやりとりをすることができる及び学習したテーマについて簡単な感想や意見を言うことができる。	
目標達成にいたるためのStrategy	教科書を用いて英語の語順で精読をすることから、その際日本語と英語の語順・文構造の違いを認識させる。	文を聞いてリピートする練習をする。文脈中から予測して教室内で指示される英語を理解できるようにする。	教室内でできるだけ英語で指示を出し英語で応答ができるように短い暗唱を行い、学習した表現を繰り返し音読し、暗唱することに加え、自然な発話活動を促す。	

		使用テキスト 単元	評価の観点	評価法（acceptable evidence）
	下位目標（個別スキル・知識・理解）筆記テストや実技テストと対応する			パフォーマンス課題 学んだことをAuthenticな文脈で使わせる課題	筆記テスト 実技テスト
通年	主にパフォーマンス課題と対応する重点目標				
通年	・英語と日本語の文構造の違い（語順の違い）を理解して、英語から日本語、日本語から英語へ転換することができる。	各種英語文を理解するのに必要な文法スキル。筆記テストと実技テストを行う。テキストに登場した英単語の意味を知り使える。	Crown English Series I Breakthrough Upgraded English Grammar in 36 lessons		年間通じて扱われた以下の新開項目中、よくわかる日本語に直して使用してください。	筆記テスト 実技テスト
1学期	・複雑な構造を含む500ワード程度の英文が示すことができる内容を正しく読み取る。 ・自分が理解できる英語と文構造を用いて、読み取った内容をリライトすることができる。 ・自分が理解できる英語と文構造を用いて、内容について口頭で発表することができる。	①行為や事実を表す文において、日本語と語順が異なる中心を担っている概念を理解する。 ②SVが行っている概念を理解する。 ③自動詞と他動詞の違いを理解して使い分けができる。 ④前置詞の意味を知り、前置詞＋名詞の意味をかたまりで読み取り、使うことができる。 ⑤冠詞・副詞・形容詞の概念がわかる。 ⑥SV、SVC、SVO、SVOO、SVOCが、それぞれの概念を作る動詞を正しく見分けることができる。 ⑦how, what, when, where の意味を知り、文中でどう読み取るかができる。 ⑧過去分詞・現在分詞の意味を読み取る・表現することができる。 ⑨句の接続詞節を読み取ることができる。 ⑩冠詞の働き（連体形・完了形）を見分けて理解できる。 ⑪動詞の働き（受身形）を表現できる。 ⑫人の気持ち、ものの状態を表現できる。 ⑬単文が創成できる。	Crown English Series I（オリジナル教材） Crown English Series I（Lesson3） プレイクスルーメーニン英文法（関係詞）後置修飾の概念） （夏休み課題） 英文法（詳題）	表現の能力 理解の能力 関心意欲態度 知識・理解	「Interview Your Friend」のシートに従い、クラスメートにインタビューした後、みなさんの前で紹介してください。	中間テスト 期末テスト 確認小テスト 音読課題 パフォーマンス発表
2学期	・読み取った英文の情報を元に、そのの時代背景や登場人物の気持ちをイメージすることができる。 ・英文中の情報を読み取り、その時の自分の気持ちや感想を英語で表現することができる。		Crown English Series I（Lesson 5・7） コンパス英語構文（不定詞、分詞、動名詞、関係詞）	表現の能力 理解の能力 関心意欲態度 知識・理解	「My favorite things」という題でクラスメートに対してスピーチをしてください。その際、実際のお気に入りの物や写真を見せながら聞く人がよりあなたのスピーチを理解できるような工夫をしてください。 「My Favorite Places」（グループワーク）	中間テスト 期末テスト 確認小テスト 音読テスト パフォーマンス発表
3学期	・英語で理解した話を、自分の英語の範囲内で他の人に話すことができる。 ・簡単な感想を含む英語で簡単な話を創作できることができる。	以上の項目について、教材を通しての知識としての理解を繰り返し、一年間しっかり習熟させる。	Crown English Series I（Optional lesson） プレイクスルーメーニン英文法（不定詞）	表現の能力 理解の能力 関心意欲態度 知識・理解	「2012年のあなたの高校生活の素敵な場面を言葉にして語りましょう」という題で、日常の高校生活の場面や学校のお気に入りの場所などの写真やあなたのお気に入りの絵を提示しながらスピーチをしてください。 「My Best Memories」と題して50words以上の作文をしてください。（作文をもとにしてまとめる）	中間テスト 期末テスト 確認小テスト 筆記テスト 音読テスト パフォーマンス発表

第2節　学力評価計画の立て方

1　学力評価計画を策定する上での課題

　2001年改訂指導要録において「目標に準拠した評価」が全面的に導入されてから，早くも十数年が過ぎた。2010年改訂指導要録においても引き続き，「目標に準拠した評価」が採用されている。

　「目標に準拠した評価」を実施する上では，誰がどのような手続きで目標や評価規準（基準）を設定するのかという問題が生じる（第2章参照）。つまり，目標設定システムを構築するという課題である。この点に関しては，教師や管理職，保護者や地域住民，研究者，教育委員会や国家などが，どのような関わりを持ちながら意思決定を行っていくのか，さらには被教育者である子ども・青年による目標・評価規準づくりへの参加をどう保障していくのかが問われる。

　2001年の指導要録改訂の際には，評価規準や評価方法の研究開発を進める主体として，「各学校」，「国立教育政策研究所の教育課程研究センター」と「国立特殊教育総合研究所」，「都道府県や市町村の教育センター・教育研究所等や，教員養成大学・学部等の教育研究機関」が挙げられていた（教育課程審議会，2000）。2010年の指導要録改訂に際しても引き続きこれらの主体の役割が強調されており，特に，「学校や設置者の創意工夫を生かす現場主義の重視」がうたわれている（中央教育審議会初等中等教育分科会教育課程部会，2010）。したがって，各学校で，評価規準（基準）や評価方法を明確にする**学力評価計画**を立てることが求められている。

　「目標に準拠した評価」が導入された当初，多くの学校や教育委員会で策定された学力評価計画は，表4-7のような形式であった。これは，上位目標を下位目標に分析する**目標分析**によって策定された例である。しかし，この学力評価計画の立て方には，次の問題点がある。まず，目標・評価項目が限りなく細分化し，教師が多忙化する。また，この学力評価計画では評価方法が明示されておらず，パフォーマンス課題で評価・育成されるような思考力・判断力・表現力が評価できない懸念が残る。さらに，どの程度の学力実態が見られれば

表4-7　目標分析による学力評価計画（イメージ。筆者作成）

	単元1	単元2	・・・	単元X	総括的評価
関心・意欲・態度	評価項目1a 評価項目1b 評価項目1c ：	評価項目2a 評価項目2b 評価項目2c ：	・・・	評価項目Xa 評価項目Xb 評価項目Xc ：	合計・平均
思考・判断	評価項目1d 評価項目1e 評価項目1f ：	評価項目2d 評価項目2e 評価項目2f ：	・・・	評価項目Xd 評価項目Xe 評価項目Xf ：	合計・平均
技能・表現	評価項目1g 評価項目1h 評価項目1i ：	評価項目2g 評価項目2h 評価項目2i ：	・・・	評価項目Xg 評価項目Xh 評価項目Xi ：	合計・平均
知識・理解	評価項目1j 評価項目1k 評価項目1l ：	評価項目2j 評価項目2k 評価項目2l ：	・・・	評価項目Xj 評価項目Xk 評価項目Xl ：	合計・平均

「合格」と判断できるのかが不明である。つまり，社会的に共通理解される目標・評価基準である**スタンダード**が明確にならない。そもそも，単元1から最終単元までの成績を合計・平均するということは，学習者の学力を伸ばさないことが前提であるかのようにも読み取れる。なぜならば，たとえば単元1でのつまずきは，最終単元（単元X）までに回復することがめざされるべきであるにもかかわらず，表4－7の方式では，単元1と単元Xの成績が区別なく合計・平均されてしまうからである。すなわち，この学力評価計画では授業改善のための評価（**形成的評価**）と，指導後の状況を記録するための評価（**総括的評価**）の区別がついていないのである。

2　「知の構造」と観点との関係

では，「逆向き設計」論が捉える「マクロな設計」を視野に入れた場合，長期的な学力評価計画をどのように立てることができるだろうか。

2010年改訂指導要録における「観点別学習状況」欄の**観点**は，基本的には

「関心・意欲・態度」「思考・判断・表現」「技能」「知識・理解」の４つに整理されている。４観点を「知の構造」（図２－１，p.82）に照らし合わせると，観点「知識・理解」は「事実的知識」や「転移可能な概念」を，観点「技能」は「個別的スキル」や「複雑なプロセス」を評価するものと捉えられる。したがって，これらの観点の評価には，筆記テストや実技テストを用いることが妥当であろう。観点「思考・判断・表現」は「原理や一般化」についての「永続的理解」を評価するものとして捉えられるため，パフォーマンス課題を用いることが適している。**観点と評価方法の対応**については各学校・各教科で検討すべき課題であるものの，幅広い学力を保障するためには，様々な評価方法を組み合わせて用いることが重要だと考えられる。

「関心・意欲・態度」と**「思考・判断・表現」**は相互に支え合うものなので，観点「関心・意欲・態度」を観点「思考・判断・表現」と分けて評価することは難しい。したがって，筆者は両方の観点を統合することが適切だと考えている。しかし，観点「関心・意欲・態度」が残る場合には，この観点についても対応する評価のあり方を考えなければならないだろう。たとえば，観点「関心・意欲・態度」に対応する課題として，パフォーマンス課題の中でも複数の単元の内容を関連づけるものや生活との関係を考えさせるものを位置づけるという方法，あるいは，ポートフォリオを用いて長期的な取り組みの様子を評価するという方法も考えられる。

なお，2017年（予定）の学習指導要領改訂に向けた議論の中では，評価の観点を，「知識・技能」「思考・判断・表現」「主体的に学習に取り組む態度」の３つに整理するという方向性が打ち出されている（教育課程企画特別部会，2015）。「関心・意欲・態度」の評価については，「正しいノートの取り方や挙手の回数をもって評価するなど，本来の趣旨とは異なる表面的な評価が行われている」との指摘もある。そうした中，「子供たちが学びの見通しを持って，粘り強く取り組み，自らの学習活動を振り返って次につなげる，主体的な学びの過程の実現に向かっているかどうか」という観点として，「主体的に学習に取り組む態度」を位置づけることは，一歩，前進と言えるだろう。ただし，

「主体的に学習に取り組む態度」をそのようなものとして位置づけるとすれば，各教科で評価すべき観点というより，むしろ「総合的な学習の時間」などでの探究の取り組みにおいて評価する方が妥当であるように思われる。「資質・能力」をカリキュラム全体で育成するという視点に立てば，カリキュラムの構造を踏まえ，領域ごとに役割を明確にすることも重要であろう。筆者は，各教科の評価の観点としては，「知識・技能」「思考・判断・表現」の2観点でよいと考える立場に立っている。

　ここで，今一度，「知の構造」（図2－1，p.82）に注目すると，「原理や一般化」に関する理解の程度については**ルーブリック**に照らして評価することが適している反面，個々の知識（概念）やスキル（プロセス）が身についているかを確かめるには，**チェックリスト**の形で評価基準を明確にすることが必要だと考えられる。つまり，評価基準としては，ルーブリックとチェックリストを組み合わせて用いることが有効であろう。

　この点を踏まえると，**学力評価計画**は，表4－8のように立てることができる。観点と内容（単元），評価方法の3つの次元を規定する学力評価計画であるため，「三次元モデル」と名づけている。まず，**各観点に対応して，どのような評価方法を用いるのかを明確にする**。観点「知識・技能」は筆記テストと実技テスト，観点「思考・判断・表現」についてはパフォーマンス課題で評価するというのが，一例として考えられる。

　次に，**どの評価方法をどの単元で用いるかを決める**。表の右側には，長期的ルーブリックかチェックリストの形で**評価基準**を示す。特にパフォーマンス課題を用いる場合，繰り返し類似の課題を与えて一貫した長期的ルーブリックを用いて評価すれば，単元を越えて生徒の成長をとらえることができる。そのような場合には，到達レベルを総括的評価とすることができるだろう。一方，筆記テストや実技テストを用いて観点「知識・技能」を評価するのであれば，評価項目を並べたチェックリストに照らしてテストを作成し，テストでの達成率で総括的評価をすることができる。

表4-8　三次元モデルにもとづく学力評価計画（イメージ。筆者作成）

評価の観点	評価方法	単元1	単元2	……	単元x	評価基準				
						1	2	3	4	5
思考・判断・表現	パフォーマンス課題		◎			←―――――――→				
知識・技能	筆記テスト 実技テスト	○	○		○	←―――――――→				

- どの観点に対応して，どの評価方法を用いるかを明示する。
- どの単元でどの評価方法を用いるかを決める。
- チェックリストを作成し，達成率を評価する。
- 長期的ルーブリックに照らして到達レベルを評価する。

3　年間指導計画との対応

　三次元モデルによる学力評価計画に対応する**年間指導計画**の書式についても，様々な提案が登場している。表4-6（p.158）もその一例と位置づけることができるだろう。

　表4-9は，石井英真氏と広島大学附属東雲中学校（当時）の神原一之先生との間の共同研究において提案されたものである。これは，各単元について，目標・評価規準を端的に明示するとともに，対応する評価の観点，ならびに評価方法を整理するものである。形成的評価の方法については○，総括的評価の方法については◎を書き入れる形になっている。この書式は，年間指導計画において端的に評価方法を整理することを促すものとなっている。

表4-9 年間指導計画の書き方の例（神原、2011、p.129）

使用教科書　中学校　数学3（学校図書）

平成21年度　第3学年　年間指導計画

月	単元	中単元	小単元	時数	目標・評価規準	学習事項	評価項目 関心・意欲・態度	評価項目 見方・考え方	評価項目 表現・処理	評価項目 知識・理解	おもな評価方法
4			オリエンテーション	1	数学の学習の進め方がわかる		○				観察
			2次方程式とその解	2	2次方程式の意味がわかる	2次方程式、解、2次方程式を解く				○	観察
	平方根		平方根の存在	3	平方根の存在に気づくことができる	平方根、根号			○		観察
			無限小数・平方根の大小	3	根号を使った数の大小を判断できる				○		小テスト
5			平方根の乗除	3	根号を使った数の乗除の計算ができる				○		小テスト
			素因数分解	2	素因数分解ができる	素数、因数、素因数、素因数分解			○		観察
			根号のついた数の変形	2	根号のついた数を目的に応じて変形できる			○	○		小テスト、観察
			平方根の加減	1	根号を使った数の加減の計算ができる				○		単元テスト
			単元のまとめ	2	単元テストに取り組む			○	◎	◎	ノート
		パフォーマンス課題	少人数による学習指導を行い、定着できていない内容を学習する	2	パフォーマンス課題に取り組む			◎	○		ワークシート
	2次方程式		平方根を利用した2次方程式の解き方	4	平方根の解の公式を利用して2次方程式を解くことができる				○		観察
			式の展開	3	2項式×3項式の計算の方法がわかる				○		小テスト
6		式の計算	乗法公式	3	2項式×2項式の乗法公式を利用して計算ができる				○		小テスト
			因数分解	1	因数分解の意味がわかり、共通因数をくくり出すことができる			◎	○		小テスト
			公式による因数分解	3	2次式までの因数分解ができる			◎	○		小テスト
			因数分解による2次方程式の解き方	3	因数分解を利用して2次方程式を解くことができる			◎	○		ノート、観察
			式の利用	1	2次方程式を利用して、数や図形の性質を説明できる			◎	○		単元テスト
			単元のまとめ	1	単元テストに取り組む			◎	◎	◎	ノート
7		パフォーマンス課題	少人数による学習指導を行い、定着できていない内容を学習する	2	パフォーマンス課題に取り組む			◎	○		観察、ワークシート
		2次方程式の利用		3	2次方程式を利用して問題を解決する			◎	○		観察、ワークシート
			問題づくり	3							期末テスト
		期末テスト		2							
2	資料の活用		標本調査の意味	1	標本調査の意味がわかる	標本調査、母集団、標本				○	観察
			標本抽出の実験	1	無作為抽出、乱数の意味を理解する					○	観察
			標本調査の実験計画（資料の活用）	2	標本の取り出しの方法を考え、実験計画を立てることができる				◎		ワークシート
		パフォーマンス課題（資料の活用）		2				◎	○		ワークシート
予備（自由研究、入試練習など）				26							

140

4 観点別評価から評定を出す方法

 観点別評価は異なる角度から学力を捉えるものであり，実際には，異なる観点の評価はそのままそれぞれで示した方が適切だと考えられる。しかし，現行の指導要録を前提として学力評価計画を策定する際には，観点別評価から**評定**に変換する方法についてもルールを定めることが必要となる。

 表4-10は，そのようなルールの一例である。京都市立衣笠中学校の北原琢也校長（当時）は，田中耕治氏（1999a, pp.107-108）の考えを踏まえ観点「関心・意欲・態度」を発展的な学力と位置づけ，各観点の評価について想定できない組み合わせを除外した。たとえば，観点「知識・理解」「技能・表現」「思考・判断」がすべてCなのに観点「関心・意欲・態度」がAという組み合わせ（CCCA）はない，と捉えたのである。その上で，(1)各観点の配列パターン，あるいは(2)観点を素点に変換し，その合計点の割合のいずれかで，観点別評価を評定に変換するというルールを策定した。教師たちは，各教科会でどちらのルールを採用するかを決定し，適用することとなった。

表4-10　観点別評価を評定に変換するルールの例（一部。国語以外の場合）
（北原，2006a, p.51）

(1)配列パターン （　）内は実現の値の幅	(2)素点合計の割合	評定5 90%以上	評定4 80%以上 90%未満	評定3 50%以上 80%未満	評定2 20%以上 50%未満	評定1 20%未満
評定5	AAAA (80%〜100%)	全て含む	全て含む			
評定5	AAAB (72.5%〜95%)	一部含む	全て含む	一部含む		
評定4	AABB (65%〜89.5%)		全て含む	含む		
評定4	AAAC (60%〜87.5%)		含む	含む		
評定3	ABBB (57.5%〜85%)		一部含む	含む		
評定3	AABC (52.5%〜82.5%)		一部含む	含む		

5 スタンダードの設定

このように明確な学力評価計画を立てることは，スタンダードを設定する際にも重要となる。**スタンダード**とは，社会的に共通理解された目標・評価基準（学力の観点と水準）を意味する（Cf. Wiggins, 1998a；石井，2011a）。

たとえば表4－11は，イギリスにおける資格試験の一種（General Certificate of Secondary Education：GCSE）の英語科（English）の科目明細で示された学力評価計画を筆者がまとめたものである。評価の観点と内容，評価方法との対応のほか，配点などが明示されていることがわかる。なお，「統制された評価」というのは，学校で取り組むパフォーマンス課題に該当する。これらについては学校で採点された後，外部の試験機関によって採点が点検される形が採られている。

学力評価計画に則って評価を行う際に，評価の**比較可能性**（p.168参照）を高めるためには，筆記テストやパフォーマンス課題といった評価方法の統一を図っていくことが求められる。また，パフォーマンス課題の採点にあたっては，

表4－11　イギリスの学力評価計画の例（英語科。OCR，2014をもとに作成）

	「文芸のテキストを読む」統制された評価（課題3つ）	「想像的に書く」統制された評価（課題2つを含む習作1つ）	「情報と観念」試験（筆記）	「話す，聞く」統制された評価（課題3つ）	計
	約50時間	約20時間	2時間	約20時間	
	シェークスピア，散文／ノン・フィクション，詩	テキスト開発とメディア	ノン・フィクションとメディア，書くこと	ドラマ活動，グループ活動，個人による長期間の貢献	
話す・聞く				0%（40点）	0%
読む	20%（40点）		30%（40点）		50%
書く		20%（40点）	30%（40点）		50%
	20%（40点）	20%（40点）	60%（80点）	0%（40点）	

※なお，「話す，聞く」課題は必須ではあるが，最終の成績には換算されないため，配点0％となっている。

ルーブリックやアンカー作品を明示することによって採点基準の共通理解を図る，採点者に訓練を行う，採点結果を点検するといった工夫も求められる。

なお，同一のルーブリックを用いた場合でも，適用される課題が変われば，評価の水準が変わってしまう点も指摘しておく必要があるだろう。たとえば，音楽の演奏を評価するルーブリックの場合，「滑らかに，情感豊かに演奏する」という記述語が用いられるかもしれない。しかし，この記述語によって指し示される水準は，バイエルの曲に適用されるのか，ソナタの曲に適用されるのかによって全く変わってしまう。したがって，音楽の演奏のコンテストでは，演奏の巧みさを評価するルーブリックとともに，演奏できる曲を難度別に整理したリストが用いられる例もある（Wiggins, 1998a, p.107）。

ところで，外在的にスタンダードを設定すれば，評価に関する決定権が学校や教師たちから奪われてしまうという危惧もあるだろう。また，質の悪いスタンダードを共有すれば，教育の質の悪化につながってしまう。そこで，評価方法や評価基準の設定については，まずは学習者の実態を最も把握できている学校が担うことが望ましい。各学校で蓄積されている知見を共有しつつ，より質の良いスタンダードを開発していくことが求められる（詳細は，第6章参照）。

6 学力評価計画を評価するための視点

ここで，学力評価計画の質を評価する視点を確認しておこう（Cf. Wiggins, 1998a；ギップス，2001；西岡，2005b）。

第1は，**妥当性**である。妥当性とは，「評価したいものを，本当に評価できているのか」を問う概念である。妥当性は，従来，個々の評価方法が評価項目に対応しているのかを検討する視点として用いられてきた。しかし，近年では，そこから発展して**カリキュラム適合性**という概念が提唱されている。カリキュラム適合性とは，学力評価計画がカリキュラムにおいて設定されている目標群に適切に対応するものとなっているかを検討する視点である。

第2は，**信頼性**である。信頼性とは，「どの程度，正確に評価することができるのか」を問うものである。パフォーマンス課題の実施においては，特に，

異なる評価者が評価しても同じような評価になるかが問題になるだろう。近年では、信頼性を発展させたものとして、比較可能性という概念も提唱されている。**比較可能性**とは、評価者が評価基準を共通理解し、同じ採点規則に従うことによって、評価の一貫性が確保されているのかどうかを見るものである。なお、比較可能性を高めるための手立てを、**モデレーション（調整）**という（第6章、pp. 272-274参照）。

第3は、**公正性**である。これに関しては、①異なる社会集団間の平等は確保されているか（平等性）、②評価を行うことによって、教育が阻害されていないか（結果妥当性）、③評価がどのような条件下で行われるのかといったルールは明瞭か（条件の明瞭さ）、④評価方法と評価規準（基準）を明確にした学力評価計画が作成されて公表されており、社会的に承認されているか（公表と承認の原則）、といった点が問われることとなる。

第4は、**実行可能性**である。実行可能性とは、入手可能な資源と時間の範囲内で、評価対象としなくてはならない人数の学習者を評価できるかどうかを検討する視点である。教師も学習者もバーンアウトしないような学力評価計画を立てることが重要であろう。

第3節　ミッションにもとづくカリキュラム設計

1　ミッションにもとづくカリキュラムの枠組み

次に、カリキュラムの「マクロな設計」において、一定の価値判断を位置づける発想が見られる点にも注目しておきたい。

図4-4は、ウィギンズとマクタイによる共著書『意図的設計による学校教育（*Schooling by Design*）』（Wiggins & McTighe, 2007）において示されている図「ミッションにもとづくカリキュラムの枠組み」である。学校のミッション（mission：使命）とは、「私たちが学校教育を設計する（そして永遠に調整する）際に念頭に置く長期的なゴール」（*Ibid.*, p. 9）である。ミッションとしては、「アカデミックな卓越性と、高等教育に向けた知的な準備」、「成熟した

第4章 「マクロな設計」

知性の習慣（habits of mind）や態度の発達」、「芸術的・美的な能力と感受性」、「健全さと健康、体育的な発達」、「人格——成熟した社会的・市民的・倫理的な品行」、「個人的なスキルの発達と、職業上の方向性」に関する内容が述べら

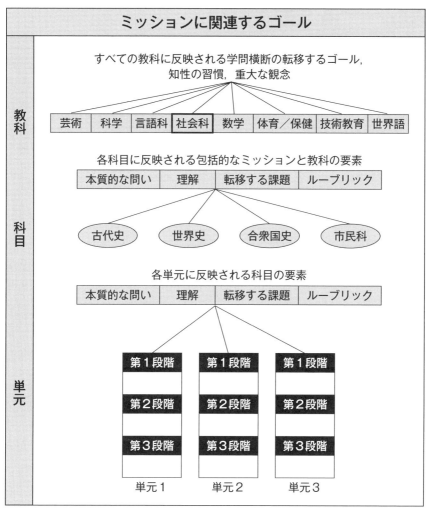

図4－4 「ミッションにもとづくカリキュラムの枠組み」
（Wiggins & McTighe, 2007, p.59。*Ibid*., p.64も踏まえて一部加筆）

れることが多い。具体的には、「生涯にわたって学習する人」を育てる、「創造的・批判的思考」ができるようにする、「責任ある、生産的な市民」を育てる、といったゴールを掲げている例があると言う（*Ibid.*, p.11）。なお、**知性の習慣**とは「学んだことが深く定着し習慣化して身につくような知的傾向性」（石井, 2011a, p.70）である。具体的には、「虚心坦懐であること（open-mindedness），不信や信念を留保すること，粘り強いこと，正確になるよう注意すること，結論を急いだり大雑把な一般化をしたりしないこと」（Wiggins & McTighe, 2007, p.62）などを意味している。

　図4－4においては，学校のミッションが，各教科，各科目，各単元へと反映されていくことが構想されている。裏を返せば，各単元・各科目・各教科における指導を通して，学校のミッションの実現が目指されている。なお，図中の「転移する課題」とは，包括的な「本質的な問い」に対応して繰り返し与えられるようなパフォーマンス課題を指している。

　ウィギンズ氏らの提唱する「ミッションにもとづくカリキュラムの枠組み」は，カリキュラムにおける目標設定の位相として，学校カリキュラム全体，教科，科目，単元という4つのレベルがあることを整理している。子どもや青年の人格形成を促す共同体として学校が存在している以上，子ども・青年に何らかの**価値観**や**態度の傾向性**（性向：disposition）を育成することは，学校のミッションとして位置づけられる。学校のカリキュラム全体でめざすべきミッションを明確に位置づけることにより，学校において長期的にどのような価値をめざすのかについて公共の議論の対象とする可能性も開かれる。

　しかし，子ども・青年に形成される価値観や態度の傾向性について，知識・スキルや理解の深まりと同等に学力評価の対象とすることはできない。現代社会において価値は多様に存在しており，どの価値をめざして生きていくのかについての決定は，究極的には子ども自身や青年自身に委ねられるべきであろう。学校において教師と子ども・青年との間に権力関係が存在する以上，子ども・青年の価値判断を成績づけの対象とすべきではない。態度の傾向性については，「基本的には，カリキュラム評価の対象として，個々の子どもではなく，教室

や学校のシステムや文化など，子どもたちに提供されている教育条件の質を評価する指標として用いられるべきものであろう」（石井，2011a，p.187）。「ミッションにもとづくカリキュラムの枠組み」は，このように学力評価とカリキュラム評価を区別しつつ教育評価を行い，教育の改善を図っていく可能性を開くものとして意義深いものである。

2 あじさい看護福祉専門学校の実践

それでは，実際に学校が育てる人物像を明確に位置づけつつ，カリキュラム改革に取り組んでいる例として，岐阜県にある，あじさい看護福祉専門学校看護学科（以下，あじさい看護）の実践を紹介しよう。あじさい看護は，「逆向き設計」論にもとづいたカリキュラム改革を行ったわけではないが，結果的に，「逆向き設計」論に適合したカリキュラムを開発している例として評価できる。なお，下記で紹介している実践例は，当校看護学科長の糸賀暢子先生からご提供いただいたものである。

(1) 3年間の見通し

まず，あじさい看護は，「ホリスティックな人間観と健康観を基盤として，人々の健康への願いに寄り添い，支える看護専門職者を育成する」ことを教育目的としている。そのカリキュラムにおいては，一貫して，「臨床の現場において，患者さんの安全・安楽・安寧・健康の回復に役立つために，看護師はどのようにふるまえばよいのか？」という**本質的な問い**が位置づけられている。それと同時に，「現場で的確にふるまうには，患者の状況を的確に捉え，課題解決を必要な行動レベルでイメージすることが重要である。また，医療チームの一員という役割と責任を担いつつ臨機応変に，優先順位を考えつつ行動することが必要である」といった**永続的理解**がめざされている。さらに，「看護を学ぶには，同僚・先輩から知識・技術だけでなく，知恵を学ぶことが大切である。また，後づけでもよいから理由づけを考えることが重要である」ということも強調されている（糸賀，2013）。あじさい看護での教育の見通し

表4-12 3年間の見通しを示した長期的ルーブリック（糸賀暢子先生提供）

レベル	問題解決能力 (必要な看護の実践と評価)	専門的・倫理的看護実践	クリティカル・リフレクション (批判的省察)	支援する関わり (看護職としての適性と、有効的な関係の構築)
5 特に優れたレベル	チームの一員として、自分の役割と看護の優先順位を的確に捉え、協働的に時間を管理し看護の質を改善できるような貢献ができる。	患者の願いと権利を守りつつ、安全な看護が提供できるよう、自分自身の知識・技能・態度を発展させる努力を惜しまず、看護者の倫理規定を遵守した行動がとれる。	自身の看護について、一看護師一保健師チームの関係における体験を顕在化させて、現実的な発展と知識による課題解決ができる。臨床的に発展できる思考力を伸ばし続けることができる。	患者・家族が自らの希望に気づき、自律に向かうことを支援するための身体的・精神的・文化的・霊的環境をチームで連携・共同して支えるよう、状況が取れるよう、看護師として自分自身を管理するための方略を実践できる。
4 3年次末	複雑な疾病、クリティカルな状況、様々な保健医療関係者との連携が必要な状況にある患者の看護実践においてチームメンバーと共同しながらできる。	看護・治療・処置に伴う危険を予測し、自分の能力の範囲を自覚して、必要な時は適切な援助を得て、患者に最良な看護的判断を実施する。 患者の最良の利益を実現できるような看護が必要な状況において目標に基づいて看護を効果的に実践できる（患者の家族の意向が違う場合の調整など）。	患者の目標を達成するうえで起こりうる反応を予測し、対応するための関係形成とサポートが子期できる。それに向けて知見と経験を活かしつつ、専門職者の連携を視野に入れて、その場の状況に応じた方略を即時的に考えることができる。情報の正確さ、事実の認識と因果関係、判断の妥当性、看護の原因と結果に働きかけで判断し、より質の高い看護実践のための探求ができる。	本人・家族のエンパワーメントを支えている人に寄り添い、支えることを自覚できる（糖尿病患者が貧困制限の必要性を自覚し悔いなく見返せるよう助言する、など）。
3 2年次末	状況における的確なアセスメント（母性・小児・精神など）が、正確かつ妥当な情報を集め、それらの情報の因果関係を明らかにした上で、患者の体験・技術方略をふまえて、症状の緩和、健康の回復に貢献するような看護をタイムリーかつ看護計画に基づいて実践できる。	倫理的判断が必要な状況を把握し、看護チームの中で患者の権利擁護者として学生の立場から対応できる。	自己評価、他者評価から自分の判断に影響を与えることに気がつける。メタ認知を働かせながら自分の経験によるバイアス、知識の不足を自覚し、改善に努め始める。 現実的課題に対応できるよう、信頼できる文献や理論などに基づいた根拠のある看護（EBN：evidence-based nursing）を考える。	患者が尊厳と自尊感情を取り戻し、安楽に向かえるよう、治療的コミュニケーションができる。
2 1年次末	相手（患者さん）が自分に何を求めているのかに心を向けて状況を観察し、得られた情報から整え、自分でできることを（生活環境を整える）日常生活の支援をともに看護できる。	看護の法的根拠が明確で、日常生活援助における説明を同意を得て行き届き、患者と立場を同じまま他者を受け入れ、原理・原則をふまえた看護ができる。	状況における自分の感情や思考をメタ認知し、相手の立場に立ったありのままの他者を受け入れ、自分自身の中で、他者の中で、何が起きていたのかについて意味づけることができる。	看護においての治療的コミュニケーションが看護の成果を左右することを認識し、患者とのコミュニケーションの工夫・改善を始められる。 看護専門職者としての品格に一致した行動を日常生活の中で意識できる。
1 大学時	五感の使い方がわからず、的確に状況把握ができない。	自分の看護が倫理的か、法律で定められているかの判断ができない。	自分の感情を振り返る。	一般的なコミュニケーションと看護専門職者に必要なコミュニケーションの区別がつかない。

※「問題解決能力」を支えるものとして、「専門的・倫理的看護実践」「クリティカル・リフレクション」「支援する関わり」が位置づけられている。

を長期的ルーブリックの形で表すと，表4－12のようになる。

あじさい看護の実践の特長は，図4－5のような学生のリフレクションに表れている。図4－5のリフレクションは，3年次の「救急外来実習（クリティカルケア実習）」での出来事を記したものである。医療チームの一員として，できることを行動に移している姿が見事と言えよう。さらに，その時々の患者の状況を学んだ知識と関連づけつつ理解したり，茫然とする家族のこと

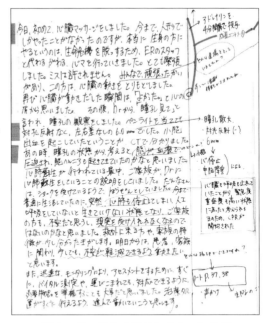

図4－5　学生のリフレクションの例
（一部。糸賀，2014）

をおもんばかり，次に自分ができることを考えたりしている様子もうかがわれる。また，「どんな連携をとっていましたか？」「どんな援助ができますか？」といった教師による赤ペンの書き込みは，「医療チーム」としての役割分担に注目させたり，「課題解決を必要な行動レベルでイメージすること」を促したりする上で，有効なフィードバックを提供していると考えられる。

(2)　1年次からの課題の積み重ね

このような実習の姿が見られるようになった背景には，1年次からの学習の蓄積がある。まず，入学直後の科目「看護学への招待」の授業では，「看護はなぜ専門職でなければならないのか？」という「本質的な問い」を意識しつつ，**パフォーマンス課題「看護とは？」**に取り組む。これは，次のような課題である。「あなたは看護専門学校の教員です。初めて看護を学ぶ1年生がナイチン

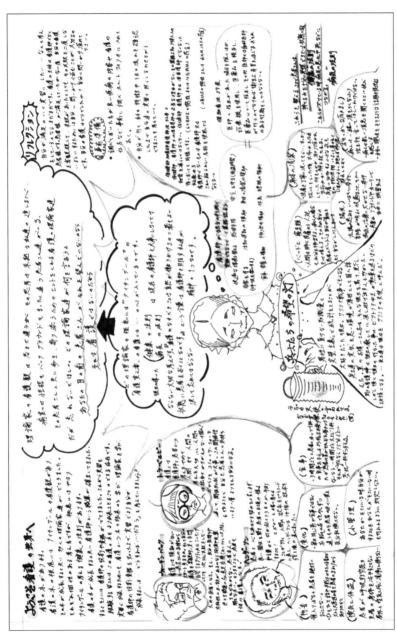

図4-6 パフォーマンス課題「看護とは？」の作品例（あじさい看護福祉専門学校提供）

ゲールの看護の定義をもとに,さまざまな看護理論への関心を高め,7月初めての臨地実習から看護の視点をもって観察し,自分ができる範囲で最善を尽くして相手のニーズに応えられるよう,A3用紙1枚の資料を作成してください。」

学生の作品の一例を,図4－6に示している。この作品は,「ナイチンゲールの看護の定義をもとに,看護の目的,何が看護で何が看護でないかを探求した上で,看護師の役割と責務を具体的にして,他者も実習で看護のものさしとして活用できる内容」となっている(課題「看護とは？」のルーブリックの記述語より)。

この課題に取り組むにあたっては,『ナイチンゲール伝』(茨木,2014)や『看護覚え書』(ナイチンゲール,2011)を読んだり,「プロフェッショナル 仕事の流儀 専門看護師 北村愛子の仕事――迷わず走れ,そして飛び込め」(日本放送出版協会,2007)を視聴したりして,看護師の仕事の最高レベルがどのようなものであるかのイメージを持つ。こうして学生たちは,「生きる力を支えられる人」「笑顔で希望をつなぐ人」「人の気持ちが分かる優しい看護師」といった,それぞれの志望を明確にする。

さて,あじさい看護においては,1年次の「看護現場への招待(看護師のジョブシャドウイング〈影のように寄り添い,仕事を観察すること〉を行う実習)」「基礎看護学実習(生活支援実習)」から始まり,「精神看護実習」「周手術期看護実習」「子どもの看護実習」「救急外来実習」など専門分野ごとの実習を重ね,3年次の締めくくりには「統合実習(ヘルスケアチーム実習)」を行う。

通常の看護教育では,3年次の「統合実習」で初めて複数患者を担当し,優先順位を考えながら行動することが求められるのに対し,あじさい看護では,1年次の「生活支援実習」から複数患者を担当し,患者が今,自分に何を求めているのかという状況について,「五感と行き届いた心を向けて」観察して得られた情報をもとに,医療チームの一員として自分にできること(生活環境を整える,日常生活への支援を行うなど)をすることが目標となっている。

その結果,図4－7のリフレクションが示すように,限られた時間の中で優先順位を考えながら行動することや,自分で目標を持ちつつ何をすべきかを考

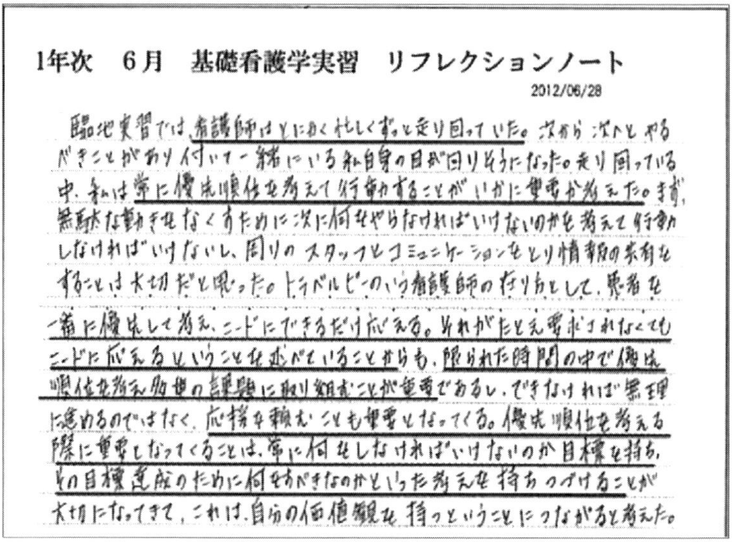

1年次　6月　基礎看護学実習　リフレクションノート

2012/06/28

臨地実習では看護師はとにかく忙しくずっと走り回っていた。次から次へとやるべきことがあり付いて一緒にいる私自身の目が回りそうになった。走り回っている中，私は常に優先順位を考えて行動することがいかに重要か考えた。まず，無駄な動きをなくすために次に何をやらなければいけないのかを考えて行動しなければいけないし，周りのスタッフとコミュニケーションをとり情報の共有をすることは大切だと思った。トラベルビーのいう看護師の在り方として，患者を一番に優先して考え，ニードにできるだけ応える。それがたとえ要求されなくてもニードに応えるということを述べていることからも，限られた時間の中で優先順位を考え多くの課題に取り組むことが重要であるし，できなければ無理に進めるのではなく，応援を頼むことも重要となってくる。優先順位を考える際に重要となってくることは，常に何をしなければいけないのか目標を持ち，その目標達成のために何をすべきなのかといった考えを持ちつづけることが大切になってきて，これは，自分の価値観を持つということにつながると考えた。

図４－７　基礎看護学実習における学生のリフレクションノートの一例
（１年次，2012年6月28日。糸賀，2013）

えることの重要性を学ぶ。さらに，たとえば，アルツハイマー病の患者から，「痛ーい！　痛ーい！［と］さけばれ，つねられ，けられた」という経験をしつつ，「［患者は］なんでこんなことをされるの？という思いが強い」のだと相手の心情をおもんばかったり，どのぐらいの力でやればよいのかわからずバイタルを測ることを怖いと感じたり，カルテを見るポイントがずれていたりして，「もっと基礎知識を身に付けたい‼」という思いを強くしたりする（学生の記録，2011年11年４月。糸賀暢子先生提供）。通常は，基礎知識を身につけた上で初めてリアルな看護に関わるという発想に立ちがちであるのに対し，真正性の高い状況の中で基礎的な看護に関わりつつ，基礎知識の重要性を実感させる実習に転換していることがうかがわれる。

対応して，学校での学科の学習のスタイルも変化している。たとえば，「看護学への招待」と並行して受講する「看護論」の授業では，ワトソン，トラベルビーといった理論家の理論を学ぶにあたって，具体的な患者像を想定し，そ

第4章 「マクロな設計」

図4－8　学生のプレゼンテーション資料
（あじさい看護福祉専門学校提供）

れらの理論家の理論を応用すると，どのような看護を構想できるのかについてグループでまとめ，プレゼンテーションを行うという課題が与えられている（図4－8）。実際の臨床現場への応用を視野に入れつつ，理論についての理解が深められていることがうかがわれる。

　また，「基礎看護技術」において「清潔」を学ぶ際にも，人形によるシミュレーションの状況とともに「手術後の患者さんの清拭をしなさい」という課題が与えられる。学生たちは，手術後1日目という患者（人形）の状況を観察して気づきを話し合ったり，効率的に動けるような物品の配置を考えたりして，対応を考える。ところが1週間後の第2回目の授業では，患者（人形）がベッドの上に起き上がっているなど状況が変わっているのを見て，戸惑うこととなる。実際の看護の現場では，刻一刻と状況が変わるのが現実であり，そのような現実に対応する力を身につけさせることが，この課題においてめざされていることがうかがわれる。

　学習の締めくくりには，次のような課題「清拭」が与えられる。「70歳の女性。胃がんの手術後7日目。経過良好で，本日午後，抜糸予定。バイタルサイ

表4-13 課題「清拭」の評価基準（糸賀暢子先生提供）

	A	B	C	チェックポイント
安全性	患者の状況，状態の観察をもとに清潔のニーズを判断し，清拭が与える効果とリスクを考えた援助方法を選択し，患者の反応に留意しながら適切な温度で安全に実施している。	患者の状況，状態の観察をもとに清潔のニーズを判断し，清拭が与える効果とリスクを考えた援助方法を選択しているが，実施中は自分の手技に精一杯で患者の反応をとらえていない。	患者の状況を判断しないで，教科書の手順で根拠のない清拭をしている。	□ベッド柵★ □お湯の温度（高温） □関節の支え □無理のない関節可動 □拭く強さ
安楽さ	不必要な露出，相手に冷たさを感じさせず，適度な圧力と速さで必要なコミュニケーションをとりながらボディメカニクスを活用して20分以内で実施し，疲労感，不快感を与えてない。	不必要な露出，相手に冷たさを感じさせず適度な圧力と速さで実施しているが，ボディメカニクスを活用しておらず，20分以上かかる。	不必要な露出があり，相手に冷たさを感じさせている。	□**羞恥心を感じる部位の露出★** □**お湯の温度（低温）★** □ウォッシュクロスの扱い □**拭き残し★** □拭く弱さ □無理な体位（患者・自分） □**時間（30分以上）★**
評価	清拭の目的が達成されたか，観察をもとに振り返り，評価し，援助の問題点，改善点を見出して具体的解決策を立てている。	清拭の目的が達成されたか，観察をもとに振り返り，評価しているが，援助の問題点，改善点までは考えていない。	清拭の目的から振り返らず，自分の主観レベルで，問題解決につながらない反省にとどまっている。	□実施中・後の観察 □リフレクション★ □解決策

※★の項目が著しくできていない場合は不合格

ンは安定しているが，体動時の創部痛と眩暈（めまい）があり，ほとんど臥床（がしょう）状態である。自力での座位保持は困難。左前腕より持続点滴をしている。昨日は清潔ケアが行われていない。今朝，顔だけは自分で拭いたが，発汗が多く見られた。この患者さんの上半身清拭と上着の寝衣交換を20分以内で実施してください。」

　評価は，表4-13のような評価基準に照らして行われる。表4-13は，「清拭」の「安全性」「安楽さ」「評価」についてA・B・Cの3レベルで評価するルーブリックと，その際の注意点（「チェックポイント」）をチェックリストで整理した評価基準となっている。

　このような学習を積み重ねる中で，学生たちは，患者のニーズに応じた看護

のあり方を具体的に構想し，行動できる力を身につけていく。たとえば，2年次の「周手術期看護実習」では，必要だと思われる知識を自らノート1冊分ほど予習するとともに，必要に応じて補足するノートを作成しつつ実習に取り組む。さらに，実際に手術を受ける患者とそのご家族に手術前後の注意点などを伝える役割を担う。それにあたっては患者への提案書をグループ内で相互評価して改善していく，といった姿が見られるようになっている（訪問調査における観察，2014年7月3日）。

さらに，実習後には，各自が対応しきれなかった課題を受けて，その課題にいかに対応するかを考えるレポートを執筆している。たとえば，実習中に認知症の患者から拒否されるという経験をした学生は，「『たわけ！』『あっちいけ！』と拒否をされる患者さんの看護を提案します」というテーマでレポートを書いている。文献調査を踏まえ，「拒否は無関心ではない」，「拒否された原因を明らかにする」，「距離を置くことが患者のためなのかを考え直す」ことが重要だといった考察が書かれた。そのようなレポートが冊子にまとめられ，他の学生たちの参考になるように図書室に置かれている。

このようにあじさい看護では，「ミクロな設計」と「マクロな設計」を往復させつつ，カリキュラム全体として，現場で的確にふるまえる看護師を育成するというミッションを達成することがめざされている。真正性の高い文脈の中で，各種の課題が与えられることにより，必要な基礎・基本が捉え直され，患者についての，また看護の理論についての深い理解に裏づけられた実践力が育てられている点に注目しておきたい。

おわりに

本章では，「逆向き設計」論の「マクロな設計」について説明した。パフォーマンス課題を実践するには時間がかかるため，長期的な見通しの中で適した単元において用いることが望ましい。また，パフォーマンス課題に対応しうる力を身につけさせるためには，単元間の構造化を図りつつ，効果的な指導を組み立てていくことが求められる。「マクロな設計」の理論は，そのための見通

しを与えてくれるものである。

　カリキュラム設計を行う場合，ややもすれば紙の上の計画で終わってしまいがちである。しかし，「逆向き設計」論は，「本質的な問い」の入れ子構造を捉えることによって，単元レベルの「ミクロな設計」と，より長期的な指導計画を考える「マクロな設計」とを往還しつつ，カリキュラム改善を図っていく方途を提案している。

　学力評価計画を立てる際には，評価の観点に対応する評価方法を明確にし，評価基準としてルーブリックとチェックリストを組み合わせて用いつつ，到達点で総括的評価を行うとよい。「マクロな設計」の発想を取り入れると，類似のパフォーマンス課題を繰り返し用いてレベル・アップを図ることが構想される。

　最後に，「ミッションにもとづくカリキュラムの枠組み」は，「人格形成」「批判的・創造的思考」といった学校のミッションを念頭に置きつつ，カリキュラム設計を行う道筋を提案するものである。あじさい看護の事例は，高度な課題解決能力や使命感といった長期的な教育目標も，看護実習と各科目でのパフォーマンス課題との往復を繰り返すことによって到達可能なものとなることを示していると言えるだろう。

第5章
ポートフォリオ評価法の多様な展開

はじめに

　ポートフォリオとは，学習の経緯や成果を示す様々な資料を系統的に蓄積するものである。ポートフォリオ評価法においては，それらの資料を編集したり，学習者と指導者などが対話する検討会を実施したりする。学習者の幅広い学力，さらには「資質・能力」を育成・評価する上で意義あるものとして，ポートフォリオ評価法への関心が高まっている。

　本章の第1節では，ポートフォリオ評価法の基本的な進め方について確認する。現在までに開発されているポートフォリオについては，①単独の教科・科目で作成するもの，②総合学習など探究的な学習において活用するもの，③カリキュラム全体，さらには学校外での資料まで幅広く収集するもの，という3種に大別される。第2節から第4節では，それぞれについての実践例を紹介していきたい。

第1節　ポートフォリオ評価法の基本的な進め方

1　ポートフォリオとは何か

　ポートフォリオとは，子ども・青年の作品（work）や自己評価の記録，教師の指導と評価の記録などをファイルや箱などに系統的に蓄積していくものを意味している。**ポートフォリオ評価法**とは，ポートフォリオづくりを通して，子ども・青年が自らの学習のあり方について自己評価することを促すとともに，教師も子ども・青年の学習活動と自らの教育活動を評価するアプローチである（西岡，2003，p.52）。

　ポートフォリオは，もともと画家や建築家，新聞記者といった職業の人々が，雇用主に自らを売り込む時に用いる「紙ばさみ」，ファイルやスクラップ帳，箱などを指す。たとえば画家であれば，自分の代表作や個展のビラ，新聞に載った批評などを綴じ込む。それを見れば，その画家の力量や画風，さらには社会的な評価が一目瞭然となる。教育現場におけるポートフォリオでも，学習者の学習の履歴や到達点を示すような具体的な資料を蓄積することができる。

ポートフォリオ評価法でいう**作品**は，子ども・青年の学習の経緯や到達点などを示すような幅広い資料を指している。完成した作品だけでなく，メモなどの走り書きが重要な意味を持つ場合もある。必ずしも学習者自身が生み出したものでなくても，たとえば学習者が集めてきた資料が学習者の資料収集力を示す作品として位置づく

図5-1　ポートフォリオの例
（宮本浩子先生提供。宮本ほか，2004も参照）

こともあるだろう。幼い子どもの場合は，教師が子どもの言葉を書き取るといった形で資料を残すことも考えられる。たとえば図5-1に示した例の場合，総合学習において，子どもが書きためた日々の記録や集めてきた資料，発表用に作った資料などが収められている。

　ポートフォリオ評価法については，他の学力評価の方法とは少し位置づけが異なる。確かに，ポートフォリオ自体を1つの作品として評価する場合もある。しかし，ポートフォリオ評価法はむしろ多彩な学力評価の方法をコーディネートする点に意義があると考えた方がよいだろう。ポートフォリオにどのような作品を残すのかを考えれば，様々な学力評価の方法について，どれをどこで用いるのかを明らかにすることができる（詳細については，第2節で述べる）。

2　ポートフォリオの設計

　教育現場でポートフォリオを用いるにあたっては，その目的と収録する資料の範囲，容器，ならびに所有権（ownership）を明確にする必要がある。

　まず，ポートフォリオづくりの**目的**については，学習の足跡を残して学習者自身のその後の学習に役立てるため，教師による指導に役立てるため，外部への証明に用いるため，などが考えられる。

　次に，どの**期間**，どの**学習範囲**に対応してポートフォリオを作るのかを考え

ておく必要がある。期間としては，「1つの課題」「1つの単元」「1学期間」「1年間」「数年間」などが考えられる。学習の範囲としては，「1つの教科」「1つの領域」「1つの観点」「学校のカリキュラム全体」「課外も含めた学び全体」などが考えられるだろう。

　収める資料のサイズや量に合わせて，適切な**容器**も選んでおく必要がある。通常はファイルや箱が用いられるが，近年では，インターネットやサーバー上に電子データで蓄積する「eポートフォリオ」も普及し始めている（たとえば，小川・小村，2012）。

　所有権とは，ポートフォリオに収める資料やその評価規準（基準）の決定権である（西岡，2003，p.67）。所有権に注目すると，ポートフォリオは，次の3種類に大別される。

　① **基準準拠型ポートフォリオ**：収める資料やその評価規準（基準）について，教育者があらかじめ決定しているポートフォリオ
　② **基準創出型ポートフォリオ**：収める資料やその評価規準（基準）について，教育者と学習者が交渉しながら決めていくポートフォリオ
　③ **最良作品集ポートフォリオ**：収める資料やその評価規準（基準）について，学習者が決定するポートフォリオ

　教科教育などにおいて目標準拠評価を行う上では，基準準拠型ポートフォリオ（①）を用いることが有効である。表4－8（p.163）の形式で学力評価計画を立てた場合，目標に対応して収めるべき作品が明確になる。そのような作品をポートフォリオに収めるよう指示するとともに，各作品についての評価規準（基準）を明示すれば，教師や子ども・青年，保護者等の関係者の間で，学力評価計画を明確に共通理解することができるようになるだろう。

　一方，総合学習の場合，探究を進める過程で，子ども・青年と教師が相談しながら目標を設定していく。そのような学習過程においては，基準創出型ポートフォリオ（②）を用いることが有効だと考えられる。

　画家など職業人のポートフォリオをモデルとしているのが，最良作品集ポートフォリオ（③）である。最良作品集ポートフォリオの場合は，基本的には，

子ども・青年が残したいものを残す。そのような最良作品集ポートフォリオには，学習者自身の視点から学習の姿を捉えることができる，子ども・青年のアイデンティティ形成に役立つ，といった利点がある。そのようなポートフォリオを用いて，進学や就職の場面で自己アピールすることも考えらえる。

　ポートフォリオを設計するにあたっては，目的に応じた所有権のタイプを選ぶことが重要である。ただし，実際のポートフォリオは，必ずしも純粋に上記の3タイプに分けられるわけではない。実際には，教育者がある程度の枠を決めつつ，学習者の裁量に任せる部分も含んだものとなることが多い。

3 指導上のポイント

　いずれのタイプのポートフォリオを用いるにせよ，押さえておくべき指導のポイントとしては，次の3点を指摘できる。

　第1に，学習者と教師の間で**見通しを共有する**ことである。ポートフォリオをなぜ作るのか，意義は何か，何を残すのか，いつ，どのぐらいの期間をかけて作るのか，どう活用するのかといった点について，共通理解した上で取り組み始めることが求められる。

　第2に，蓄積した作品を**編集する機会を設ける**ことが必要である。これには，たとえば，資料を整理して目次を作り，「はじめに」と「おわりに」などを書いて冊子にまとめるという作業が考えられる。日常的に資料をためておく**ワーキング・ポートフォリオ**から永久保存版の**パーマネント・ポートフォリオ**に必要な作品だけを取捨選択して移すという方法もある。なお，整理する必然性を増すという点では，発表会や報告会などの形でポートフォリオを他の学習者や保護者などに見せる機会を作り，そのための準備をするという形をとることが望ましい。

　第3に，定期的に**ポートフォリオ検討会を行う**ことが重要である。ポートフォリオ検討会とは，学習者と教師やその他の関係者がポートフォリオを用いつつ学習の状況について話し合う場を意味している。子ども・青年にとって到達点と課題，次の目標を確認し，見通しを持つ機会となるだけでなく，学習の成

果を披露する場にもなる。検討会の基本的な進め方については，第3章（pp.124-130）を参照されたい。

　検討会は，必ずしも1対1の対話の形で行う必要はない。場合によっては，一斉授業において学習者に学習の状況を発表させ，教師が念頭に置いている評価規準（基準）と比較させるという形で検討会を行うこともできる。また，作品批評会の形で検討会をすることも可能である。授業をポートフォリオ検討会として構想することは，ポートフォリオに蓄積された作品に即して評価を行うとともに，それを指導に活かすことへとつながる。

　これら3つのポイントを，ポートフォリオづくりの主体となる学習者の視点から捉え直せば，㋐見通しが明確になっているか，㋑いつどのように成果資料を整理するか，㋒検討会の機会をどう確保するか，という3点に留意してポートフォリオづくりに取り組むのがよいと言えよう。

　ポートフォリオについては，多様な活用の仕方が構想できる。以下では，単独の教科・科目において活用するもの，総合学習など探究的な学習におけるもの，学校のカリキュラム全体や学習全体を対象とするものに焦点を合わせて，実践例を紹介しよう。

第2節　単独の教科・科目における活用

1　「目標に準拠した評価」の充実

　本節では，まず教科においてポートフォリオを用いた場合，「目標に準拠した評価」をどのように充実させることができるかについて考える。第4章（表4-8，p.163）で紹介したように，「逆向き設計」論にもとづいて学力評価計画を立てる場合，目標に対応する評価方法を明確にすることが求められる。それを踏まえてポートフォリオには，たとえば観点「知識」については筆記テスト，観点「技能」については実技テストの記録，観点「思考・判断・表現」についてはレポートを残すように指示するといった形が考えられよう。

　日本において「目標に準拠した評価」を実施する際にポートフォリオを使っ

第5章　ポートフォリオ評価法の多様な展開

たものとしては，図5-2の例が見られる。これは，横浜国立大学教育人間科学部附属横浜中学校（2001年度当時）の田中保樹先生の指導のもとで生徒が作成したポートフォリオである。このポートフォリオの冒頭には，理科における学力評価計画が示されたプリントが綴じられている。プリントには各観点について対応する評価方法と配点が明示されている。

各単元を示す仕切りの厚紙には，各単元における観点別評価の規準が示され，自己評価に活用されている（図5-2①の右側）。各単元において，生徒たちは，実験や観察の記録などを蓄積していく。図5-2②において縦向きに貼られている付箋紙は特に優れた実験・観察を行った証拠があるページを示すものであり，横向きに貼られている付箋紙にはその授業での鍵となる概念が書かれている。単元末には，それらの概念の間の関連を整理した概念マップを作成し，単元の仕切りの厚紙に描く。これが目次の役割も果たしている（①の左側）。

①
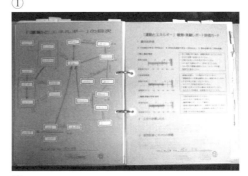

このようなポートフォリオづくりに取り組めば，生徒は見通しを持ちつつ学習に取り組むこととなる。蓄積された資料を整理する過程は，各授業で学んだ学習事項の間の関連や単元間の関連について考える機会ともなる。教師も生徒の学力を多面的に捉えることができ，それぞれの生徒の学習に見られる特長や課題を把握することができる。ただ，ポートフォリオに膨大に蓄積された資料には目を通しきれないという声も聞く。図5-2②において，特に優れた作品

②
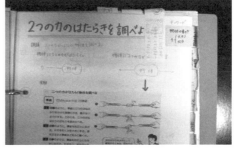

図5-2　理科におけるポートフォリオの例
（田中保樹先生提供。西岡，2010b，p.205）

187

のページに付箋紙を貼らせているのは，教師が重点的に評価すべき資料を抽出するための工夫である。

2 汎用的スキルの育成

ポートフォリオの冒頭で，育成する**汎用的スキル**を明示することで指導に役立てている事例も登場している。ここでは，熊本大学教育学部附属中学校（2011-2013年度当時）の佐伯綱義先生が社会科において活用していたポートフォリオの例を紹介しよう。

佐伯先生は，3年間を通して，生徒たちにプリントをファイルに綴じさせていた。ファイルの冒頭には，「社会科授業の心得」と題されたプリントが綴じられている。その構成は表5－1の通りである。授業に必要な準備物のほか，「次の資料をもとに評価」という項目があり，各観点についてどのような評価方法をもとに評価することになるのかが説明されている。3－(2)や6の項目では，3年間を通して身につけてほしい汎用的スキルが示されている。

表5－1　「社会科授業の心得」プリントの構成（佐伯綱義先生提供）

1．はじめに
2．授業の必需品
3－(1)．社会科授業のルール
3－(2)．グループ学習（討論活動など）のルール　[→表5－2]
4．これから"求められる学力"を身につけるために
5．社会科授業の流れを理解してのぞもう
6．ノートの取り方　[→図5－3]
7．次の資料をもとに評価
8．最後に

表5－2　グループ学習（討論活動など）のルール（佐伯先生提供）

①　話し合う前に自分の考えを<u>主張・根拠の形で</u>ノートに記述する。 　　　　　　　　　　　　　　　　　　　　　　…自分の考えの明確化。
②　相手との意見の違いを明確にするために「赤ペン」でノートに書き加える。 　　　　　　　　　　　　　　　　　　　　　　…相違の明確化。
③　みんなの意見を聞いて再度自分の意見を見直し，最終判断をする。 　　　　　　　　　　　　　　　　　　　　　　…最終判断の明確化。
④　4人で係として<u>司会・図化書記・代表発表・激励賞賛</u>を決めておくこと。 　　　　　　　　　　　　　　　　　　　　　　…役割分担の明確化。

表5-2に示したのは,「社会科授業の心得」プリントの「3-(2). グループ学習（討論活動など）のルール」の部分である。授業では,発問に対してグループで話し合う活動が頻繁に取り入れられているが,その際に主張と根拠を明確にする形で思考を整理すること,自分の意見と他のメンバーの意見を比較しながら考えること,役割を明確にしてグループ活動に取り組むことが重視されていることがわかる。

図5-3は,それらの項目の次に示されている「ノートの取り方」の部分を引用したものである。ここでは,自分の考えについて図を使って整理する方法や板書の記録の取り方などが,先輩の例とともに紹介されている。生徒たちは,3年間を通して,図5-3で説明された「図化」を使いながら内容を整理する

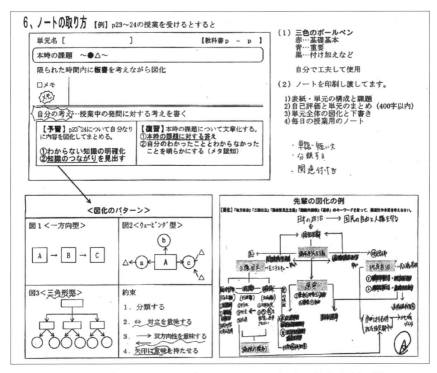

図5-3　「ノートの取り方」に関する説明（一部。佐伯先生提供）

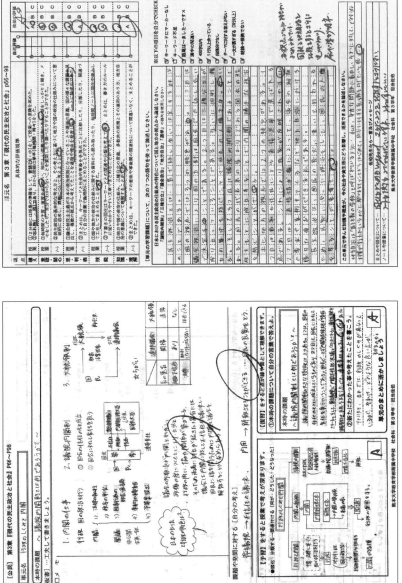

図5−4 生徒の書いた授業の記録（佐伯先生提供）

図5−5 単元のまとめ用のプリントの例（佐伯先生提供）

予習や，板書をもとに要点を文章化するという復習に取り組む（図5－4）。図を使って思考をする練習に繰り返し取り組むことにより，様々な事象を関連づけ，論理的に考える力が育成されていく。

さらに各単元の冒頭には，単元のテーマについて論述する短いレポート課題が与えられている（図5－5）。このレポートは，単元の終了時にキーワードを関連づけて図化し，下書きした上で書くものである。ファイルに一貫して記録を綴じておくことで，単元の内容を振り返り学んだ事柄を関連づけることが容易になっていると考えられる。

このように重要なポイントをポートフォリオの冒頭に明示し，年間を通して繰り返し指導していくことは，論理的思考力やグループワークといった汎用的スキルを長期的に育成していく上で有効であろう。表5－1の「8．最後に」では，「『覚える社会科』から『考え続ける社会科』に変えていけるよう私も努力します。…私も頑張りますのでお互い頑張りましょう」という佐伯先生からのメッセージが書かれている。教師と生徒の間で目標を共有し，ともに目標達成をめざした取り組みが進められていることがうかがわれる。

3 「教育課程論」の取り組み

筆者も大学で担当している科目で簡便なポートフォリオを活用している。「教育課程論Ⅱ」（2015年度）を例に紹介すると，この科目の目標は主に次の4つである。①学習指導要領の変遷など，カリキュラムの歴史に関する基本的な事実に関する知識を身につける。②教科のカリキュラム編成の仕方（特にパフォーマンス課題の作り方）を理解する。③総合学習のカリキュラム編成の仕方（特にポートフォリオの使い方など）を理解する。④カリキュラム・マネジメントの進め方を理解する。授業計画を立てるにあたっては，ゲスト講師の講演を聞く機会や，高校生の探究成果発表会に参加する機会なども考慮しつつ，目標に対応させて学生たちに取り組ませたい課題を明確化していった。

表5－3には，そうして整理した評価方法の一覧と対応する目標を示している。二重丸を記しているのは，特に関連の強いものである。基本的な知識の習

得に関しては筆記テスト（A）を行うとともに，教科におけるパフォーマンス課題の作り方（B）や総合学習におけるポートフォリオの使い方（D-2）についてはミニ・レポートの課題を与えている。一方で，学校現場での実践に触れる機会を積極的に活用させるため，ゲスト講師の講演から学ぶべきポイントを授業で学んだキーワードを使って考えさせる課題（C）や，探究成果発表会で発表する生徒と実際に対話して考えさせる課題（D-1）も設定している。探究成果発表会は授業時間外に行われ，必ずしも学生全員が参加できないこと，またD-1とD-2についてはほぼ同じ内容に対応する課題であるため，D-1とD-2は選択課題としている。

　学校のカリキュラム・マネジメントを進めるためには，生徒のニーズや社会的な要請，学問的な成果などを考慮して，カリキュラム改善に向けてのビジョンを持つことが重要となる。そこで課題Eについては，現代の状況を踏まえて，自分なりのカリキュラム改善のあり方を提案することを求める課題としている。また，筆者自身が学校現場で共同研究を進めていて，カリキュラム改善を推進する教師に求められる重要な力の1つが文献調査をする力であると考えているため，学生たちにも必ず文献調査をすることを求めている。

　なお，「教育課程論Ⅰ」で課題Eとして与えているのは，次のような課題である。「あなたは研究主任として，あなたの勤める学校の教育課程を改善するプランを，校内研修において提案することになりました（と想定してください）。なぜそのような改善が必要なのか，改善後の教育課程のイメージは具体的にはどのようなものか，どのようなプロセスで教育課程改善に取り組んでいくのかがわかるようなプレゼン用のPPT（パワーポイント）を作ってください」。しかし教育課程論Ⅱでは，個別の学校で取り組める改善にとどまらず，幅広い発想で考えてほしいため，雑誌の論説記事の執筆という状況設定に変えている。

　第1回目の授業（オリエンテーション）では，この評価方法の一覧表（表5-3の太枠囲み）について概要を説明するとともに，表5-4に示したような日程の見通しを示す。前半でカリキュラム編成の進め方，後半ではカリキュラムの歴史を説明する流れとなっており，講演や探究成果発表会については先方

表5-3 「教育課程論Ⅱ」における評価方法の一覧と目標との対応
（2015年度，筆者作成）

	評価方法	①カリキュラムの歴史	②教科のカリキュラム編成	③総合学習のカリキュラム編成	④カリキュラム・マネジメント
A (40点)	A 筆記テスト ● 授業で説明する基本的な内容について	◎	○	○	○
B (10点)	課題B 「パフォーマンス課題づくり」 単元を1つ選び，授業で説明された手順を用いて，パフォーマンス課題を1つ考案しなさい。 ● B-1．「本質的な問い」を書きなさい。 　包括的なもの（◎）とその単元のもの（○）（各2点） ● B-2．パフォーマンス課題のシナリオを考案しなさい。(3点) ● B-3．「E.FORUMスタンダード」に記載された例と比較し，気づいたこと，考えたことを書きなさい。(3点)		◎		
C (10点)	課題C 「高等学校におけるカリキュラム改善の事例検討」 配布された資料，ならびに講演に基づき，両校の実践から学ぶべきポイントについて箇条書きの文章で書きなさい。①学校が育てようとしている生徒像，②カリキュラムの特徴，③カリキュラム・マネジメント（改善の進め方）の特徴，④⑤その他，について記載すること。 ● C-1．京都府立園部高等学校（5点） 　田中容子先生のご講演： 10月14日(水) ● C-2．京都市立堀川高等学校（5点） 　飯澤功先生のご講演： 12月9日(水)			○	○
D (10点) ※D-1またはD-2に取り組むこと。	課題D 「『総合的な学習の時間（探究的な学習）』のためのカリキュラム，指導と評価」 D-1．発表会への参加（見学と生徒との対話）と報告，考察 下記の発表会のいずれかに参加し，①当日の高校生（(あ)の場合は小・中学生でも可）のプレゼンの内容と，②それに対して自分が行った対話について報告しなさい（各3点）。また，それらを踏まえ，③当該校の取り組みや自分が行った対話について考えたことを述べなさい。その際，適宜，右欄のキーワードを用い，本文中で赤丸を付しなさい。(4点) ※回答にあたっては，①～③の番号を明記すること。 ○ D-1 (あ) 小・中・高等・総合支援学校児童・生徒ポスター発表会 　（10月17日(土), 於 京都市立堀川高等学校） ○ D-1 (い) 兵庫県の高大連携課題研究合同発表会 　（11月3日(火・祝), 於 京都大学 総合人間学部棟） ○ D-1 (う) 総合博物館主催「小中高生の探究活動発表大会」 　（12月26日(土), 於 京都大学芝蘭会館）			◎	
	D-2．生徒たちへの説明プリントの作成 あなたは，「総合的な学習の時間」において，ポートフォリオを活用することにしました［と想定してください］。導入にあたって，「総合的な学習の時間」とは何か，どのように学習を進めていくのか，ポートフォリオの意義は何であり，どのように作るのかについて，生徒たちに説明する資料を用意しなくてはなりません。プリントとして配布するイメージで，生徒たちへの説明用の資料（図表や画像などを入れても可）を作成してください。適宜，右欄のキーワードを用い，本文中で赤丸を付しておくこと。(10点)			◎	
E (30点)	課題E 「論説記事 日本の教育課程改革」 今，時代は大きく動いています。これからの時代に求められる教育課程改革とは，どのようなものでしょうか？ あなたの考えを広く読者に訴えかける論説記事（連載のうちの1回）を書いてください。日本の教育課程の何をどのように改革すべきだと考えるのか，状況判断にもとづいて焦点を絞って論じ，改革のための具体策を示してください。必ず文献調査を行って，具体的な根拠や事例などを示すとともに，反対意見を想定しつつ反論をも示すことにより，説得力のある論説記事にしてください。				◎

の都合に応じて日程を設定する形となっている。ただし，実際の学校においては教師の願いを踏まえてカリキュラム改善が図られることを早めに実感してほしかったため，ゲスト講師の1人には2回目の授業での講演をお願いした。最後の3回では，課題Eの草稿発表会（小グループに分かれての交流）と最終発表会と行い，テストを実施して終わる。

この科目では並行して一枚ポートフォリオも活用している（第2章，pp.88-90参照）。これは採点対象外であるが，日々の授業で学んだ重要なポイントと疑問点を書くよう指示している。また，最初と最後に「教育課程」の用語を用いて文を3つ書かせることで，自分の変化を実感させる形となっている。

課題B・C・Dについては，一枚ポートフォリオの裏面に記入欄が用意されており，そこに考えたことを書かせていく。課題Eについてはテンプレートを配付し，それに記入する形でシートを作成させる。最後に，採点基準の一覧を並べて自己評価させる表紙，一枚ポートフォリオ，課題Eのシートを1つに綴じたものを提出させる。授業においては，学生たちは配付資料や講義を聞き取ったノートなど，様々な資料を蓄積していく。しかしながら，提出用のパーマネント・ポートフォリオとしては，3枚のシートから構成されるものに圧縮することを求めている。

本科目の履修者は200人に上り，個別で検討会を行うことは不可能である。

表5-4 「教育課程論Ⅱ」における日程（概要，2015年度，筆者作成）

```
0．オリエンテーション： 課題や日程，基本的な用語の説明
1．ゲスト講師による講演①（課題C-1）
2．教育課程（カリキュラム）編成の進め方
  (1) 現代におけるカリキュラム改革の課題と展望（主に課題Eに関連）
  (2) 総合学習のカリキュラム編成の進め方（主に課題Dに関連）
  (3) 教科教育におけるカリキュラム編成の進め方（主に課題Bに関連）
3．教育課程（カリキュラム）の歴史
4．ゲスト講師による講演②（課題C-2）
5．課題Eの発表会
  (1) 草稿の発表会（似た提案の者同士の小グループに分かれて発表）
  (2) 最終発表会（小グループの中で選ばれた候補者の中から，教師が指名した者
     が発表）
6．テスト
```

しかしながら，ルーブリックやチェックリストなどの形で評価基準を示して自己評価をさせたり，課題Eについてはグループに分かれて草稿の発表会を行わせたりするという形で，検討会を実施している。

このように，目標と対応する評価方法をまず明確にすることによって，ポートフォリオに残させる資料や課題に取り組むための授業の配列も明確になる。ポートフォリオを活用することにより，学生も教師も求められる学習の成果をめざした取り組みが意識的に行われるようになっていることを実感している。

第3節　探究的な学習におけるポートフォリオ

1　総合学習におけるポートフォリオのポイント
(1) 活用場面

次に，総合学習などの探究的な学習においてポートフォリオ評価法がどのように活用されるのかについて検討してみよう。

総合学習においては，通常，図1-9（p.59）のような単元の構造が取られる。総合学習の場合も，単元の初めにポートフォリオの意義や作成の仕方について説明し，単元を通して，場合によっては単元を越えて長期的にポートフォリオを活用することが重要である。ただ，教科で「目標に準拠した評価」を行う場合とは異なり，総合学習の場合，どのような資料が残るかは探究を始めてみないとわからない部分がある。とりあえずは関連する資料を残させつつ学習の状況を踏まえた検討会をする，重要な資料を集約するなどの編集の機会を与えるという進め方が考えられる。

ポートフォリオを活用する具体的な場面としては，主として次の3つが考えられる。第1に，**大テーマを設定する場面**である。総合学習においては，学習者の発達段階やレディネスに応じて，単元を設計することが求められる。個々の学習者に十分な問題意識が育っていれば，その問題意識に即して探究を行わせればよい。しかし，学習者に問題意識が十分に育っていない場合は，教師が学年や学級で共通に探究すべき大テーマを与える。前の学年で学習者が作った

ポートフォリオにざっと目を通すと，学習者にどの程度の問題意識が育っているかを把握することができる。

　第2に，探究を進める過程において，**ポートフォリオ検討会を行う場面**である。検討会に際して，学習者は単元の初めから収集した資料を蓄積したポートフォリオを持参する。教師は，「何に関心を持っているの？　なぜ？」「どういう風に調べているの？」「これまでに発見できたことは何？」「今，困っていることは何？」といった問いを投げかける。学習者は，ポートフォリオに蓄積された資料を踏まえつつ，達成できたことや困っていることなどを報告する。教師と学習者は，その実態を踏まえ，次の探究の進め方について共に考える。

　総合学習の場合，検討会は個人やグループで活動する時間にローテーションを組んで行うことができる。1学期に1回でも，個別またはグループ別の検討会を行えば，一人ひとりの学習者の様子がよく把握できる。また，学級全体での話し合いの際には，学習者からの発言を板書で構造的に整理することにより，類似点や相違点に気づかせ，新たな疑問を見つけさせたり，次の探究につながる課題設定を促進したりすることができる。いずれの場合も，あらかじめ学習者のポートフォリオに目を通し，どのような問いかけを行うか，どのように学習者の発言を引き出しながら板書に整理するか，といった計画を立てておくことが必要となる。

　学年が上がってくると，学習者同士の質疑応答やディベートといった話し合いが検討会として機能することも期待できる。ただし，的確に自己評価する力が身についていない場合，相互評価は的外れなものになってしまう。学習者同士の話し合いを検討会として位置づける場合には，学習者自身の評価力を育てるために，評価の観点や基準についての理解を深める指導を合わせて行うことが重要となる。一方で，学習者自身の評価の視点を踏まえて，教師自身の評価規準が問い直される場面もあるだろう。たとえば，対話の中で，教師が想定していなかった発想を学習者が提起することにより，教師の評価規準がゆさぶられ，再検討されることもある。

　第3に，学習者自身が**ポートフォリオを編集する場面**である。たとえば，検

討会の前には，ポートフォリオに蓄積された資料を振り返らせつつ，自分の達成点や課題について考えさせておくことが有効である。発表会の準備をする際にも，ポートフォリオに蓄積された資料のうち重要なものを選び取らせる活動を通して，発表でアピールできる要点を考えさせる指導ができるだろう。

(2) 記録用紙の工夫

　こういった場面でポートフォリオを活用することを念頭に置いた場合，ポートフォリオに残させる記録用紙を場面ごとで工夫することができる。白紙の記録用紙を配ってもよいが，場面に応じた書式を活用することも有効である。

　まず**課題設定場面**では，学習者に自分の問題意識について考えさせるようなワークシートを用いることが考えらえる。特に個人テーマで探究を行う場合には，学習者がそれまでの学習や経験を振り返り，自分の関心の焦点を考えることが重要となる。前の学年までの学習の資料が残っているポートフォリオを振り返らせつつ「各学年の探究で印象に残ったことは何か？」などを書かせたり，関連するキーワードを列記して丸を付けさせる形で発想の幅を広げさせたりといった形が考えられる。

　日々の記録用紙において，「問題解決のサイクル」（図1 − 10，p.60）を意識させる工夫も考えられる。例えば図5 − 6「まとめシート」は，その時々に学習者が意識している予想（問いやテーマなどの課題），活動（得られた情報），結果（情報からわかったこと），考察（新たに生まれた疑問点など）を書かせるものとなっている。指導する教師は，「予想」欄に注目すると，生徒がどのような課題を意識しつつ探究を進めているのかを端的に把握することができる。

　一方，図5 − 7は日々の記録を関連づけつつ，自分の学習がどのように展開してきたのかを「**図解**」（久垣，2003）したものである。「図解」の中で見られる「No.1」といった記載は，「まとめシート」のナンバリングとの対応を示している。ポートフォリオの冒頭に「図解」を綴じれば，目次の役割を果たす。「図解」は，本人の学習の流れが一目でわかるものとなっているため，ポートフォリオ検討会において概要を説明する資料としても役に立つ。

他の学習者や保護者などとの交流を活性化させるには，それぞれから得られたコメントを記録する欄を設けたワークシートを作成することが有効である。付箋紙にコメントを書いてもらって貼り付ける，相互評価カードをファイルのポケットに入れる，といった形も考えられる。

2　検討会の進め方──単元「城山から広がる世界」の場合
(1) 導入
　次に，総合学習における検討会のイメージを伝えるため，鳴門教育大学学校教育学部附属小学校（当時）

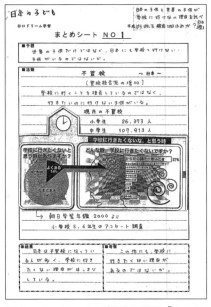

図5－6　日々の記録用の用紙「まとめシート」（田中，2003，資料㉒）

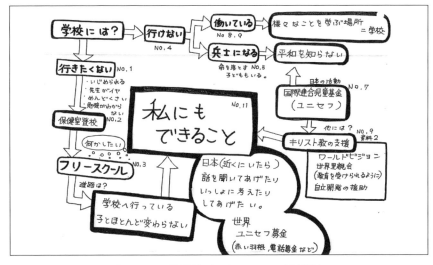

図5－7　「図解」（田中，2003，資料㉑）

において宮本浩子先生が4年生に対して行った実践を紹介しよう（宮本, 2004a）。まず宮本先生は, 学校近くにあって子どもたちにとってなじみの深い城山をフィールドに選び, 学級で共有する**大テーマ**を「城山から広がる世界」と設定した。

「城山から広がる世界」を探究することになった4年生の子どもたちは, それぞれに自分の課題を設定し, 探究することとなった。しかしこの時, 最初から的確な課題を設定できたわけではない。たとえばある子どもは, 当初,「城山に来ている人にインタビューしたい」という課題を設定していた。宮本先生は,「皆さんが考えた課題が実際にできそうかどうか, 城山で確かめてみましょう」と子どもたちを連れ出した。実際に城山に行ってみて, その子どもは「僕は, インタビューしたいって書いていたけれど, 何をインタビューしたいんだろう」と考え直す。その結果, その子どもは「城山に来ている人にとっての城山の魅力をインタビューで調べる」という課題に設定し直した。こうして子どもたちは虫や動物, 人, 歴史などの対象を選び, 類似の対象を選んだ者同士でグループを組んで探究を進めることとなった。

(2) グループ別の検討会での対話

次に子どもたちはグループで選んだ対象について調べ始めたが, 課題が十分に焦点化されていなかったり, 調査方法が具体的になっていなかったりして, なかなか順調に進まない。そこで宮本先生は, ポートフォリオに収められた資料を見て, それぞれの子どもの探究の過程を把握するとともに, ローテーションを組んでグループ別に**検討会**を行った。その対話の一例を表5-5に示している（図5-8は対話の様子）。この検討会は, 宮本先生が虫について調べている達也と優子の相談にのっている場面であったが, 順番を待っている次のグループの明美や徹も対話に参加している。

この検討会において, 達也は当初, 虫を調べたいという希望をはっきり持っていたものの, どのように調べることができるかについては行き詰まっていた。対話の中で調べ方については3つの案が出されるが, 達也はその都度「なるほ

ど」と思ってしまう。もし宮本先生の指導がなければ，達也はこの後も行き当たりばったりに調べ活動を進めてしまっていたことだろう。3つの案のうちどれを選ぶかは，自分の目的と照らして達也自身が決めるべきである。しかし，「目的に応じて調べ方を選ぶ必要がある」ことについては，教師の指導が必要となっている。宮本先生の助言により，達也は図書室で調べるという新たな方

表5－5　グループ別検討会での対話での様子
（宮本浩子先生の実践，2001年度。内容が変わらない範囲で簡略化した。児童名は仮名。西岡，2003，p.125に一部加筆）

宮本先生：［自分のノートのメモを見ながら］城山にどんな虫がいて，どんな成長をしているか，どんな暮らししているか，それを調べたいということだったね。優子さんの素晴らしかったのは，虫かごと網をちゃんと用意していったことだったね。

達也：虫かごは僕。

宮本先生：実際やってみて難しいなと思ったことは何だった？［しばらく待つ。達也と優子は，自分のポートフォリオを見直し始める］一番の悩みは何？

優子：蝶ばっかりで，他の虫も探してみたけど，死んでいたりして，見つからなかった。

達也：［ポートフォリオの中から城山の地図を取り出して指差しながら］先生，だいたいこういうところをずっとまわってきたけど，まずここらには何にもなくて，ここらは普段は蝶とかカナブンとかいるところなんだけど，最初に行った時にはいなくて蝶一匹もいなかったから，だからここはまだいないのかなということで諦めて，下に行ったんだけど……。［中略］

宮本先生：なんか，蝶の動きが気まぐれで［ノートにちょっとメモを取る］，調べるってことができないという感じなんだね。

達也：そう。［優子もうなずく］

宮本先生：調べるための裏ワザがいるね。色々考えることができそうだね。［明美の「わかった」というつぶやきを聞きつけ］わかった？　どんな裏ワザ？

明美：わかったっていうか，多分，蝶が出たときに温度測っといて，でな，また次に見つけたときにも温度測っといて……

達也：［息をのんで］それでだいたい見当をつけるのか！

宮本先生：今，明美さんが言ってくれたことは，一つの方法だね。［徹，手を挙げる］徹君から意見？［徹，うなずく］はい。

徹：［勢いづいて］スイカとか食べるものの食べ方とか吸い方なんだけど，餌とかでおびき寄せて，虫眼鏡で口はどんな風とかを書いていってもいいと思う。

達也：ああ，そうかあ！

宮本先生：なるほど。実は，徹君が言った絞り込み方と，明美さんが言った絞り込み方と，達也君たちが考えていた絞り込み方とでは，研究のねらいが違うのよ。徹君が言った吸い方とかを観察するっていうのは，一匹の虫の食べ方とか特徴や動き。達也君たちのは，虫がどこに現れるか，温度とか風とかとの関係などだね。

［この後，宮本先生は，目的に応じて調べ方を選ぶ必要があると伝える。また，虫を調べるためには，野外で虫を調べるだけでなく，虫について書かれた本を図書室で調べることもできる，と助言した。］

法にも興味を持つようになった。

　この対話例が示すように，総合学習での教師の指導は，学習者が既に獲得していることにもとづいて，それが最も活かされる方向性の見つけ方を教えることに重点が置かれる。また，検討会において，参加しているすべての学習者の発言を否定する

図5-8　グループ別の検討会の様子
　　　　（宮本先生提供）

ことなく関連づけることによって，「目的に応じて調べ方を選ぶ」という次の目標を明確にしているところに，宮本先生による指導の特長がある。

　グループ別の検討会において宮本先生が行った問いかけは，総合学習の単元のどの段階であるかによって変わっていった。単元の始めでは，気づきや疑問をどうテーマとして設定したらよいか，設定したテーマに対応して資料は集められそうかといった点を指導の重点とした。単元の途中では，資料が着実に集まっているか，その都度自分の言葉で理解しているか，集まった情報をもとにより焦点化され再設定される課題は何かといった点を問いかけた。単元のまとめの段階では，発見したことの中から何を一番伝えたいか，またどうすればうまくそれを伝えられるかを考えさせた。

(3) 学級での話し合いと板書を用いた整理

　学級サイズの大きい日本の学校においては，個々の検討会だけで指導するのには限界がある。したがって宮本先生は，一斉授業の形でも検討会を行うことにした。本実践では，保護者を対象とした最終発表会の準備として中間発表会を実施した。

　中間発表会に先立って宮本先生は，子どもたちのポートフォリオを概観しつつ，最終発表会に向けての指導のポイントについて考えた。内容をさらに深めさせるためには，「自分たちは何ができたのか」を明確にさせるとともに，グループごとに発見している内容を関連づけるような指導が重要になると捉えた。

そこで中間発表会に向けた準備をする授業では，子どもたちにポートフォリオに蓄積された資料を振り返らせ，グループごとに探究の成果を簡単なポスターにまとめさせた。また，各グループが扱っているトピックを示すカードも用意した。

中間発表会の冒頭，宮本先生はこの授業が最終報告会に向けて発表の柱立てを考えるためのものであるため，各グループの発表を聞く際にはグループ間の発表内容の間に見られる類似点や相違点について考えるように伝えた。いくつかのグループがポスターを用いつつ学級の残りの子どもたちに発表を行うと，宮本先生は「同じような考えをまとめてみよう」「結びついてパワーアップするのは，どのグループとどのグループかな？」「合わせるとさらにいい意見になりそうな組み合わせはどれかな？」などと問いかけ，グループのトピックを書いたカードを黒板に貼らせたり，関連性を示す線で結びつけたりしていった。

表5-6に示したのは，そのような授業の一場面である。子どもたちも，互いの発表を聞きながら，類似点や相違点について考えて発言している。当初は表面的な分類を捉える発言が出されていたのに対して，徐々にグループごとの発表の間に見られる関連性を深く捉え，最終発表会で伝えたい内容を考えるようになっていったことがうかがわれる。こうして最終的には，図5-9に示したような柱立てができあがった。

その後，中間発表会で見出された柱立てに即してグループごとの発表内容をさらに練り直すために，グループごとの検討会が行われた。最終発表会は，保護者参観の日に行われ，子どもたちはそれぞれに工夫を凝らした発表を行った。最後に，ポートフォリオを整理して自分の学習の意義を振り返ることで，この単元は締めくくられた。

1学期に単元「城山から広がる世界」で探究を経験した子どもたちは，2・3学期に単元「吉野川は語る──環境と私」において，吉野川について探究することとなった。この時，子どもたちが設定した課題は，学年初めと比べてかなり的確なものとなった。たとえば，表5-5（p.200）の場面で虫について探究していた達也は，その後，城山の蝶が1日の中で山を上り下りしているこ

表5－6　学級全体での話し合いの様子（児童名は仮名。宮本，2004a，p.59）

徹：自然と人という分け方では？　虫や鳥や植物のグループが自然で，ゴミ調べや働く人が人グループ。
敬子：じゃあ，空気のグループはその両方に入る。風は自然のものだけど，そのにおいは排気ガスなど人間とのかかわりが深い。
佐織：私は城山のゴミを調べていたけれど，城山のゴミ，葉っぱや枝は腐葉土になって自然に返っていく。だから，分けられない。［中略］
聡：「城山をこれからどうしていきたいか」というグループができるのでは。
早紀：「人は山とどうかかわってきたのか」というグループでは。
佐織：その中に2タイプあるね。「人が自然にしてきたこと」「自然が人にくれたもの」との。
康平：城山って自然と人工が入り混じっている。自然か人かじゃないな。
宮本先生：自然と自然が関係し合っていることを捉えたグループもある。人と自然がかかわっていることを捉えたグループもある。木のグループなんかそうだよね。自然の中で生きる木，人工［の環境の中］で生きる木，それに徳島城が築かれた段階で意図的に木が植えられて利用されてきたんだから，それも人が作った環境の中で生きる木とも言えるね。
美樹：人によって生活している姿が違うものがあるし，自然環境によって生きる姿が違うものもある。木の成長はどちらかな。
雪菜：でも，私たちのグループ［徳島公園に来ている人にインタビュー］は，どこにも入らないような気がする。［後略］

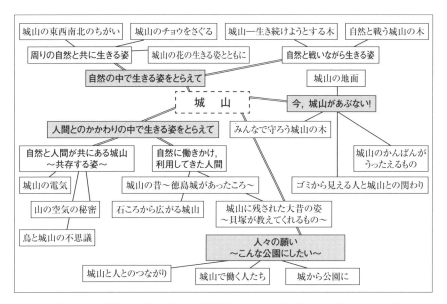

図5－9　発表のための柱立てを整理したマップ（宮本，2004a，p.60）

表5－7　総合学習における評価の観点と，考えられる指導のあり方

評価の観点	子どもの実態（例）
課題そのものの質はどうか？（問題への気づき） ○探究する方法の見通しが立つような課題となっている。 　　　　　　　　　　　　　　　　（中学生レベル） ○自分の価値観がゆさぶられるような課題（自分の生き方や現代的課題と関連づけた課題）となっている。 　　　　　　　　　　　　　　（小学校高学年レベル） ○好奇心やこだわりを追究する課題となっている。 　　　　　　　　　　　　　　（小学校中学年レベル） ○しっかりとものを見て，気づいたことをもとに疑問が生まれている。 　　　　　　　　　　　　　　（小学校低学年レベル）	●テーマが抽象的で，具体的にどうやって探究したいのかが見えない。（例．「人の生き方」） ●具体的なテーマを設定しているが，それを通して何を見たいのかがわからない（例．「虫」「金属」） ●友達がしたいことに引っ張られたり，教師に気に入られそうな課題を選んだりしている。 ●何もしたいことを思いつかない。
論理的に考えているか？（論理的思考力） ○テーマと整合性のある探究の道筋を考えることができる。 ○現実を多面的にとらえることができる。 ○ものごとの間にある関係をとらえている。 ○共通点と相違点・矛盾点に気づくことができる。 ○これまでの体験と総合して思考している。 ○比喩的思考を行っている。	●因果関係と相関関係を混同してしまう。 ●「もう結論は出た」と安易に片づけてしまう。 ●バラバラな情報を羅列しているだけのまとめをしてしまう。 ●Aさんの意見とBさんの意見の共通点や対立点に気づかない。
直接体験をしているか？（実践する力） ○具体的な行動（もの作りなど）をしている。 ○人との直接的な出会いがある。 ○具体物にふれている。	●本に書かれた内容を読んで，まとめただけのレポートで満足している。 ●直接体験するとおもしろいという発想自体がない。
共同性についてはどうか？（協働する力） ○友達の意見を活かして，新しい発想を生み出すことができる。 ○友達と意見をたたかわせたり，活かしあったりしている。 ○グループで協力している。	●質問を非難と受け止めてしまったり，自分の意見に固執してしまったりする。 ●リーダー格の子どもだけが活躍しており，あとの子どもたちは任せきりになっている。 ●グループの中で喧嘩が発生。まったく協力できない。
自己評価力は身についているか？（自己評価力） ○成果と課題を客観的にとらえることができる。自己肯定感を伴ったアイデンティティを形成できる。 　　　　　　　　　　　　　　　　（中学生レベル） ○自分の活動の意義をとらえ，成果の活かし方を考えることができる。 　　　　　　　　　　　　　　（小学校高学年レベル） ○活動時間に対応した計画を立てることができる。 　　　　　　　　　　　　　　（小学校中学年レベル） ○計画にもとづいて行動できる。 　　　　　　　　　　　　　　（小学校低学年レベル）	●自分に厳しすぎて，自己否定に陥る。 ●自分に甘すぎて，自己満足に陥る。 ●時間内には探究しきれない壮大なテーマを掲げる。または，少し探究すればすぐ解決されるようなテーマを選ぶ。 ●「おもしろかった」「がんばった」といった漠然とした評価基準でしか，自分の活動を評価できない。 ●夢中になりすぎて，自分の課題を一歩離れて客観視できない。 ●その時々の関心につられて，右往左往している。 ●集中すべき活動に集中できていない。
教科の基礎的な力	●記録が取られていない。 ●書かれている資料を鵜呑みにしてしまう。 ●「おじいちゃん・おばあちゃんにインタビューして，今と昔の比較をしたい」と考えている。

(西岡, 2004, pp.194-195)

教師の指導（例）
➡「なるほど，深いテーマだねえ。このテーマを選んだきっかけは何かな？」「たとえば，どんな人の生き方を見たら，あなたのテーマに迫ることができそうかな？」などと問いかけ，具体的な糸口を探す。 ➡「面白そうなテーマだね。あなた自身はどうして○○に興味をもったの？」「○○のどんなことがわかったら，いいと思う？」と問いかけ，テーマ（○○）を通して何を見ようとしているのかを自覚させる。 ➡最初に個人で課題を作らせた上で，それらを分類してグループを組む。また，必要に応じて，「総合学習はあなた自身がしたいことをするための時間ですよ。これは，本当にあなたがしたいことなのかな？　なぜ，これがしたいの？」「あなただからこそ分かるポイントは何かな？」といった問いかけをする。 ➡今までのポートフォリオを振り返らせつつ，自分が興味をもったキーワードを書き並べさせてみる。教師がたくさん例示し，ヒントを与える。日常的に「気づきノート」をつけさせたり，朝の時間を利用して「ひと言スピーチ」をさせたりして，気づきや疑問をもつ訓練を重ねる。
➡原因と結果の関係を図示させ，矛盾がないかを考えさせる。 ➡「なるほど。でも，反対の立場から見てみたらどうかな？」とゆさぶりをかける。 ➡「いろいろ調べたね。この中で，いちばん伝えたいことはどれかな？」と問いかける。さらに，そのポイントを伝えるためには，どのような情報を選び取り，どのような順番で伝えればいいかを考えさせる。 ➡「Aさんの意見とBさんの意見で似ているところ／違うところはどこかな？」「Aさんが言っているこの部分と，Bさんが言っているこの部分は，同じ？　違う？　違うとしたら，どう違う？」「どうしてこんな違いが生まれたのかな？」などと問いかける。
➡「ここの部分は，本当にこの本が正しいと言えるのかな？　どうして正しいと言い切れるの？」とゆさぶりをかけ，「自分で何らかの確かめ（実験・観察，もの作り，インタビューなど）をして，自分だけの資料を見つけてごらん」と勧める。 ➡低学年のうちから，さまざまな体験の場を与える。教師から提案したり，他の学年や学校で実際にやっている様子を見せたりして，子どもたちの発想の幅を広げる。
➡「いい質問がもらえるのは，いい発表ができた証拠だよ」などと伝えて安心させる。また，相手が言い足りなかったところを引き出すような質問や，相手に新たな気づきをもたらすような質問を，教師自身がしてみせる。 ➡それぞれの子どもに対して，「グループの計画の中で，あなたの意見が活かされているのはどこ？」「あなたはどんな活動をしたの？」と問いかける。貢献度に偏りが見られた場合は，「どうすれば皆の思いが活きた計画になるかな？」「どうすれば皆で力をあわせた活動ができるかな？」と問いかけ，考えさせる。 ➡どのような経緯で喧嘩が起こったか，事実経過を語らせた上で，どの部分でそれぞれがどう行動すれば喧嘩にならなかったかを考えさせる。場合によっては，皆が本当にやりたくなるような内容へ，テーマを修正する。
➡以前の自分と今の自分を比較させ，成長をとらえさせることによって，達成感を味わわせる。その際，具体的な作品を見ながら，一つひとつの到達点を確認する。 ➡具体的な作品を見ながら，「前はこの作品があなたにとって100点満点だと思っていたよね。今ではどうかな？」と尋ねてみる。以前よりは低い点数を言うので，「そう思うようになったのは，あなた自身が成長して，自己評価の基準が高くなったからだよ。自己評価の基準を少し高くするのが，成長のバネになるね」と，より高い目標設定をすることを励ます。 ➡「このテーマだと，どういう作業が必要になってくるかな？　時間配分をはっきりさせながら，計画を立ててごらん」と指示し，子ども同士で相互評価させる。それでも適切な時間配分ができないようなら，「ここの部分にはもっと時間がかかると思うよ」「これぐらいのことは，20分もあれば片付くはずだよ。あまった時間はどう使う？」といった言葉がけをする。 ➡具体的なパフォーマンスを見比べながら，評価基準を明確に文言化していく。さらに，それらの評価基準を用いて自分のパフォーマンスを評価する機会を，繰り返し設ける。 ➡記録を整理するための時間や調べ活動や振り返りに取り組む時間とは明確に区別して設定する。「学習の手引き」や教師が見本を示す形で，振り返りのための言葉を例示する。 ➡今までしてきたことを踏まえて，次にできそうなことの選択肢を確認したあと，「いちばんやりたいことはどれかな？」と問いかけ，焦点づけさせる。 ➡毎時間，その時間の予定（目的や活動内容など）を確認してから活動に入ることを習慣づける。低学年のうちから，時計を見ながら時間通りに活動する訓練を重ねる。
➡「発見したことを人に伝えようと思うと，記録が必要になるよ」と伝えて，記録の取り方を教える。 ➡同じ事件を扱った新聞記事を複数見比べさせるなどして，一つの事実についても違った表現がなされうること，一つの解釈が絶対的ではないという経験をさせておく。 ➡「あなたの言っている『昔』とは，どの時代なのかな？」と確認する。また，インタビューで得られた情報を，教科書・資料集に書かれている情報と比較させるなどして，教科の内容と関連づけさせる。

とを発見した。吉野川についての探究を始めるにあたって、達也は「僕は、動物の移動に関心を持っている。聞くところによると、アユは一生をかけて吉野川を上り下りするらしいので、今度は吉野川のアユについて調べたい」という課題設定ができるようになっていた。達也の例は、総合学習によって課題設定力を高めることができることを端的に示していると言えるだろう。

なお、表5-7に示したのは、宮本先生の実践の中で浮かび上がった評価の観点と子どもの実態、対応する指導言の例をまとめたものである。ここで示した評価の観点は、第1章で示した「総合学習における評価の観点」とほぼ対応している。ただし、小学校の総合学習においては、本を読むだけでなく体験的に学ぶことが強調されていたため、資料収集力については、「直接体験をしているか？（実践する力）」という観点として整理されていた。

3 ルーブリックを併用する可能性

現在、高等学校、特にスーパーサイエンスハイスクール（SSH）とスーパーグローバルハイスクール（SGH）においては、課題研究の実践が広がっている。課題研究については、必ずしも総合学習の形で実践されておらず、特定の教科の中で行われている例もある。それでも学習者自身が課題を設定し、情報を収集し、結果を整理するとともに考察して、新たな課題を設定するという**「問題解決のサイクル」**を繰り返していれば、その課題研究は探究的な学習の実践例と言えるだろう。

そのような実践の中、教師たちの間で評価規準を共通理解し、生徒たちへの指導に活かすために、ルーブリックを開発する試みが始まっている。表5-8は、そのようなルーブリックの一例である。このルーブリックは、探究の深まりを評価するには、たとえばプレゼンテーションの出来栄えといった単独の場面を捉えるだけでなく、「問題解決のサイクル」が長期にわたって繰り返される中で、「課題設定」「資料の収集と分析」「結論や解釈の構成」といった観点から評価されることを示している。なお、記述語でゴシック体になっている部分が**規準**、明朝体になっている部分が**徴候**を表している（p.101参照）。

第5章 ポートフォリオ評価法の多様な展開

表5-8 高等学校における社会科学探究のルーブリック（試案）
（兵庫県立尼崎小田高等学校・富山県立富山中部高等学校との共同研究にもとづいて大貫守氏が作成した自然科学探究のルーブリックを踏まえつつ、福嶋祐貴氏が作成。大貫・福嶋ほか、2015を参照。）

ゼミ：　　　H　　　NO.　　　氏名：　　　　　研究テーマ：　　　　　評価者：

評価の基準	観点／レベル	1年生		2年生	3年生	
		1	2	3	4	5
目標到達度	具体的特徴	高校入学時に概ね生徒が到達していると思われるレベル	高校1年生で一般に到達してほしいレベル	高校2年生で一般に到達してほしいレベル	高校3年生で一般に到達してほしいレベル	高校生の中でも極めて高い実力があると考えられるレベル
		探究の手続きがわからず、探究活動を生み出せない	個々の研究の手続きを意識して探究活動を行っている	個々の探究の手続きが形成されつつある	一連の探究の手続きを理解して探究活動を行っている	一連の探究の手続きを理解して省察しながら探究活動を行っている
課題設定	●問いや対象の特定 ●仮説の形成	自分で課題を見出せず、対象の選び方も極めて漠然としている。興味のある題材を見出しているが、問いを立てたり仮説を形成したりする理由なく選んでいる。	興味のある題材を見つけ、問いを持ちつつあるが、漠然としている。具体的な題材や問いを選定しているが、探究の中心にあたる研究の計画も速断一つであって見直しや批判にさらされていない。対象の絞り込み方にも限界が見られない。	興味のある題材について具体的な問いを立て、仮説を形成している。探究の中心にあたる問いや仮説を持って研究を進めているが、その解決にあたっては見直さず、問いは対象を持って探究している形では見えていない。	ある題材について具体的な問いを立てている。検証可能な仮説を形成している。その立証の中で当初の仮説を持ちつつ課題の意義が明確である。自らの課題に対して探究が十分にある。問いを持つ問いや仮説を可能にする具体化されて、妥当な根拠を持ってアプローチを行っている、安定した文化を持っている。	探究を行う中で、問い、仮説、サンプリングが共有されている。今後も見返るながら、課題の意識、可能性、限界を明確にして可能性ある検討を重ね、探究を通して、問いが生まれ、それに対し社会科学的な仮説を立ち上げる。課題に対して探究を行い、妥当なサンプリングを行える。次へつなげるように、自らの課題の意義、可能性、限界を明らかにできている。
資料収集・分析	●学問的背景の焦点化 ●社会科学的な資料収集・分析 ●分析における信用性の確保	資料収集・資料分析一貫していない。資料分析として資料分析していくべきかどうか収集した資料に対しいけばよいのかよく分かっていない。不十分な収集に終始しているが、得られた資料を分析するのではなく、そのやり方が見えていない。	資料収集・資料分析一貫性がみられるが、資料分析に基づき、信用性の点では課題が残る。教員が推めた概説書を元に、その中に十分な資料や関連資料を収集しているとは限らない、分析のアプローチが一貫していない。不十分な点にも気づいてはいないが、そうしてもよいのではないかについては、得にいないのがよい関心を示したが、いないのがよい関心に教えていない。	自発的な資料収集・分析を概ね自律的に行う。一貫した資料収集・分析ができるが、点、信用性の点で課題が残る。教員の推めた概説書以外に資料を収集して専門的に参考に、一貫して分析しているが、その選定の根拠は明確ではなく、分析の過程分かっていないので、他の人のしようから見ようとする工夫は見られない。	依頼すべき学問的背景を意識、概ね自律的に一貫した資料収集・分析の行う。概念的な妥当性のある分析ができる。先行研究を専門的に参考に、資料も収集・分析に対するアプローチを複数とっている。それを選の根拠を明確化しており、その上でその過程を積極的に見て、他人からチェックを受けることを想定した工夫がみられる。	自覚すべき学問的背景を明確に持ち、自律的に一貫した資料収集・分析を行える。多角的な資料収集・分析に妥当な分析ができる。先行研究の方法論を検討しながら、資料・分析に対するアプローチを複数とっており、それら比較した上で選択している。それぞれの選択の根拠について状況を複数つくろうとしており、分析の過程を図表等でまとめることで、自分の主観を自認した場面を見て、信用性を高めている。
結論や解釈の構成	●自分なりの結論や解釈の構成 ●厚みのある記述 ●妥当性の確保 ●成果に対する省察	分析と解釈を構成できず、一面的な結論の構成に厚みのある解釈も構成ができない、自分なりに考察することもあまりない。分析を構成しようとしているが、対象を深く考えていない、考えた分析が成果にも結びつかず、まだあまり形では得ていない。	結論や解釈を構成できるが、一貫性がない。結論に基づいた考察ができない。分析に基づいて結論しに至まだ論を成さず、自分なりに考えるには至らない。概説書や解釈の範囲内であり、概念的に意味したとえないよい、自分の分が、言えないがある範囲に限定なっていない。	分析結果から、根拠も論理も的を結論も解釈を概ね自分なりに考察している。厚みのある考察を行えつつある。課題が残る。分析結果をつぶさに自分なりに取らわれずに考え抜いて、解釈している。結論・探究・課題全体を根拠にして成果につなげているが、成熟したとはいえず、主観的判断にバイアスがあり、一通りの観点からしか省察できていない。	もっともらしい根拠を選びつつ結論や解釈を構成し、結論や解釈を振り返りつつ、自分なりに一貫性・妥当性を多角的に行うなどの道を高める工夫を行う。先行研究をこれまで関連した考察までの説や考えなどと関連して考察している、成果に集となるそれを形式できている。自分研究成果を批判して成長した姿を判断しようとすることに注意を入れ、自らの分析手法を自認的に多面的な視点からも省察している。	正当に根拠を選び、論理的に結論や解釈を構成。成果も多様性を振り返りつつ、一貫性・妥当性を多角的に行うなどの課題を高める工夫が実行できる。先行研究の比較、学問的位置付け、一般化・転用可能性などの考察をなし、今後の課題に関連している。自分研究成果の多様な点を批判する反省まれ、自らの主観的判断やバイアスにさえを目的的な省察を行い、他の観点からも積極的に参画して、自らの分析手法を取り入れている。
評		一学期終了時	中間発表会終了時		課題研究終了時	

また，評価を活かして指導を構想するのにルーブリックを役立てることが期待される。たとえば，レベル2の欄に「問いが漠然としている」「資料・データを収集しているが，一貫性が見られない」「一面的な考察に終わっている」といった趣旨の記述語が見られる。このような状態にある生徒に対しては，「様々な資料を集めているね。この中で自分自身にとって一番重要な資料は何？」「この部分について，別の角度から見ればどうだろう？」「次にこだわってみたい問いは何？」といった問いかけをする**検討会**を行うことができる。あるいは，「集めた資料から，現時点で言えることは何か？」「その内容に対して，どのような反論が予想されるか？」「新たに生まれてきた疑問点は何か？」「次に探究したい問いは何か？」といった問いかけを並べたワークシートを作成し，記入を求めることもできるだろう。

　ただし表5-8のルーブリックは，現時点では「試案」である。また，人文社会科学系以外のテーマに関する探究については，観点や記述語を変更する必要もある。ルーブリックについては，学習者の実態に即して練り直していかなくてはならない。そのためにも，「アンカー作品」（p.102）となるような学習者の事例を蓄積し，検討を重ねることが求められる。さらに大切なことは，ルーブリックに照らして捉えられた実態を踏まえて指導の改善を図ることである。ルーブリックに当てはめて学習者をレベル分けすることを自己目的化してしまっては，本末転倒であろう。

第4節　学び全体を対象としたポートフォリオ

1　指導要録の観点別に資料を整理するポートフォリオ

　ここからは，カリキュラム全体，あるいは課外も含めた学び全体を対象としたポートフォリオについて紹介しよう。

　図5-10は，徳島市福島小学校（当時）において，宮本浩子先生の指導のもとで小学生が作った**「観点別長期ポートフォリオ」**である（宮本，2004b，pp.135-144）。作成にあたっては，まず「自分はこんな力をつけてきた」とい

うことを示すようなポートフォリオを作ろうと教師が呼びかけ，40ポケットのクリアブックを用意させた。次に「はじめに」と教科名のインデックス・シールをポケットの右端に，指導要録の観点を各ポケットの中央に貼っていった。そのほか，「とっておき」や保護者からの感想を入れておくポケットも用意させた。指導要録の観点別に資料を入れさせている点では基準準拠型ポートフォリオの要素が取り入れられているものの，基本的には子どもが自分で入れたい作品を選ぶことが重視されているため，最良作品集ポートフォリオの一種と言える。

　学期の間，子どもたちが生み出す各種の作品は，教師が預かっておいたり子どもにファイルに綴じさせたりして，紛失を防ぐ。学期末にはそれらを振り返り，各観点においてその力が最も身についたことを示す作品として子ども自身が選んだものを残させていった。次の学期にさらに良い作品が生み出されたときは，差し替えて収めていった。学年末には，「はじめに」と「あとがき」を書いて締めくくった。ここには，大村はま先生が実践した「学習記録」の影響がある（Cf. 大村，1984）。

　このポートフォリオの利点について，宮本先生は次の5点を挙げている。第1に，子どもにどのような力がつきつつあるのかについて，教師が捉えるのを助ける（観点別評価に役立つ）。第2に，具体的な作品を踏まえて，自分の到達点や課題について考えることにより，子どもの自己評価力を育てる。第3に，個々の活動を子どもがどのように受け止めているのかを把握できる。このポートフォリオにおいては，たとえば国語科の「聞く・話す力」のポケットに，朝の会の1分間スピーチや学校行

図5－10　観点別長期ポートフォリオ
（宮本先生提供。宮本，2004c，p.139も参照）

事などでの講演会の感想文を収めるなど,力の成長は教科の枠を超えて捉えられていた。第4に,カリキュラムの改善を図るのに役立つ。宮本先生は,納得した資料だけを残すように指示したため,ポートフォリオに空のポケットが出てくることがあった。そのような場合には,以後そこを重点的に指導しようと考える契機となった。第5に,個人懇談の時に活用することで,保護者に対する説明責任を果たすのに役立つ。具体的な資料を用いて子どもの成長や課題を語ったことは,保護者にも好評であった（宮本,2004c,pp.141-144）。

2 汎用的スキルの評価に用いる例

イギリスにおいては,ポートフォリオを活用して**汎用的スキル**の習得を評価する資格試験が実施されている。たとえば資格授与団体の1つであるASDANでは,「より幅広い鍵スキル（Wider Key Skills）」と呼ばれる3つのスキル（「他者との協働」「自分の学習とパフォーマンスの向上」「問題解決」）を認定する資格を提供している（ASDAN, 2014）。

表5-9は「より幅広い鍵スキル」を評価するための**ルーブリック**である。ここでは,3つのスキルについて4つのレベルでの成長が捉えられている。3つのスキルについては,それぞれ単独で資格を取ることも可能である。主に想定されている志願者は,キー・ステージ4と5（14歳から18歳）の学習者たちである。この資格の受験資格は学校などの機関単位で購入され,認定された機関において,志願者は訓練を受けた指導者（教師,チューター,講師,評価者）のもとで各種の活動に取り組むこととなる。

この資格を得たい場合,志願者はスキルを発揮するような活動に取り組み,スキルを発揮できているという証拠（evidence）,ならびに志願者が学習を計画し,計画に従うとともに必要に応じてそれを修正する能力があるような証拠を**ポートフォリオ**に記録していく。具体的には,行動計画・批評・報告など文章による資料,話し合いやパフォーマンスなどの音声記録,グループ作業やパフォーマンスの資料,芸術作品などのビデオ・クリップなどの視覚的な記録,作業模型や人工物などの物理的な製品が例示されている。これらの証拠につい

表5－9　イギリスにおける「より幅広い鍵スキル」のルーブリック（ASDAN, 2014を踏まえて筆者作成）

	レベル1	レベル2	レベル3	レベル4
他者との協働	志願者は、次のことができなくてはならない。 ● 与えられた目標を理解していることを確証し、一緒に作業をするための計画を立てる ● 与えられた目標の達成に向けて、他者と一緒に作業する ● 自分が物事の達成を助けた方法と、他者との協同作業を改善する方法を確認する	志願者は、次のことができなくてはならない。 ● 他者と一緒に作業する計画を立て、特定された目標達成に向けて協同に作業する ● 自分の貢献を再検討し、他者との作業を改善する方法について同意する	志願者は、次のことができなくてはならない。 ● 他者と一緒に作業する計画を立てる ● 協働を発展させようとし、同意された目標に向けての進展を点検し、他者の作業を再検討し、将来の協同作業の改善方法に合意する	志願者は、次のことができなくてはならない。 ● 他者と一緒に作業するための方略を開発する ● 同意された目標を達成するための方略を適合させる ● 自分の方略を評価し、他者との作業から得られた成果を提示する
自分の学習とパフォーマンスの向上	志願者は、次のことができなくてはならない。 ● 自分の目標を確認し、それを設定した人の支援を受けつつ、それらを達成する方法を計画する ● 目標への達成に向け、パフォーマンスの向上に従い、適切な人の支援を受けつつ、自分の進展と達成事項を再検討する	志願者は、次のことができなくてはならない。 ● 適切な人の支援を助け、それらを達成する方法を計画する ● 目標の達成に向け、自分のパフォーマンスを改善する助けとするために計画を用いつつ、自分の学習に関するいくつかの決定について責任を取る ● 適切な人の支援を受けつつ進展を再検討し、自分の達成事項についての証拠を提供する	志願者は、次のことができなくてはならない。 ● 適切な人から得られた情報を用いて学習とパフォーマンスを改善するために、それらを達成する方法を計画する ● 目標を達成し、自分のパフォーマンスを改善する助けとするために計画を用いつつ、自分の学習についての責任を取る ● 進展を再検討し、自分の達成事項についての証拠を確立する	志願者は、次のことができなくてはならない。 ● 学習とパフォーマンスを改善するための方略を開発する ● 進展をモニタリングし、自分のパフォーマンスを改善するための方略を適合させる ● 自分の方略を評価し、学習の成果を提示する
問題解決	志願者は、次のことができなくてはならない。 ● 与えられた問題を理解していることを確証し、それに取り組む様々な方法を明確にする ● 適切な人が何をするかについて、支援を受けつつ確認し、問題解決のための計画に従う ● 問題が解決されたかどうか、ならびに問題解決スキルをどのように改善できるかを、適切な人の支援を受けつつ点検する	志願者は、次のことができなくてはならない。 ● 適切な人の支援を受けつつ、問題を特定し、それに取り組む様々な方法を明確にする ● 問題解決のための方法について、問題解決を計画して実施してみる ● 問題が解決されたかを点検し、自分の問題解決スキルを改善する方法を確定する	志願者は、次のことができなくてはならない。 ● 問題を探究し、それに取り組む様々な方法を確定する ● 問題解決のための方法を明確にすることを一つ計画して実施してみる ● 問題が解決されたかを点検し、問題解決のための自分のアプローチを再検討する	志願者は、次のことができなくてはならない。 ● 問題解決のための方略を開発する ● 問題解決のための方法を明確にする ● 自分の方略を表し、自分の問題解決の成果を提示する

ては，他の資格での取り組みや，人格的・社会的・健康的教育（Personal, Social and Health Education：PSHE），職場体験，雇用，ボランティアなど，あらゆる活動から得られたものを残すことができる。志願者の作品が本人のものであることは，本人が署名するとともに，指導者が確証する。

グループで取り組んだ活動については，本人が貢献した部分を明示することが求められている。本人の貢献を示す証拠としては，指導者からの記述や録画・録音・写真などが例示されている。また，グループ活動における本人の役割を特定しておく必要がある。たとえば，雑誌やニュースレターを作成する活動の場合は，あらかじめ「美術監督，編集者，販売部長，スポーツ・コラムニスト」などの役割を明確にして，グループのメンバーがそれぞれ固有にスキルを発揮できる機会を得ることが求められている。

ポートフォリオに収録された証拠は，共通の**スタンダード**に照らして，機関内で標準化された手順に従って評価されることとなる。たとえば，作品については共同で評価が行われる機会が設けられ，評価者間で評価に違いが生じた場合には話し合いによって解決される。現行のポートフォリオは，過去のポートフォリオやASDANが提供する見本の資料と比較されなくてはならない。その上で，機関が行った評価については，ASDANからも継続的に**モデレーション**（調整。第6章，pp.272-274参照）を受けることとなる。

3 大学入試における活用例

日本でも**大学入試**において，ポートフォリオを活用する事例が生まれ始めている。いくつか例を紹介しよう。

筑波大学のAC入試では，第1次選考（書類審査）において，受験者たちに自己推薦書を提出させるとともに，「自己推薦書の本文で述べた内容の根拠となる資料」を添付することが求められている。自己推薦書に添付された資料のテーマとしては，「17・18世紀のロンドンにおけるコーヒーハウスの歴史的役割に関する考察」「多様な人々と共生できる人材を育成するために―国際協力NGOとディベート部での活動を通して―」「捕食性テントウムシ幼虫の餌適正

と落下行動」「ガウス整数上における二平方和の定理」「腐敗・発酵を利用した発電の研究」など，多彩なものが例示されている（筑波大学，2015，pp.1-2）。第２次選考（面接・口述試験）では，「自己推薦書」などで示したことを自分の言葉でさらに詳しく説明することが求められる。この入試制度は，高校までに探究した成果を審査するものと言えるだろう。

　また，九州大学「21世紀プログラム」（入学時に学部を決めず，幅広い教養を身につけた上で専門化を図るプログラム）のAO入試の第１次選抜（書類審査）では，「学校での勉学以外の各種活動」を時系列で記述する「活動歴報告書」などの提出が求められている。第２次選抜では，１日目に講義を聞いてレポートを書く課題（120分）を３回，２日目の午前にはグループ討論（150分。３つの講義のうち２つを選ぶ）に参加し，午後には小論文（270分。３つの講義のいずれかに関連するテーマを設定して作成）と個人面接（15分）に取り組む（九州大学，2015．Cf. 林，2013）。

　京都大学は，2016年度の入学生選抜から全学部で特色入試を導入した。実施の形は各学部それぞれで検討され多彩なものになっているが，どの学部でもまず「求める人物像」が明示されている。表５－10は，筆者が勤務している教育学部の「求める人物像」である。

　この人物像にもとづきつつ，第１次選考では「学びの報告書」「学びの設計書」「調査書」を踏まえた書類審査を行う。図５－11は，「学びの報告書」の書式（一部）である。他の学部が高校などの用意する推薦書の提出を求めているのに対して，教育学部では受験者本人に実績を報告させている点，また「学

表５－10　京都大学教育学部特色入試「求める人物像」（京都大学，2015，p.5）

・教科の学習及び総合的な学習の時間などにおいて学習を深め，テーマを設定して探究活動を行い，卓越した学力を身につけ，成果をあげた者，あるいは，学校内外の活動で豊かな経験を積み，創造的な熟達を通して，深い洞察を得ている者
・人間と社会，教育や心理について関心を持ち，論理的・批判的に思考し，問題を解決する能力とコミュニケーション能力を持つ者
・将来，教育や心理にかかわる専門的識見を発揮して，社会に貢献する志を持つ者

び」の活動の成果を示す資料をファイル1つにまとめて添付することを認めている点に特徴が見られる。このファイルは，実質的にはポートフォリオとなっている。「学びの設計書」は，教育学部への志望理由，在学中に学習したいこと，卒業後の志望を書くものである。

　第2次選考では，課題と口頭試問が課される。特色入試の導入にあたり，サンプル問題として公開された課題では，「遊び」に関する複数の資料が与えられ，資料を要約する，検証する，総合して自分の考えを提案する，といったことが求められている（京都大学教育学部，2015a）。まさしく探究的な学習で育つような論理的・批判的思考力や問題解決力，コミュニケーション力などが試されるものと言えるだろう。口頭試問では，添付資料も含めた提出資料や志望理由などについての質疑応答が行われる。

　最終選考として，受験者は大学入試センター試験を受験する。2016年度入試の場合，80％以上の得点を得られたら合格となる。このことは，特色入試においても，従来の入試で求められてきたような高等学校までの5教科の学力が軽視されるわけではないことを示している。ただし，現行の大学入試センター試験はマークシート式の客観テストであるため，従来の2次試験において筆記試験で測られてきた教科の学力が十分に確認できるのかという点については疑

【1】 中学時代から現在までに取り組んだ「学び」の活動（各教科での学習や総合的な学習の時間、読書、課外活動、学校行事での活動、ボランティア活動等）のうち、主なものを時間の経過に沿って記述してください。 （1）「時期」欄には活動を行った時期（西暦で〇年〇月、〇年〇月～〇年〇月など）を記入してください。 （2）「活動内容」欄には活動の名称と簡単な説明を書いてください。その際、その成果を示す資料を添付してください。 （3）「資料番号」欄には対応する資料の番号を記入してください。 ※取得した資格や各種の検定については、上記とは分けて【2】の欄に記載してください。		
時　期	活　動　内　容	資料番号

図5－11　京都大学教育学部特色入試「学びの報告書」の書式
　　　　（一部。京都大学教育学部，2015b, p.3）

問が残る。自由記述式の問題を含む「大学入学希望者学力評価テスト（仮称）」において配慮されるべき点であろう。

以上で紹介した3つの大学の事例では，いずれもポートフォリオとともに，口頭試問や課題においてパフォーマンス評価が用いられている。大学で学位論文を書いた場合，論文について試問などが実施され，総合的に評価される。口頭試問は，いわばその状況を大学入試に応用したものと言えよう。

4 教職課程ポートフォリオ

最後に，京都大学の教員養成課程（教職課程）において活用されている**教職課程ポートフォリオ**について紹介したい（西岡ほか，2013b）。

大学における教職課程では，2010年度学部入学者より，**教職実践演習**が必修科目となった。この科目は4年次後期に履修することが求められており，「教員として最小限必要な資質能力」が身についているかどうかを最終的に確認する科目とされている（中央教育審議会，2006）。また，この科目の導入に伴い，教職課程の認定を受けている各大学には，「自らの養成する教員像や到達目標等」を示す**「履修カルテ」**の作成と，それを活用して毎年度，学生たちの学修の進捗を確認し支援する「教職指導」の充実が求められることとなった。

この制度改革にあたって，京都大学教職課程では，履修カルテを開発するとともに教職課程ポートフォリオを導入した。履修カルテは次の4種類である。①「履修カルテ（単位修得状況）」は，免許取得に必要な単位がもれなく修得できているかを確認するためのものである。②「履修カルテ（自己評価用ルーブリック）」（表5－11）は，「学び始め」「教育実習1年前」「教育実習前」「教職課程修了時」のそれぞれにおいて期待されている「レベル」を端的に示したものである。③「履修カルテ（自己評価用チェックリスト）」（表5－12）は，「目標到達の確認指標」などを列記したものである。中央教育審議会（2006）の答申に示された確認指標のほか，大学独自の確認指標を少し加えている。④「履修カルテ（大学への提出用）」は，各年度において達成できた「レベル」と確認指標，次年度の課題，教職課程に関する意見・感想・質問などを書きこん

表5-11 「履修カルテ（自己評価用ルーブリック）」(西岡ほか，2013b, p.126。ただし，一部修正点を反映した)

所属：　　　　　　入学年度：　　　　　学生番号：　　　　　氏名：

※達成できたレベルの□を■に変えること。

II. 求められる力量	A. 教職に求められる教養	B. 生徒理解と人間関係構築力	C. 教科内容に関する知識・技能	D. 教科の授業づくりの力量	E. 課題探究力
6. 合格レベル(優)(教職課程修了時)	□単位修得した科目で得られた知識をもとに、学校で起こる様々な事象について的確に観察し、その知見を踏まえて、生徒の発達を効果的に促すような学級経営を視点に実践事例を分析することができる。	□多様な生徒たちの様々な受容一人に配慮し、公平かつ教育的な態度で接するとともに、一人ひとりの生徒を伸ばすよう関わる事ができる。様々な関係者の理解や協力を得ながら、自分の職務を遂行することができる。	□教科内容を幅広く深く理解し、魅力的・効果的な指導を展開できる知識・技能を身につけている。二つ以上の単元について、生徒たちの発想をふまえて予め想定し、生徒たちの気づきをひきつけるような授業づくりに役立つような教材研究を行うことができる。	□生徒の特徴を把握し、それに対応できる様々な指導上の工夫を行い、すべての生徒に効果的な学習を促すような魅力的な授業を実践することができる。	□常に新しいことにチャレンジする姿勢をもち、自己研鑽に努めている。自分の資質・能力を活かすような、優れた創造力を発揮している。
5. 合格レベル(良)(教職課程修了時)	□単位修得した科目で得られた知識をもとに、学校で起こる様々な事象について観察し、その知見を踏まえて、生徒の発達を促すような学級経営案を書くことができる。	□様々な生徒に対し、積極的に関わることができる。指導教員からのアドバイスを取り入れつつ、生徒との関わりを改善することができる。	□教科修得した科目で得られた知識をもとに、一つ以上の単元について、魅力的・効果的な授業に役立つような教材研究を行っている。	□生徒の特徴を把握し、それに対応できる様々な指導方法を用いて、自分に自信をもって、多くの生徒を集中させないような効果的な授業を実践することができる。	□教育実習を修了するとともに、自分の到達点と課題を的確に自覚している。様々な学習機会を積極的に活用し、効果的な力量形成を図っている。
4. 合格レベル(可)(教職課程修了時)	□単位修得した科目で得られた知識をもとに、学校で起こる様々な事象について観察し、その知見を踏まえて、学級経営案を書くことができる。もしくは、学級経営の項目を視点に実践事例を分析することができる。	□生徒たちに対し、自分から関わろうとする姿勢を示している。求められている職務を主体的に、期限を守って行うことができる。	□教科の内容を一通り理解している。少なくとも1つ以上の単元について、指導に役立つような教材研究を行っている。	□基本的な指導技術を使って、筋の通った1時間の授業を実践することができる。	□教育実習を修了するとともに、自分の到達点と課題を自覚している。課題を克服するための努力を始めている。
3. 教育実習前に求められる準備レベル(おそそ3回生終了時)	□必要な単位の少なくとも3分の2程度を修得している。学級経営の基本的な書き方を知っている。	□生徒に対し、親しみをもった態度で接している経験がある。(介護等体験において、適切に行動できる)	□必要な教科に関する科目の単位について少なくとも3分の2程度を修得している。教育実習で教える単元について、必要な知識・技能を身につけている。	□教育実習に少なくとも一つは模擬授業を少なくとも1回は行い、多人数に対して話すというイメージを持つことができる。	□教育実習生であっても、生徒の前では一人の教師としての責任を担うことを自覚している。(「生徒にこれだけは伝えたい」と思えるようなメッセージを持っている。)
2. 教育実習1年前に期待されるレベル(おそそ2回生終了時)	□必要な単位の少なくとも3分の1程度を修得している。	□社会人としての基本的なマナー、ルールを守って行動できる。	□必要な教科に関する科目の単位について少なくとも3分の1程度を修得している。	□教科教育法に関する科目について少なくとも1つは履修し、学習指導案の基本的な書き方を自習している。模擬授業を少なくとも1回は行い、多人数に対して話すというイメージを持つことができる。	□様々な人に対して、自分の思いや意見を、わかりやすく伝えることができる。
1. 学びの始めのレベル(おそそ1回生終了時)	□日本国憲法の単位を修得している。	□様々な友人と接したり、語り合ったりしている。人間としての幅を広げている。	□体育、外国語コミュニケーション、情報機器の操作などの単位を修得している。	□身近な人に対して、自分の思いや意見を伝えることができる。	□自己成長にとって必要な体験をするため、自分の行動を確信をもって行うことができる。調査の仕方、レポート、ゼミ発表の仕方などを身につけている。

第5章 ポートフォリオ評価法の多様な展開

表5-12 「履修カルテ（自己評価用チェックリスト）」（西岡ほか, 2013b, p.125）

所属：　　　　　　　　　入学年度：　　　　　　　　学生番号：　　　　　　　　氏名：

	①使命感や責任感、教育的愛情等に関する事項	②社会性や対人関係能力に関する事項	③生徒理解や学級経営等に関する事項	④教科等の指導力に関する事項
Ⅰ.求められる事項 到達目標	○教職に対する使命感や情熱を持ち、常に生徒から学び、ともに成長しようとする姿勢が身についている。 ○高い倫理観と規範意識、困難に立ち向かう強い意志を持ち、自己の職責を果たすことができる。 ○生徒の成長や安全、健康を第一に考え、適切に行動することができる。	○教員に対しての義務や責任を理解し、目的や状況に応じた適切な交流をすることができる。 ○組織の一員として自覚を持ち、他の教職員と協力して職務を遂行することができる。 ○保護者や地域の関係者と良好な人間関係を築くことができる。	○生徒に対して公平で受容的な態度で接し、豊かな人間的交流を行うことができる。 ○生徒の発達や心身の状況に応じて、抱える課題を理解し、適切な指導を行うことができる。 ○生徒の間に自主性や協調性を育む集団をつくり、協力的で規律ある学級経営を行うことができる。	○板書や話し方、表情など授業を行う上での基本的な表現力を身につけている。 ○生徒の反応や学習の定着状況に応じて、授業計画や学習形態等を工夫することができる。

	A. 教職に求められる教養	B. 生徒理解と人間関係構築力	C. 教科内容に関する知識・技能	D. 教科等の授業づくりの力量	E. 課題探究力
Ⅱ.求められる力量 目標到達度の確認指標 ※達成できて項目の□にレ点を入れる。	□A1. 生徒理解の重要性や、教員が担う責任の重さを理解している。 □A2. 憲法、教育基本法など学校教育に関する基本的な法律に関する知識や、法律に基づいた学校教育の役割、基本的な責任を理解している。 □A3. 人権教育、特別支援教育、民族教育に関する知識を身につけている。 □A4. 個々の生徒の特性や状況に応じて対応する素養を身につけている。 □A5. 歴史的かつ体系的な視点から、現代社会における教職の重要性を理解している。 □A6. 教職の意義や役割、生徒に対する責任等を理解している。 □A7. 生徒を一つの教科集団として手法も活用しつつ、生徒の特性や心身の状況を把握して、集団としての特性を理解した上で学級経営を作成することができる。 □A8. 学級担任の役割や意義、他の教職員との協力の在り方等を理解している。 □A9. 一人の教職員と協力して校務運営や生徒対応、他の教員との役割協働し、自らも職務の遂行に当たることができる。 □A10. 保護者や地域との連携・協力の重要性を理解し、協力的な態度や意欲、姿勢を身につけている。	□B1. 教員の他者や職場の特性について基本的な理解と教養を持ち、常に積極的に自己の職務を果たそうとする姿勢を身につけている。 □B2. 大変困難な生徒を組み合わせたり、相互に手を取り合って生徒を親しんでいる。 □B3. 生徒の声や意見等に応じ止め、生徒の健康や人格面等への関心に積極的に接する基本的な姿勢を身につけている。 □B4. 他、他生徒や他の生徒の意見や、自らの職務を遂行することができる。 □B5. 秩序ある発言、言動話し方、他の教職員への対応、保護者に対する話し方、社会人としての基本的な言動や礼節を理解している。	□C1. 学習指導の基本について基本的な知識・技能を身につけている。 □C2. 自ら自発的に教科研修を行うことや、学習指導案を作成することができる。 □C3. 教科の内容や指導にわかりやすく学習指導案を組み立てることや、生徒の質問等に的確に答えることができる。	□D1. 教員としての表現力や指導力を、生徒の集中力や発言、反応等をもとに工夫し、指導計画を立てて授業を実施して取り組む指導方法を身につけている。 □D2. 板書や発問、助言などを工夫し、授業支援技術を身につけ、集中力を高く、授業を行うことができる。 □D3. 基礎的な知識や技術等について生徒に分かりやすく、かつ適切に教授するなど、学習指導の基礎と基本を図るなど、生徒が主体的に取り組む指導法を身につけている。 □D4. 誠実、公平かつ受容的態度で生徒に接し、共感性を持って接することができる。 □D5. 生徒の成長や安全、健康管理に配慮して、具体的な教育活動を組み立てている。	□E1. 自己の課題を認識し、その解決に向けて自己研鑽に励むなど深く学び探求しようとする姿勢を持っている。 □E2. 社会状況や時代の変化に伴う新たな課題や生徒の変化を適切に捉える姿勢を持っている。 □E3. 創造性のある指導計画（指導案、学級経営案など）を作成し、それに基づき実践をしようとする姿勢を持っている。 □E4. 児童生徒にそれぞれ伝え、周囲と思うような体験を持っている。

Ⅲ.教職実践演習の授業内容例	いじめやや不登校、特別支援教育等、今日的な教育課題に関しての役割演技（ロールプレイング）や事例研究、実地視察等	様々な場面を想定した役割演技（ロールプレイング）や事例研究	教科書の範囲を超えて指導の準備・実施、実際に向き合う指導の比較等	教育実習等の経験を土台にした授業実践の作成、実際に向き合う指導の実施	教科・教員、学習形態、指導法等評価等を工夫した模擬授業の実施
	個々の生徒の特性や状況を把握し、生徒一人ひとりに応じた対応についての役割演技（ロールプレイング）や事例研究	休み時間や放課後等の補充指導、進路など生徒と接触する教育活動の体験	学校における校外学習時等の安全管理	教科内容に関する幅広い、深い知識・技能の習得	
		関連施設・関連機関（社会福祉施設、医療機関等）における実習や現地調査（フィールドワーク）	現地教員との意見交換		

217

で年度末に大学に提出するものである。

　履修カルテ②と③については、「**教師に求められる力量**」の5つの柱（図5－12）に即して整理されている。5つの柱とは、「A. 教職に求められる教養」「B. 生徒理解と人間関係構築力」「C. 教科内容に関する知識・技能」「D. 教科等の授業づくりの力量」「E. 課題探究力」である。これらの5つの柱は、「教科教育」「教科外の活動」それぞれについて、「豊かな教養（知っている・わかること）」と「確かな実践力（実際の現場で行動できること）」を示すとともに、学生自身の「創造的な探究力（課題探究力）」を求めるものとなっている。教職実践演習の導入を決めた中央教育審議会（2006）の答申では、「含めることが必要な事項」として、「使命感や責任感、教育的愛情等に関する事項」「社会性や対人関係能力に関する事項」「幼児児童生徒理解や学級経営等に関する事項」「教科・保育内容等の指導力に関する事項」が示された。それと比べると、

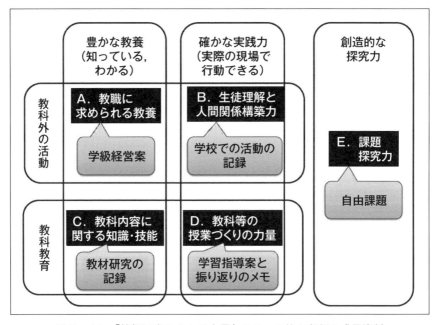

図5－12　「教師に求められる力量」の5つの柱と必須の成果資料
（京都大学教職課程）

第5章　ポートフォリオ評価法の多様な展開

京都大学教職課程における力量の5つの柱は,「教科内容理解」をより強調するものとなっている点,ならびに学生自身が課題を設定して探究すること(課題設定力)を重視して位置づけている点に特徴が見られる。

教職課程オリエンテーションでは,履修カルテや単位の取り方などについて説明するとともに,ポートフォリオの表紙や扉などに使える書式の用紙を束ねた冊子を配付し,ポートフォリオづくりについて説明する。教員免許取得をめざす学生たちは,履修カルテを参照しつつ,ポートフォリオづくりに取り組み始めることとなる。

図5-13は,実際に大学生が作った教職課程ポートフォリオである。冒頭9つのポケットには,表紙・目次(図5-13①),教職課程修了時に書くレポート,履修カルテ,「年度ごとの目標設定と振り返り」のシートを収録する。10番目以降のポケットには,A～Eの5つの柱それぞれについて扉になる用紙(図5-13②の右側)を入れてセクションを分け,具体的な成果資料を蓄積・整理していく。扉には再度,その柱に関するルーブリックとチェックリストが示されるとともに,チェックリストについては対応する科目名や関連する科目名が示されている。また,各柱について**必須の成果資料**が1つずつ指定されている。具体的には,「学級経営案(A)」「学校において生徒等との人間関係を構築した活動の記録(B)」「教材研究の記録(C)」「学習指導案と振り返りのメモ(D)」「自由課題に関するレポート(E)」である(図5-12)。この

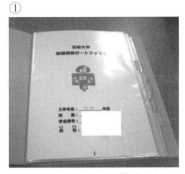

図5-13　教職課程ポートフォリオの例(京都大学教職課程)

ほかにも，自由に様々な成果資料をポートフォリオに収めていくことができる。扉には，収められる成果資料も例示されている。

なお，成果資料を生み出すような力量形成の機会は，教科教育法や教育実習など正規の教職課程にとどまらない。学生たちには教師としての力量を高めるための主体的な取り組みを勧めている。たとえば，教職課程以外の科目で学習したことや自分のテーマに即して研究したこと，課外活動などで各種の技を磨いたり，リーダーシップを発揮したりする経験も，大きな意義を持つ。学校現場の実情を知ったり，生徒と直接関わったりする機会としては，教育実習以外では学校が行う公開研究会や学生ボランティア，教育委員会が提供する各種の講習会やセミナー，インターンシップなどが考えられる。

さらに，京都大学では教員採用試験をめざす学生同士で，模擬面接や模擬授業，各種のテーマに関する研究などを行う「教師力アップ・ゼミナール」も実施されている。「教師力アップ・ゼミナール」は当初，教員の呼びかけにより始まったものであるが，現在では運営を学生たちが担い，教員が支援するものとなっている。

教職課程ポートフォリオ検討会も年に2～3回実施され，学生たちには教職実践演習を履修する前年度までに1回は参加することが推奨されている。教職課程ポートフォリオ検討会の一部は，2年生以上の必修科目である教職教育論の授業1回分として実施されている。学生たちにはあらかじめ「履修カルテ（チェックリストやルーブリック）」に照らしつつ成果資料を振り返り，自分の力量形成の到達点と課題について考えた上で検討会に臨むことを勧めているが，実際には検討会に参加してから本格的にポートフォリオづくりを始める学生が大半である。

京都大学で教職課程を履修する学生たちは，各学年200人前後に上るため，検討会を小規模で行うことは困難である。そこで検討会を，①熱心に取り組んでいる先輩の事例を見る，②グループに分かれ，互いのポートフォリオを見せ合いながら到達点や今後の課題を確認する（図5－14），③全体で質疑・応答を行う，という形で実施している。検討会に参加した学生からは，「『今，知る

ことができてよかった』『意識を高められた』というのが率直な感想です。……ポートフォリオの作り方を実物のものを見せてもらいつつ教えていただけたのもよかったです」といったコメントが寄せられている。その後、この学生は、ポートフォリオに資料を整理し、資料が少ない柱は自分にとっての成長課題だと自覚するとともに、系統的に教材研究を

図5－14　教職課程ポートフォリオ検討会（グループでの交流）の様子
（京都大学教職課程）

行ったり、科目「特別活動の理論と実践」で学んだこと（生徒をほめることの重要性）を教育実習中に思い出して実践に活かしたりといった取り組みを進めていった。

　教育実習オリエンテーションにおいても再度、ポートフォリオの作り方を確認し、ポートフォリオに表れている自分の課題の克服をめざして実習に臨むことや、自分の成果を表すような具体的な成果資料を実習中に残せるように取り組むことが指示される。最後に、教職実践演習でポートフォリオを用いつつ、各自の到達点と課題を確認し、さらなる力量向上を図る活動に取り組むこととなる。

　実際にポートフォリオを完成させたある学生は、次のように学習を振り返っている。「ポートフォリオを作る過程でルーブリックに照らして自己評価することによって、身についている力を見直すことができます。ポートフォリオを使って自分の経験の意義を振り返ることで、その後の成長の糧とすることができます」（西岡ほか、2013b、p.23）。

　このようにポートフォリオは、学生たちにとって、具体的な成果資料にもとづいて自身の到達点を振り返るとともに、その後の課題を明確にするのに役立っている。効果的にポートフォリオを活用している学生の場合、柱ごとに整理された資料を踏まえ、教育実習への取り組みに活かす例も見られる。たとえば、

教科教育法の模擬授業で指摘されたことをポートフォリオで確認し，その点を意識して，教育実習での授業づくりに取り組むなどである。また検討会においては，先輩から後輩に自分の取り組みを伝えることが有効に機能した例が示す通り，学生間の交流を活性化するものともなる。教職実践演習においては，担当する教員が教職課程において学生がどのように学修に取り組んできたかについて，具体的な成果資料に即して把握することができる。

なお，教職課程ポートフォリオの実例については，京都大学のオープン・コースウェアのサイト「教職実践演習，2013」でも，学生と教員との対話形式で紹介している（http://ocw.kyoto-u.ac.jp/ja/03-faculty-of-education-jp/13-9302001）。あわせて参照いただきたい。

おわりに

以上，様々な事例を踏まえつつ，ポートフォリオ評価法を実践する上での要点を検討してきた。単独の教科・科目で用いるもの，探究的な学習で用いるもの，学び全体を対象とするもの，という3つの分類は，それぞれ基準準拠型ポートフォリオ，基準創出型ポートフォリオ，最良作品集ポートフォリオにほぼ該当する。しかしながら，たとえば探究的な学習においてもルーブリックが活用される例が登場している。また，教職課程ポートフォリオについては，必須の成果資料の部分は基準準拠型だが，その他は自由に作品を収められる最良作品集の形となっている。このようにポートフォリオについては，目的に応じて多様に設計することが可能である。

ポートフォリオに具体的な資料を蓄積していくことで，教師だけでなく学習者自身も学習の実態をより具体的に把握することができる。多彩な資料を評価対象にすることができるため，幅広い学力，さらには汎用的スキルを育成する上でも有効である。長期的な成長が記録されるため，学習者が自己肯定感や達成感を感じられるという点でも意義が大きい。編集をしたり検討会に参加したりすることで，学習者自身の自己評価力を育成することは，まさしく学習者が自律的に学習を進める力を育成していく上で，極めて重要だと言えるだろう。

第6章
学校のカリキュラム・マネジメント

はじめに

　学校においてより効果的なカリキュラムをつくっていくためには，各学校で取り組むカリキュラム・マネジメントが重要となる。カリキュラム・マネジメントとは学校がカリキュラムを作り，変革していく営みであり，そこには教育活動の側面と経営活動の側面が含まれる（田村，2014）。

　本章では，カリキュラム・マネジメントの中でも，特にカリキュラムを計画し，実施・評価し，改善していく教育活動の側面に焦点を合わせる。第1節では，カリキュラム・マネジメントの定義と要素を紹介するとともに，学校におけるカリキュラム改善・改革の進め方の基本的なポイントを確認する。第2節では，具体的な事例に即しつつ，校内研修の進め方など，カリキュラム改善のための工夫のあり方を検討する。第3節では，学校を越えて目標や評価規準（基準）を共有するスタンダード開発の事例，ならびにモデレーション（調整）の具体的手法を紹介する。

第1節　カリキュラム・マネジメント

1　カリキュラム・マネジメントの定義と要素

　本節では，各学校が取り組むカリキュラム・マネジメントについて検討しよう。**カリキュラム・マネジメント**とは，「各学校が学校の教育目標をよりよく達成するために，組織としてカリキュラムを創り，動かし，変えていく，継続的かつ発展的な，課題解決の営み」（田村，2011，p.2）である。

　日本においてカリキュラム（教育課程）は，各学校が編成するものとされている。確かに，1958年の改訂以降，学習指導要領の法的拘束力を強調する政策が長らく採られてきたために，学校におけるカリキュラムづくりは現実的なものとしては捉えられてこなかった。しかし，1998年改訂学習指導要領においては，「総合的な学習の時間」が導入されると同時に，各学校において「創意工夫を生かし特色ある教育活動を展開する」ことが推奨されるようになった。それに伴い近年では，各学校のカリキュラム・マネジメントの実践や研究も本

第6章 学校のカリキュラム・マネジメント

格化している。さらに2017年（予定）の学習指導要領改訂に向けては，改訂の理念を実現するために，「教育課程全体を通した取組を通じて，教科横断的な視点から教育活動の改善を行っていくことや，学校全体の取組を通じて，教科等や学年を越えた組織運営の改善を行っていくこと」が求められており，「カリキュラム・マネジメント」の重要性が強調されている（教育課程企画特別部会，2015）。

図6-1に示されている通り，カリキュラム・マネジメントには，教育目標に対応したカリキュラムのP（計画）・D（実施）・C（点検・評価）・A（改善）に加え，それを推進するリーダーシップや組織構造・組織文化，さらには家庭・地域社会等との連携や教育課程行政との関係など，多様な要素が関連している。しかしながら本節では，特に**カリキュラムのPDCA**に焦点を合わせたい。

カリキュラム・マネジメントには，既存のカリキュラムを維持・継続する側面と，改善・改革していく側面とがある。ここでは，改善・改革していく場合に焦点を合わせ，その基本的な進め方を確認していこう。日本においては，学習指導要領がカリキュラムの大綱的基準として存在している。したがって実際

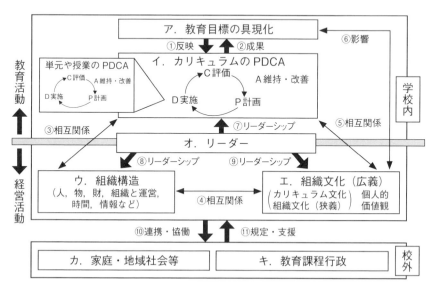

図6-1 カリキュラム・マネジメントのモデル図（田村，2014, p.16）

225

に大半の学校が行うカリキュラム編成は，教科や領域の再編成といったカリキュラムの改革よりも，むしろ現行のカリキュラムを改善していく取り組みが中心となるだろう。

カリキュラムという用語は，学校が編成するカリキュラムの全体を指す場合だけでなく，「特定教科のカリキュラム」「特定の学年のカリキュラム」といったように，学校のカリキュラムの部分を指す場合もある。教師が自分の担当している部分に限定すれば，個人の裁量でその部分のカリキュラム改善を図ることは可能ではある。しかし，学校全体で組織しているカリキュラムを改善・改革するためには，学校としての取り組みによって仕組みを整える必要がある。次でその要点を説明しよう。

2 学校におけるカリキュラム改善・改革の進め方

(1) 研究課題の設定

カリキュラム改善・改革を進めるためには，まず学校としての**研究課題**を設定することが必要になる。研究課題とは，「教科における思考力・判断力・表現力の育成」「総合学習における探究力の育成」「カリキュラム横断で取り組む汎用的スキルの育成」など，研究開発の焦点を明確にするものである。研究課題は，学習指導要領の改訂や研究開発校としての指定などにより，外在的に方向づけられる場合も少なくない。その場合も，個々の学校の状況に照らし合わせて，その学校にとっての課題を明確にすることが重要である。

「**学校を基礎にしたカリキュラム開発**（school-based curriculum development: SBCD）」の代表的な提唱者であるスキルベック（Skilbeck, M.）氏は，(a) 状況分析，(b) 目標の決定，(c) 教授–学習プログラムの決定，(d) 教育–学習プログラムの解釈と実施，(e) 評価という5段階でカリキュラム開発を捉えている（Skilbeck, 1984, p.238）。日本の研究においても，カリキュラムのPDCAについてはC（評価）から始めることが重要だと指摘されている（田村, 2011, p.13）。つまり，研究課題を設定するにあたっては，まず学校の現状を把握することが求められる。これは，研究課題が外在的に与えられた場合であっても，

その学校にとって必然性のある課題に設定し直すためである。具体的には，児童・生徒の実態（長所・成長の様子，問題点・発達課題）や，学校の諸条件（好条件・制約，これまでの取り組みの成果と課題）について検討することが必要になるだろう。それとともに，学問的な知見（教科内容などの教育内容，学習者の学習，教育方法などについて得られている研究成果）や，社会からの要請（保護者や地域住民の要望，今後の社会のあり方，教育政策の動向，研究指定の有無など）といった点にも配慮することが求められる。

　このように様々な状況を踏まえて設定される研究課題であるが，カリキュラムの改善・改革を形骸化させないためには，何よりも学校の**教師たちの**「**願い**」（めざしている理念や方向性）を反映させた研究課題を設定することが重要である。たとえば，第1章・第5章で紹介した相模原市立谷口中学校の場合，総合学習の研究開発を行うことは，当初，校長の方針として示された。しかし研究主任（当時）の関口益友先生は，「まず半年間猶予をもらって，総合をやるかどうかから話し合いを始めました。学校を変えたい，活性化したいというのはありましたが，『総合は一つの選択肢にすぎない』というコンセンサスを図りました。研究推進委員の中では，『子どもが駄目になる総合なら即やめよう』と言っていました」と語っている。「最近の子どもには夢がない」「"サラリーマンでもいいや"という，あれが気に入らない」という意見が出されたことにより，子どもたちが夢を持てるような，「僕はこれをやりたい」「私はあれをやりたい」と言えるような総合学習にする必要がある，という理念の共有が教員たちの間で図られていた。当初，谷口中学校の総合学習では，1年生で郷土，2年生で国際，3年生で環境というように学年ごとに探究の筋道が途切れるカリキュラムが組まれていた。しかし，初めに理念が共有されていたからこそ，そのカリキュラムを組み替え，1年次から3年次へと発展的に展開していくカリキュラム（図1-13, p.67）へと改善することができたのであった（関口・西岡，2003, pp.14-15）。

　ところでウィギンズ氏とマクタイ氏は，「**逆向き設計**」テンプレート（表0-3, p.24）を学校改革にも用いることができると提案している（表6-1）。

表6−1　学校改革のための「逆向き設計」テンプレート（Wiggins & McTighe, 2007, p.206. ただし，「本質的な問い」と「理解」の欄は入れ替えた）

第1段階：求められている結果	
ゴール： 　この改革についての私たちのビジョンは何か？　この新規構想（initiative）の結果として，私たちは何を達成したいのか？	
本質的な問い： 　指導，学習，結果，変化についてのどのような「本質的な問い」が，私たちの改善の行動を導くべきだろうか？	理解： 　これらのゴールを達成するために，教師，管理者，親，政策策定者などには，どのような理解と態度が必要となるのか？
知識： 　このビジョンが現実になるために，教師，管理者，政策策定者，親，生徒には，どのような知識とスキルが必要か？	スキル：
第2段階：評価のための証拠	
直接的な証拠： 　成功の証拠だとみなされるのは何か？　短期的・長期的な進歩を示すような，鍵となる観察可能な指標（indicators）となるものは何か？	間接的な証拠： 　その他には，どんなデータ（例．学力のズレ，教職員の理解・態度・実践，組織的な能力）が集められるべきか？
第3段階：行動計画	
（カリキュラム，評価，教授，専門性発達，政策，資源配分，職務評価に関する）ゴールを達成するために，私たちはどのような短期的・長期的な行動を取る必要があるのか？　私たちが，求められている結果を達成するのを助けてくれるような方略は，何か？　責任を持つのは誰か？　どんなリソースが必要か？	

　この表における**ゴール**（goals）とは，「私たちが向かっているミッション（mission：使命）と特定のビジョン（vision：展望）に照らして，現実に私たちが今立っている場所を分析することから導き出される，実行可能で適切な，媒介となる目的（aims）」である（Wiggins & McTighe, 2007, p.213）。**ミッション**とは，「私たちが学校教育を設計する（そして永遠に調整を図る）上で念頭に置く，長期的なゴール」（*Ibid.*, p.9）であり，生涯学習者を育てる，批判的・創造的な思考を育成する，社会に対し生産的に貢献する，といった例が示されている（*Ibid.*, p.11）。また**ビジョン**とは，改革が成功した時に見られるであろう状態を示している。「地域［学区や州］の評価方法の大半が，生徒たちが理解——つまり，知識とスキルを転移させる能力——を示すような，真正

のパフォーマンスに基づくものとなる」,「教職員会議や研修会で評価結果や生徒作品の分析が行われ,それらの結果を改善する計画が立てられる」といった展望である (*Ibid.*, p.213)。学校の教職員が直面している現実と,ミッションやビジョンとの間にはズレがある。そこで,それらのズレを埋めるべく設定されるのが,学校改革のゴールだということになる。

　表6－1は,カリキュラムの改善・改革にとどまらない学校改革を構想するために提案されたものである。しかしながら,ミッションやビジョンを念頭におきつつゴールを設定するという提案には,カリキュラム改善・改革にあたっても注目しておくべきだろう。ウィギンズ氏たちは,「ビジョンや付随するゴールは,スタンダードを越えて拡張している必要がある」と述べている。なぜなら「スタンダードは,ミッションを達成するための手段であって,ミッションの本質ではないから」である。ここで言う**スタンダード**とは,学習指導要領にあたるようなカリキュラムの大綱的基準を指しており,学力テストの基準ともなっている。学力テストのプレッシャーの中で,私たちはややもすればテスト対策の実践に陥りがちであるが,学習指導要領や学力テストは教育目的(例えば「人格の完成」といったミッション)に向かうための手段だということを意識しておく必要があることが示唆されている。

　さらに,ウィギンズ氏たちは,ゴールを設定する上での注意点(tips)として,次の3点を指摘している (*Ibid.*, p.215. ただし,例は筆者が当てはめたものである)。第1に,**ゴールは大きすぎても小さすぎてもいけない**。たとえば,「学力を向上させる」「教職員の士気を高める」といったゴールは漠然としすぎている。また,「毎週の漢字テストで3年生が85点以上を取る」といったゴールは狭すぎる。第2に,**目的と手段を区別する必要がある**。たとえば,習熟度別学級編制は,学力向上のために提案されている1つの手段であるものの,それが確実に学力向上をもたらすという保証はない。したがって,習熟度別学級編制の普及をゴールとして設定するのは不適切であろう。第3に,**恣意的な数値目標**(quotas)**は避ける必要がある**。たとえば,80％の合格率という設定をすると,なぜ100％ではないのか,81％なら喜べて79％なら打ちひしがれるの

か，といった疑問が起こる。設定されている数値そのものが評価しようとしている質に対応しているかどうかについても，注意しておく必要があるだろう。

(2) 組織づくり

カリキュラムの改善・改革を行うためには，研究課題の設定とともに，学校としての**組織**を作ることが重要になる。すなわち，学校全体で組織しているカリキュラムを変えるためには，学校として改革を推進する何らかのグループを組織することが必要になる。推進グループは，カリキュラム改善・改革を進めていく上での基本方針を策定し，先行研究や実践事例などについて調査しつつ校内研修などを実施していくほか，折に触れカリキュラムとカリキュラム・マネジメントの評価を行う主体として機能する（木原，2006；北原，2006c；田中，2006）。

推進グループは，校長などの管理職と研究主任，研究推進委員会といった様々な形態を採りうる。図6－2には，学校における組織のあり方の2つのパターンを図示している。「トップダウン型組織」は，管理職のもとに推進グループが位置づき，他の教職員は横並びの形となっている。一方，「ネットワー

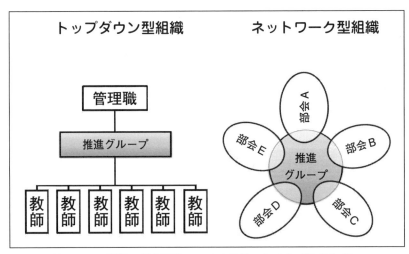

図6－2　学校の研究開発における組織のあり方（筆者作成）

ク型組織」は，すべての教職員が何らかの部会に属し，推進グループはそれらの部会の間の調整を図る存在となっている。どちらのパターンが適しているかは，それぞれの学校の構成員の特徴や研究の進展の度合いによっても異なるだろう。研究開発の初期においては，限られた教員がモデルケースを作るといった形で先行した取り組みを行うことが考えられる。しかし，カリキュラムの改善・改革を効果的に進めるためには，教師の関心・力量にかかわらず参画意識を持って参加できる組織と活動を用意する必要がある。よって徐々にネットワーク型組織に移行することが望ましいだろう。

　研究開発のための**研修や会議**については，学校の全教員で共通理解をするために行うものと，少人数で活発に議論できるような部会形式によるものとを組み合わせることが有効である。部会については，学年や教科，あるいは研究を進める上で必要な作業課題（先行事例の調査，評価の実施，教育環境の整備など）ごとに編制するといった方式が考えられる。推進グループで基本方針を明確にし，各部会に発信するだけでなく，部会での議論を推進グループへ集約し，研究開発の計画の精緻化や修正に活かすことが重要である。なお，それぞれの教師の持つ知見を集約しつつ，カリキュラム改善・改革への参画意識を引き出すためには，研究課題の設定の段階からKJ法（川喜田，1967）などを用いた**ワークショップ**によって，意見を集約することが有効だということが指摘されている（村川，2005）。

(3) 校内研修の計画と実施

　さて，実際に学校でカリキュラムの改善・改革を進める場合，大きな役割を担うのが校内研修である。**校内研修**とは，「校内の全教職員が自校の教育目標に対応した学校としての教育課題を達成するために共通のテーマ（主題）を解決課題として設定し，それを学校内・外の関係者との連携を踏まえながら，学校全体として計画的，組織的，科学的に解決していく実践の営み」（中留，2002，p.71；Cf. 中留，1994）である。

　実際のカリキュラム改善・改革は，図6-3に示したような流れで行われる。

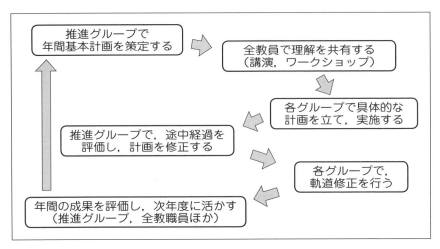

図6-3 学校におけるカリキュラム改善・改革の流れ（筆者作成）

まず，推進グループで研究開発を進めるための長期計画を策定する。本格的なカリキュラム改善・改革には多くの場合，数年がかかる。長期的な見通しを持ちつつ，各年度の基本的な計画を策定しておくことが重要である。次に，全教職員で研究課題の意味と必要性，カリキュラムの改善・改革の具体的な内容などについて共通理解する。そして，各部会で具体的な単元や授業などを開発し，カリキュラムの改善・改革を実際に進める。各部会はその成果と課題を確認するとともに，必要に応じて軌道修正を行う。年度末には，その年度の成果と課題を総括し，次年度に活かす。

全教員で共通理解を図る，各部会で実践してその成果と課題を確認するなどの作業は，実際には校内研修の場で行われることとなる。したがって，研究開発の年間計画を作成するにあたっては，校内研修に使える時間を踏まえて実行可能な計画を立てることが重要である。

校内研修については，現在までに様々な活動が提案されているものの，大きくは次の3種類があるだろう。それぞれの校内研修の目的に応じて最適の内容と形態を選ぶことが求められる。

〇**講師による講演**：全教員で共通理解を図る際には，推進グループが研究課

題に合った講師を選定し，全員が講演を聴講することが意義深い場合もある。ただし講演内容を実際に活用する機会も含めて年間計画を策定しなければ，聞いただけで終わってしまう懸念もある。

○**研究授業**：どのような研究課題を扱う場合であれ，何らかの形で研究授業を行うことは極めて有効である。カリキュラムの改善・改革は，実際の授業を通して児童・生徒に届いてこそ成立するものだからである。研究授業を行い，その後で検討会を行うという授業研究のプロセスは，日本における優れた校内研修の伝統である（スティグラー＆ビーバート，2002；Cf. 二杉孝司ほか，2002）。

○**ワークショップ**：最近では，ワークショップ形式で校内研修が行われることも増えている（村川，2010；村川ほか，2013）。たとえば，研究授業の後，参加者が気づいた成果と課題を，拡大版の指導案に付箋紙で貼りつつ議論するといった形もある。その場で単元開発を行う，学習者の作品などを共同で評価する，ディベートやロールプレイなどの指導手法を体験するといったワークショップも考えられるだろう。

(4) カリキュラム改善・改革の評価

カリキュラムの改善・改革を進めるにあたっては，計画の策定・実施・総括の各段階において**評価**を行うことが重要である（田中統治，2005；田中統治・根津，2009）。先述の通り，研究課題を設定し，研究開発の計画を策定する前提として，実態把握と評価が必要である。加えて，研究開発の計画にあたっては，実施の途中や総括の段階において，具体的にいつ，どのような方法で評価を行うのか，評価計画をあわせて策定しておくことが重要である。

研究開発の評価については，アンケート調査が多用されている。しかし，教員や学習者の意識を尋ねるアンケートは，あくまで間接的なエビデンス（証拠）にすぎない。カリキュラム改善・改革の成果を直接的に評価するには，教師が作成した指導案や実際の授業，さらには指導の結果として学習者が成長した姿を踏まえて評価することが求められる。カリキュラム改善・改革に関連す

る内容を扱った学力テストを評価のための資料にするのも1つの方法である。ただし，筆記テストで評価できる学力は限定的である。この場合，学習者が生み出した作品を用いてルーブリックを作成するのが，学力評価を通して**カリキュラム評価**を行う1つの有効な方法である。

なお，「逆向き設計」論は，カリキュラム設計論として提案された理論である。しかし，図4-1（p.146）が示す通り，「逆向き設計」は，生徒からのフィードバック，生徒の作品，外部のデータ（統一テストの結果など）を用いて結果を評価し，ミクロ・マクロの双方において設計の改良を図ることを提案している。その点では，カリキュラム評価論としても捉えることができると言えるだろう。

第2節　学校におけるカリキュラム改善の具体像

1　教科におけるパフォーマンス課題の開発 —— 京都市立衣笠中学校の場合

(1) 研究開発の流れ

各学校におけるカリキュラム改善の具体的な進め方について，事例を踏まえつつ検討してみよう。まず，教科におけるパフォーマンス課題の開発に学校ぐるみで取り組んだ例として，京都市立衣笠中学校の例に注目する。

京都市立衣笠中学校では，2004年度から2008年度にかけて「逆向き設計」論を取り入れた研究開発が行われた。当時の衣笠中学校では，北原琢也校長のリーダーシップのもと，研究推進委員会（公開研究会終了後は，教育課程編成委員会となる）が組織され，「目標に準拠した評価」の充実がめざされていた（北原，2006c）。研究開発の成果は，毎年秋（10月か11月）の公開研究会で発表された。筆者は指導・助言者として，研究開発プロセスの立案や，公開研究会で公開される授業の単元指導計画づくりを支援した。

2004年度には，筆者が校内研修を1回，担当した。そこでは「目標に準拠した評価」，パフォーマンス課題，ルーブリック，ポートフォリオ評価法といった基本的な用語について概説した。

2005年度は，各教科の代表の教師がパフォーマンス課題を1つ開発し，公開研究会において10個の授業を公開することとなった。まず8月の校内研修では，全教員を対象に**パフォーマンス課題づくり**のワークショップを行った。次に，授業公開を行う教員が作成した指導案について個別に検討を行った。これにより，パフォーマンス課題とは何かを他の教員たちよりも理解している教員が各教科部会のリーダーとなる体制が整った。

2006年度は，教科部会で協力してパフォーマンス課題を作成するとともに，モデル作品づくりをして，指導案の改善に役立てる取り組みが進められた。これにより，各教科部会において「本質的な問い」や「永続的理解」とは何かについての共通理解が進んだ。

2007・2008年度には，各教科部会において引き続きパフォーマンス課題の開発に取り組むとともに，生徒たちが生み出した作品をもとに**ルーブリックづくり**を行い，そこで得られた知見を踏まえてカリキュラム改善を図ることとなった。まず春休み中に行われた校内研修で，ルーブリックづくりの手順を共通理解するためのワークショップが行われた。夏休み中に実施された校内研修では，生徒の作品を持ち寄り，各教科部会でルーブリックづくりが行われた。

このような継続的な取り組みにより多数のパフォーマンス課題が開発され，教科部会の共有財産となった。生徒たちの意欲や学力の高まりも複数の教科で指摘された。教員たちからは，「パフォーマンス課題は一見難しそうだが，生徒たちは楽しそうである」「低学力の生徒も参加できる」（英語：京都市立衣笠中学校，2007），「『自分の考えを文字や図によって積極的に表現できる生徒』が増えた」（理科：京都市立衣笠中学校，2008）といった声が寄せられた（公開研究会に先立ち，各教科部会に取ったアンケートの結果のまとめから引用）。

実は，教員研修も一種の教育であるため，**「逆向き設計」テンプレート**（表0-3，p.24）は研修計画を立てるのにも使うことができる。表6-2は，衣笠中学校の研究開発の流れをテンプレートにあてはめたものである。「『指導と評価の一体化』を実現し，カリキュラムを改善する」という長期的な見通しは維持しつつも，年度ごとに教師たちが探究する「本質的な問い」や対応するパ

表6－2　衣笠中学校における研究開発のプロセス
　　　　──「逆向き設計」テンプレートに示した場合（筆者作成）

第1段階：求められている結果	
設定されている目標：　　　　　　　　　　　　　　　　　　　**G** [=goals] 「指導と評価の一体化」を実現し，カリキュラムを改善する。	
本質的な問い：　　　　　　**Q** [=questions] ◎「指導と評価の一体化」を実現し，カリキュラム改善を図るには，どうすれば良いのか？ ・2005年度：パフォーマンス課題とは何か？ ・2006年度：パフォーマンス課題は，単元のどこに位置づくのか？ ・2007年度・2008年度：パフォーマンス課題に対応できる力を身につけさせるには，どのような指導が必要なのか？	理解：　　　　　　　　　　**U** [=understanding] ◎「指導と評価の一体化」を実現し，カリキュラム改善を図るには，「逆向き設計」論が役に立つ。 ・2005年度：パフォーマンス課題を授業に取り入れると良い。 ・2006年度：パフォーマンス課題を単元に位置づけるとともに，単元内・単元間の構造化を行うと良い。 ・2007年度・2008年度：パフォーマンス課題を単元に位置づけ，単元内・単元間の構造化を図るとともに，個々の授業を改善すると良い。
教師たちは，次のことを知る。　　**K** [=knowledge] ・「目標に準拠した評価」 ・診断的評価，形成的評価，総括的評価 ・ポートフォリオ評価法 ・パフォーマンス課題 ・ルーブリック	教師たちは，次のことができるようになる。　　**S** [=skills] ・単元目標を「具体化」「精緻化」「構造化」する（Cf. 北原, 2006a, pp.29-36） ・「本質的な問い」と「永続的理解」に対応させてパフォーマンス課題を作る ・共同でルーブリックを作る
第2段階：評価のための証拠	
パフォーマンス課題：　　　　**T** [=tasks] ・2005年度：各教科の代表教師が，パフォーマンス課題を少なくとも1つ作って，指導に取り入れてみる。 ・2006年度：教科部会で協力してパフォーマンス課題づくりを行うとともに，モデル作品づくりをしてみて，指導の改善に役立てる。 ・2007年度：各教科において，パフォーマンス課題に取り組んだ生徒たちが生み出した作品にもとづいてルーブリックづくりを行うとともに，それを踏まえて指導の改善を図る。	他の証拠：　　　　　　**OE** [=other evidence] ・「評価規準」づくりに向けての目標・内容分析 ・年間の学習指導計画及び評価計画 ・公開研究会における提案授業学習指導案 ・教師アンケート ・公開研究会参観者アンケート
第3段階：行動計画	
研究開発活動：　　　　　　　　　　　　　　　　　　　　　　**L** [=learning activities] ［前略］ ・2007年2月10日：研究推進委員会において，教員アンケートを踏まえて2006年度の成果と課題について総括する。2007年度の課題を設定し，2007年度の校内研修計画の概要を決める。 ・2007年4月2日：校内研修において，2007年度の課題を確認し，研究開発の見通しを示す。新任教員も含め，基本用語を共通理解する。 ・2007年6月2日：校内研修において，グループに分かれ，ルーブリックづくりを行う。 ・2007年8月3日：各教科部会においてルーブリックづくりを行い，生徒たちの実態を把握する。教科における成果と課題を確認するとともに，指導を改善するための具体的方策についてアイデアを出し合う。 ・2007年8月23日：各教科部会において，8月3日に出されたアイデアを踏まえつつ，公開研究会の指導案づくりを行う。「本時の指導案」部分の改善のため，ストップモーション方式で模擬授業を検討する。 ・2007年9月：指導案をさらに検討し，洗練させる。各教科部会でミニ模擬授業を行う。 ・2007年10月26日：公開研究会を開催する。 ［後略］	

フォーマンス課題は発展していった。それとともに、当初めざされていた「理解」の内容は、より多くの教師たちに共有されるものとなると同時に練り直され、洗練されていった。

(2) 単元指導計画の検討会

衣笠中学校の研究開発において特に重要な意義を持ったのが、単元指導計画の検討会とルーブリックづくりのワークショップである。まず、単元指導計画の検討会の様子を紹介しよう（北原、2006b；Cf. 同、2006a、pp.29-36）。

表6－3は、2005年10月に行った英語科の森千映子先生との検討会の様子である。表6－4は、この検討会を経て作成された単元指導計画である。検討会に先立って森先生は、北原校長が提案している評価規準の「具体化」「精選化」「構造化」の考えを踏まえて、表6－4に示した5の欄を完成させていた。評価規準の「具体化」とは、学習指導要領や国立教育政策研究所教育課程研究センター（2002）「評価規準の作成、評価方法の工夫改善のための参考資料」などを参照しつつ、実際の生徒に身につけさせたい学力や取り組ませたい学習活動を想定して、指導要録の各観点に即して各時間の目標を記述することである。「精選化」とは、「具体化」で列記された評価規準のうち中心的に扱うべき必要最小限のものを絞り込むことである。「構造化」とは、「精選化」された評価規準の関連や順序性を考え、指導の展開を図示することである。

検討会では、「構造化」に示された囲みを手がかりに、森先生が持っているパフォーマンス課題のイメージを明確にしていくこととなった。①想定されて

表6－3　単元指導計画に関する検討会の様子(一部。北原, 2006b, pp.67-71。一部加筆)

1回目（2005年10月7日）
西岡：今日は、どうもありがとうございます。送っていただいた指導案を拝見して、今日は単元でパフォーマンス課題を一つ位置づけることを一緒に考えてみたいと思ってやってきました。よろしくお願いします。それで早速なのですが、夏休みの研修で「本質的な問い」と「永続的理解」というお話をしましたね。今回の単元の「本質的な問い」は何でしょうか？ 森：……［考え込む］ 西岡：ちょっと質問を変えましょう。今回ご用意いただいた指導案を見ると、パフォーマ

ンス課題がおぼろげに見えてきていますよね。たとえば「2 単元目標」で書いていただいている目標の二つのうち，上のほうは「事実的知識」「個別的スキル」に対応していますから，パフォーマンス課題で「永続的な理解」を育てようとしているのは，下のほうの目標だと思います。さらにこの「構造化」の図のここ［表6－4の矢印で指した枠］では，何か生徒たちに活動をさせることを予定されていると思うんです。どのような活動を予定されていますか？

森：この単元は，自分の意見や考えを述べることを学ぶところなので，意見の発表をさせることを考えています。教科書の教材では，［公園か駐車場か］についての意見文が扱われているのですが，それだとあまり生徒たちがのってこないので，新聞記事について検討させるか，部活動や校則について考えさせるか……テーマはもう少し自由にしてもいいかな，と考えているところです。

西岡：なるほど。どのようなテーマを扱うにせよ，「英語で意見を述べる」ということについて学ばせたいわけですよね。そうすると，「英語で意見を述べるには，どのようにすればいいのか」というのが「本質的な問い」になりますね［「本質的な問い」のメモを取る］。——これはかなり面白い問いだと思います。だって実際，英語と日本語では意見の述べ方が違いますものね。英語だと結論から言いますけど，日本語だと結論が最後に来るといった，文化的な違いにも気づかせることができそうです。では次に，「本質的な問い」に対する模範解答というようなイメージで，生徒たちに何を理解してもらいたいか，少し話してみていただけますか？

森：意見を述べる時には相手に伝わらないといけないのですから，そのためには筋道立てて話すことが重要になります。結論と理由，あと具体例を述べてほしいですね。今回の単元で教える文法事項であるif節，when節，because節，that節は，理由を述べたり具体例をあげる時に便利な表現なんです。

西岡：なるほど。そういう風に文法事項とパフォーマンスがつながるわけですね。「永続的理解」について，少し整理すると，こういう風になるでしょうか「自分の考えや意見を述べるには筋道立てて構成することが大切である。そのためには最初に結論を述べ，そのあとできれば具体例をあげながら理由を述べていくとよい。その時に，if節，when節，because節，that節などを使って表現することができる」［とメモに書きながら，確認する］。

森：なるほど，そういう風に書けばいいんですね。

西岡：では，次に，こういう「理解」に生徒たちがいたってくれるようなパフォーマンス課題を，GRASPSか「なやんだな…アア，そうか！」にあてはめて考えてみましょう。「自分の考えや意見を述べるには……」という「永続的理解」の内容を先生がそのまま伝えて暗記させても，本当にわかったことにはならないですよね。だから，「本質的な問い」を生徒たちが自覚せざるをえなくなるような文脈を考えてみていただきたいんです。

森：意見を言うような文脈ということですね。しかも英語で……［二人で考え込む］。

西岡：たとえば，市の公聴会とか，どうでしょうか？「市の政策について意見を求められました。公聴会で意見を述べましょう」というような。

森：いやぁ，それは生徒たちにはイメージできませんよ。

西岡：そうですねぇ。かけ離れすぎています。フィクションでもいいんですが……。

森：留学とかホームステイに来ている，ということにしましょうか。

西岡：そうですね。そのほうがイメージしやすいでしょうね。「何が目的か？」が「あなたの意見を伝える」。「役割」は「ホームステイに来ている中学生」。「誰が相手か？」……誰を相手することにしましょう？

森：ホームステイだから，その家の家族でしょうか。

［その後，さらにアイデアを出し合い，10月14日にも2回目の検討会を行い，ホームステイ先の学校でスピーチをするという課題が考案されていった。］

第6章 学校のカリキュラム・マネジメント

表6-4 公開した授業の単元指導計画（一部。2005年11月4日。森先生作成。北原、2006b、pp.64-66。一部加筆）

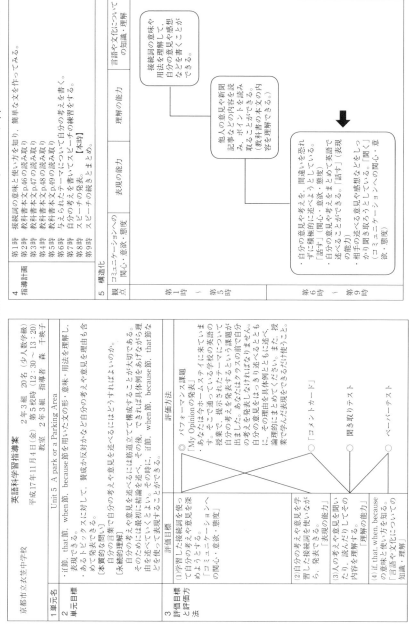

239

いる活動で追究されるべき「本質的な問い」は何か，②その問いに対応させて理解させたい内容は何か，③目標に照らして妥当性の高い課題のシナリオは何か，といった点について対話を重ね，森先生が当初おぼろげに念頭に置いていた目標と対応するパフォーマンス課題のシナリオが明確になっていった。

(3) ルーブリックづくりのワークショップ

教科部会の中で生徒の実態を正確に把握し，指導の改善を図る上で，とりわけ重要な役割を果たしたのが，**ルーブリックづくりのワークショップ**である（図6-4）。ルーブリックづくりに取り組む中で，たとえばグラフを書く際に「x軸・y軸を適切に設定するなどはあまりできない」という生徒たちの問題点が数学と理科の教師たちの間で共通理解された。これにより，数学においては，「比例と反比例」（1年），「一次関数」（2年），「関数$y=ax^2$」（3年）を扱う単元が同じ包括的な「本質的な問い」に対応するものとして捉えられた。単元間の系統性が意識

図6-4 ルーブリックづくりのワークショップの様子（2007年度。衣笠中学校提供）

されるようになり，類似のパフォーマンス課題に取り組ませる中で，より効果的に「永続的理解」の伸長が図られた。理科においても，実験計画を立てる，実験結果と考察をまとめるといった課題が，繰り返し取り入れられた。その結果，「行われている実験や観察の目的を考えられる生徒」，「グラフなどのデータをまとめたものの読み取りや，分析して考察できる生徒」，「学習している内容を，自分が理解できているかどうか判断できる生徒」が増えたという声が教

師たちから聞かれた（京都市立衣笠中学校, 2007；同, 2008）。

パフォーマンス課題に取り組む上で必要となる，汎用的スキルやメタ認知を育成するような指導上の工夫も積極的に取り入れられるようになった。たとえ

表6-5　教科部会において確認された成果と課題（数学科の場合。教師たちへのアンケート結果をふまえて，筆者作成。西岡, 2012, p.37）

	これまでの主な成果		確認された課題	公開研究会の指導案作成にあたっての目標
2007年度	・1年は「正の数・負の数」「比例・反比例」, 2年「式と計算」「連立方程式」「合同と証明」, 3年「平方根」の単元について，パフォーマンス課題を開発した。 ・3年間を通した単元間のつながりが見えてきた。 ・生徒の作品分析に基づき，生徒の学力実態や特性が見えてきた。 ・パフォーマンス課題については，必ずしもGRASPSのシナリオは必要ないと考える。 ・パフォーマンス課題は，すべての単元について用いるよりも，適切な単元に絞る方が良いのではないかと考え始めている。		・根拠にもとづき説明する力を育成するための指導方法の開発。 ・純粋数学に惹かれる生徒と，生活との関連づけに関心を持つ生徒など，生徒の多様性に応じた，多彩な課題の開発。	・1年「比例と反比例」, 2年「一次関数」, 3年「関数 $y=ax^2$」のそれぞれの単元は，3年間を通した関数領域として，「本質的な問い」「永続的理解」は同じ捉え方をしていく。
2008年度	・1年「文字の式」, 2年「一次関数」, 3年「$y=ax^2$」の単元についてパフォーマンス課題を新たに開発した。 ・1年「正の数・負の数」のパフォーマンス課題については，改良を加えた。	・例として，数量関係領域においてグラフをかかせるとき，x軸・y軸記載済み，目盛り設定済みのような出来合いのグラフ用紙にはグラフをかくことができる。しかし，グラフ用紙にx軸・y軸を適切に設定するなどはあまりできないところから，問題や結果を大局的に見ることには弱さが感じられる。 ・式の計算や方程式などにおいて，問題を容易に解くための方法論に長けている生徒が見られる一方で，その方法がなぜ成り立っているかを考えようとしていない面が見られる。 ・他教科（特に理科）などで扱われる式やグラフなど，数学と密接に関係する箇所については指導に取り入れることができるのではないかと考えている。		・数量関係領域については3年間を通した捉え方を目指す。 ・1年での「比例・反比例」という関数関係だけにとらわれず，「ともなって変わる2つの数量の関係」を見いだすことに重きを置く。

ば国語科では,教科横断で役立つ「教科書の読み方」を教える必要性が自覚されたことにより,「教科書のページ」を作るというパフォーマンス課題が開発された。また体育科では,仲間同士で効果的・効率的にアドバイスをするという課題が開発された(京都市立衣笠中学校,2007)。

このような研修を通して確認された成果や課題は各教科部会で整理され,公開研究会に向けた指導案改善の目標設定に活かされることとなった(表6-5,p.241)。ルーブリックづくりの作業は,教師たちが生徒たちの成長や発達課題をより明確に把握し,共同で指導改善に向けた目標設定を行うのに有効だったと言えるだろう。

2 教科や総合学習などの改善を図るための工夫
(1) 教科におけるパフォーマンス課題を開発・共有する書式

衣笠中学校の例が示すように,カリキュラム改善を図るためには,教師たちが教育実践上の課題(教師にとってのパフォーマンス課題)に取り組むこととなる。衣笠中学校の場合は,「パフォーマンス課題を取り入れた単元指導計画の策定」,「生徒の作品を踏まえたルーブリックの作成」,「パフォーマンス課題に対応できる学力を身につけさせる指導の改善」といった課題に取り組んだと言えよう。

現在では,衣笠中学校の事例などを踏まえて,開発されたパフォーマンス課題を端的に共有・継承していくための**書式(テンプレート)の工夫**も提案されている。表6-6(pp.244-245)は,京都市立京都御池中学校が公開研究会において配布した資料集から引用したものである。この書式は,3の「単元目標」と4の「評価方法」の欄で,**「知の構造」と評価方法**の対応(図2-1,p.82)を踏まえた目標設定と評価方法の整理を促している。特に太線で囲まれた「生徒ができるようになること」の欄においては,重点的に扱うべき目標を明確にするとともに,対応する課題(パフォーマンス課題)を設計することを求めている。さらに8の「評価規準」の欄では,評価規準を端的に説明するとともに右側で具体的な作品例(p.245)を示し,その内容が明確に伝わること

となっている。なお，京都御池中学校では，独自の取り組みとして，「総合的な学習の時間」の一部（年間10時間程度）を「読解の時間」として設定している。表中の6に「読解の視点」とあるのは，「読解の時間」で育成される汎用的スキルと本単元との関連を示したものである。

　一方，表6－7（pp.246-247）は，岐阜県立可児工業高校の河合英光先生によって作成されたものである。この書式の冒頭から4の「単元目標／評価の方法」までの欄，ならびに6の「ルーブリック」の欄は，表4－5（p.157）で紹介した京都府立園部高校の指導案の書式に倣っている。5の「単元計画」の欄は，表4－9（p.164）で示した指導計画の書式を参考に，小単元と評価の観点や評価方法の対応を示している。7の欄は，表6－6の京都御池中学校の「読解の視点」を参考に，この単元で育成される汎用的スキルを書き込む欄として作られた。表6－7には示されていないが，表6－6の例に倣い，作品例を添付することも勧められている。吹き出しには各欄に書き込む内容の説明が書かれており，この説明に即して書式を埋めていくことにより，「逆向き設計」の理解が進むようになっている。この書式は，単元開発で用いられるとともに，研究発表においても活用されている。

　教科において，カリキュラムを横断して扱われるようなテーマや概念・スキルを位置づけるために，単元指導計画の書式を工夫することも考えられる。表6－8（pp.248-249）に示したのは，**国際バカロレア**（International Baccalaureate：IB）の中等教育プログラム（Middle Years Programme: MYP）を実施している東京学芸大学附属国際中等教育学校で用いられた単元指導計画である（2012年度）。IBでは，「探究する人」「知識のある人」など10の「学習者像」で示された人間像をめざしている（福田，2015，pp.140-142）。また，「相互作用のエリア（Areas of Interaction）」（学習の姿勢，コミュニティと奉仕，多様な環境，健康と社会教育，人間の創造性）や重要概念（活用の幅が広く，10年・20年後も重要であるような概念）と関連づけつつ，単元設計を行うことが求められている（星野，2013）。

　表6－8の書式の冒頭では，それらと単元の問い（「単元クエスチョン」）と

表6-6　パフォーマンス課題と作品例を共有する書式
(京都市立京都御池中学校ほか, 2013。記入されている課題は, 井上典子先生の考案。井上, 2008; Cf. 西岡, 2010b, p.186)

関心・意欲・態度を伸ばす課題の工夫　　　　　　　　　　　　（　理科　8　年生　）

1	学習したところ（単元名）	単元1　化学変化と原子・分子	
2	どんな生徒たちですか。（生徒観）	学習に対する姿勢は真面目で, どの学習活動にもしっかり取り組もうとする。一方で, 考察の文章を考えたり, 相手に自分の意見を説明するといったことにおいては, 苦手意識を持つ生徒も少なくない。	
3	どんなことを教えましたか。その結果どんなことができるようになりましたか。（単元目標）	教師が教えること	生徒ができるようになること（意識させたい問い）
		物質の成り立ち, 化学変化, 分解, 化合, 原子記号, 化学式, 化学反応式, 質量保存の法則, 化学変化と熱の出入り	化合, 分解などにおける物質の変化やその量的な関係について理解するとともに, これらの事象を原子, 分子のモデルと関連づけることができる。
4	どうやって判断しましたか。（評価方法）	定期テスト 小テスト（原子記号, 化学式） レポート 実験ワークシート ノート パフォーマンス課題	課題：実験室の整理をしていたらラベルのはがれた黒い粉の入った瓶が出てきた。あなたは自分でその薬品が何かを調べてラベルを貼ることにした。実験室にあるもので物質を調べる実験を考え, 実験計画書を作りなさい。
5	学習したところをどういうふうにとらえて教えたのかを簡単に説明してください。（単元観）	物質はすべて原子からなり, 原子がいくつか結びついて分子を構成することをモデルを通して理解する。化学変化には分解や化合など様々なものがあり, それぞれの化学変化を化学反応式で表せるようにする。パフォーマンス課題で実験計画を立てるには, 本単元で学習した化学変化や原子・分子に関する知識・理解や, 本単元で行った実験の結果, 考察についての理解が必要である。それらを用いて, 自ら実験計画を立てる表現力を身につけさせたい。	
6	読解の視点	課題設定力	単元の目標を意識して, 学習した内容や様々な事物や事象から見いだした疑問をもとに課題を設定する。
		情報活用力	自分の考えや目的意識をもって実験を行い, 必要な情報を読み取り, 分析する。
		記述力	事実や自分の考えを, 根拠に基づいて文章化したり, 総合的な思考内容を適切な図や論理的な文章で表現する。
		コミュニケーション力	他者との意見交流を通してすり合わせをしたり, 自分の考えをよりよく理解する。
7	何を, どんな順番でどんなふうに教えましたか。（指導計画）	・物質を熱によって分解する実験を行い, 分解して生成した物質から元の物質の成分を推定できることを見いだす。 ・化学変化のうち, 分解について様々な反応を通して理解する。 ・物質をつくっている最小の粒を原子と呼び, その性質について理解する。 ・原子がいくつか結びついて分子を構成することを理解し, 化学式について学習する。 ・化学変化を化学反応式で書けるように練習する。 ・酸化や還元, 硫化といった化学変化について学習する。 ・質量保存の法則, 化学変化と熱の出入りについて学習する。	
8	出てきた作品をどのように評価しましたか。（評価規準）	①黒い物質として可能性があるものを4つ特定できている。 　（酸化銀, 炭素, 酸化銅, 鉄） ②実験の目的が明確である。 ③安全で簡単な実験を計画している。 ④黒い物質の特定のしかた（流れ）がよくわかるようなまとめ方になっている。 ※①～④　A：全部○　B○：3つ○　B：2つ○　B×：1つ○　C：どれも×	

244

第6章　学校のカリキュラム・マネジメント

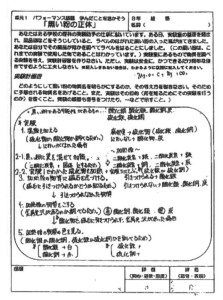

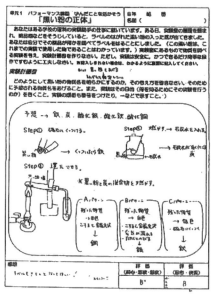

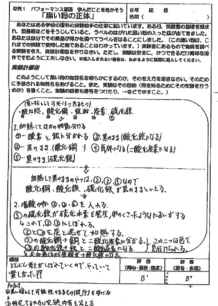

245

表6－7　単元計画書の書式と各欄の説明（表4－5，表4－9，表6－6を踏まえて作成されたもの。岐阜県立可児工業高校　河合英光先生提供）

単元計画書　　　　　　　　　　　　　　　　　　　Ver2014.8.28

教科名(科目名)	○○○○(○○○)	学校名	○○県立○○○○高等学校
単元目標 (学習指導要領)	学習指導要領　解説から関連する部分を抜き出す。		
対象クラス	○○○○○○科　○学年　○組	教科担当者	○○　○○
実施時期	具体的に日にちでも良いですが、2学期中頃のような書き方でもOKです。	単位数	○単位

1　この教科で重視したいこと(生徒の実態・教科の本質・社会に出てからの必要性等)

担当クラスの生徒の授業中の様子や、雰囲気、学力観等の記入。
指導している教科・科目が社会から求められていることや、その教科・科目の本質的な内容の記入。

2　このクラスの学年末到達目標

①関心・意欲・態度	②思考・判断・表現	③技能	④知識・理解

年間を通しての4観点を記入してください。

3　単元名　「○○○○○」　授業における、計画された学習活動のひとまとまりの事（章にあたる）

4　単元目標

ここには、この単元を通して、身につけさせたい力や考えさせたい内容などを記入してください。

重点目標

〈本質的な問い〉

ざっくりで良いので、この単元で身につけさせたい「本質的な問い」を記入する。答えが複数ある、または複数考えられるような内容がよい。長い文章ではなく、短めの問いがよい。
例　○○はどうなっているのか？どのように考えればよいか？どうすればよいか？など（詳細は別紙参照）

〈永続的理解〉

「永続的理解」とは、「本質的な問い」に対応する答え。理解の中身を具体的に記述する。なるべく「～は～だと理解する。」「～は、～である。」「～が有効である。」「～が必要である。」といった書き方が望ましい。

身につけて欲しい知識・技能

この教科・科目において最低限身に付けて欲しい知識・技能を箇条書きで記入します。
その時、「～がわかる。」「～ができる。」といった書き方になります。
例　○○の計算ができる。○○の意味を説明できる。○○の行動ができる。○○の意味がわかる。etc

評価の方法

パフォーマンス課題

「タイトル」

今回はパフォーマンス課題を行うことを前提に話を進めています。全ての単元で行う必要はないと思います。ここでは、パフォーマンス課題の「タイトル」と内容を記入します。

その他の評価

その単元で、パフォーマンス課題以外で行う評価方法を記入する。
（例　小テスト、期末考査、発表、実験、レポート、多岐選択問題、正誤問題、穴埋め問題、単語の説明（記述）など）

第6章 学校のカリキュラム・マネジメント

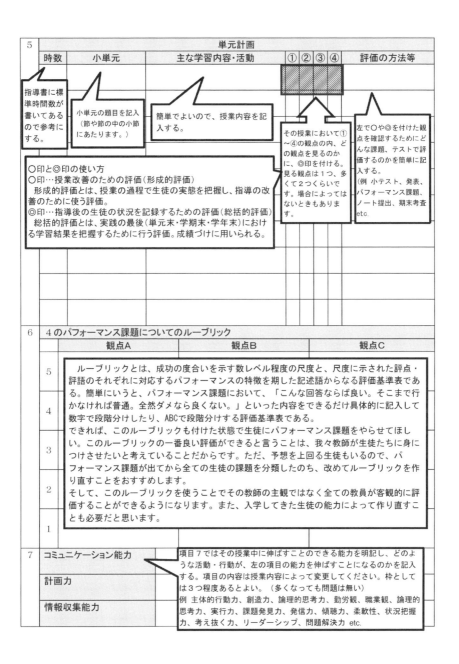

247

表6−8 国際バカロレアの中等教育プログラムにおいて用いられた単元指導計画
(2012年度。東京学芸大学附属国際中等教育学校 赤羽寿夫先生提供)

単元名	遺伝子組み換えとクローン（生命の連続性）
担当教師	赤羽寿夫　齋藤淳
教科と学年	2年　生物基礎Ⅱ
授業時数／学習期間	週2時間／1月〜2月

第1段階：重要概念、相互作用のエリア（AOI）及び単元クエスチョンの統合

IBの学習者像の焦点	探究する人
どのIBの学習者像に焦点を定めるか。なぜそれに焦点をあてるのか。	地球規模での貪欲権に際し、科学の力で乗り切る方法として、「遺伝子組み換え」や「クローン」の技術が導入が検討されている。その技術を知るとともに、生命尊重の問題同様さまざまな乗り越えなければならない課題について、あきらめず探究し続ける学習者を目指す。

相互作用のエリアの焦点	重要概念
どの相互作用のエリアに焦点を定めるか。そのエリアを選択した理由は？	大概念は？ 生徒に今後も長い期間思ってほしいこととは何か。
人間の創造性	変化
「遺伝子組み換え技術と先端の光と影」に着目し、最先端の技術を将来どのように活用されるかを検討するとともに、その創造がもたらす問題点にも焦点を当て、「クローン技術」についても同様に、比較検討をする。	生命誕生の原理を覆す技術や知識が常識ととらえてきたように、大きな変化が生じたととらえを受け入れるのではなく、自らの考えのもとにその変化を判断できる心を培っていく基礎となる。

MYP 単元クエスチョン Unit Question
（生物はどのように成長し、子孫を残すのか？） 世界規模の貪欲権をどう乗り切るか

評価

どのような課題であれば、生徒が単元クエスチョンに答える機会を持てるだろうか？ 理解を示す根拠として認められるのは何だろうか？ 生徒は、自分が理解した内容をどのようにして示すことができるだろうか？

本単元においては、生徒は以下の課題に取り組む
① 遺伝子組み換えとクローンの技術を理解する
② クローンの内容を理解する
③ 「遺伝子組み換えとクローンディベート」を読み
④ どちらの立場になるかディベートを行う
⑤ 「遺伝子組み換えの光と影」にまとめ、再考する
⑥ レポートにまとめる

この単元においては、具体的にはどのMYP目標に取り組むか？
本単元では、生命誕生の原理を学習した後、人による生命操作についてその有効性と問題点から自らの考えをまとめとして使用するのか？

どのMYP評価の観点を使用するのか？

規準A [一つの世界]
規準B [科学におけるコミュニケーション]
規準C [科学的知識と理解]
規準D [科学的調査]
規準E [科学に対する態度]

第2段階：逆向き設計：評価から探究による学習活動まで

生徒が単元クエスチョンに答えられるようにするには、どのような知識や技能を活用することになるのか？（コース概要にある）どのような知識やスキルを活用しているか。どの程度の水準の目指し、国、都道府県、市や地域によって定められている場合には、どの程度の水準の目指しのか。どのようなスキルを活用して取り組むべきなのか？ どのような単元第1段階の重要概念を発展させるために、その水準やスキルをどのように分類して取り込むかを目指すのか？

必要な知識やスキル
・DNA操作によるスキル
・1つの問題をとことん掘り下げる根気

学習指導要領、中学校指導要領　第4節　理科の以下の目標達成および内容の取扱いを目指している。

第6章　学校のカリキュラム・マネジメント

第2分野

1 目標

(1) 生物とそれを取り巻く自然の事物・現象に進んでかかわり、その中に問題を見いだし意欲的に探究する活動を通して、多様性や規則性を発見したり課題を解決したりする方法を習得させる。

(2) 生物や生物現象についての観察、実験を行い、観察・実験技能を習得させ、観察、実験の結果を分析して解釈し表現する能力を育てるとともに、生物の生活と種類、生命の連続性などについて理解させ、自然環境の保全に寄与する態度を育て、これらを総合的に見る見方や考え方を養う。

2 内容

(4) 生物とそれを取り巻く自然の事物・現象を調べる活動を行い、これらの活動を通して、生命現象について科学的に見る見方や考え方を育てるとともに、自然環境の保全に寄与する態度を育て、これらを総合的に見る見方や考え方を養うようにする。

生命の連続性

身近な生物についての観察、実験を通して、生命の連続性について認識を深める。

ア 生物の成長と殖え方

(ア) 細胞分裂と生物の成長

体細胞分裂の観察を行い、その過程を確かめるとともに、細胞の分裂と生物の成長と関連付けてとらえること。

(イ) 生物の殖え方

身近な生物の殖え方を観察し、有性生殖と無性生殖の特徴を見いだすとともに、生物が殖えていくときに親の形質が子に伝わることを見いだすこと。

イ 遺伝の規則性と遺伝子

交配実験の結果などに基づいて、親の形質が子に伝わるときの規則性を見いだすこと。

重要概念の発展のために

本単元における重要概念は生命誕生の原理を理解し、それを技術として人間生活に利用することであることから「話し合いにより」「遺伝子組み換え」の可能性を探ることが予想されるが、しっかりとした意見を持って、今後様々な技術が誕生することを同様に「クローン技術」の可能性を探る。ただ「クローン人間」については、受け入れるのではなく、批判的に見ることのできる思考力も必要である。

学習の姿勢ATL

この単元では、教科別および総合的な学習スキルをどのように伸長できるのか？

共同作業

・グループ活動・・・話し合いにより、「遺伝子組み換え」の可能性を探る

コミュニケーション

・判断する

情報リテラシー
・PC操作スキル・・・調べ学習

思考
・「遺伝子組み換えの光と影」から思考の変化を読み取る

振り返り
・レポートにまとめる

学習経験

生徒は自分に何が期待されているかをどのように知るのか？事例、ルーブリック（評価指針表）、テンプレートを見ることはできるか？

生徒はどのようなスキルを実演を身に付け、必要なスキルを実演できるか？このスキルをどのように応用しながら実演するか？

生徒がすでに持っている知識で十分かどのようにしてそれがわかるか？

以下に示す学習過程（経験）を経る。

① 導入学習エステラを提示し、「遺伝子組み換え」についてDNAレベルで学習する。（2時間）
② 「クローン」について、細胞レベルで学習する。（1時間）
③ 今後の技術についてどちらを選ぶかを話し合う。（1時間）
④ ディベート準備（3時間）
⑤ ディベート実施（1時間）
⑥ ディベートを踏まえて、レポートを作成する。（1時間）

教授方法

単元の途中で生徒にフィードバックするためにどのように形成的評価を利用すればよいか？

どのような多様な指導方法を用いればよいか？

全生徒に対して、指導と学習をどのように個別対応しているのか？母語以外の言語で学習している生徒のためにどのような準備をしてきたのか？（教育に関与する）特別支援のニーズのある生徒に対してどのように配慮してきたか？

学習過程に対応した指導のポイントを示す。

① 生命倫理についてその特徴を人が変えることを学ぶ。
② ①との違いについて学ぶ。【共同作業】
③ 各家庭の水道水について、さまざまな水質調査を行う。【共同作業】
④ 資料収集作業を行う。【コミュニケーション】
⑤ ディベートの実施における、意見交換をする。【コミュニケーション】
⑥ コピー等行わないよう注意しながら、レポートを作成する。【情報リテラシー】【思考】【振り返り】

リソース

どのようなリソースを利用できるか？

単元を学習するなかで、生徒の経験の幅と影響をどのように利用すればよいか？

・本単元で生徒に示す資料
「クローン羊」「遺伝子組み換えの光と影」の読み物

249

の統合を図ることが求められている。さらに「教授方法」の欄では，「学習の姿勢（Approaches to Learning）」（汎用的スキル）の指導が織り込まれることが構想されている（赤羽，2015）。書式全体の構成が目標・評価方法・学習活動の順に構成されている点に，「逆向き設計」論からの影響がうかがわれる。単元指導計画の書式として，1つの興味深い事例と言えるだろう。

(2) 探究的な学習に関する研究開発

　総合学習など探究的な学習の場合であっても，目標を踏まえて評価方法や学習経験・指導を計画するという点では「逆向き設計」が行われる。しかし，「逆向き設計」論が提案している「知の構造」（図2-1，p.82）は，教科を前提としたものである。探究的な学習の場合，学習者自身が問いを設定することが重視されるため，教科のように「本質的な問い」や「永続的理解」に対応させてパフォーマンス課題を開発するスタイルで研究開発を進めることは必ずしも適切ではないだろう。むしろ，図1-9（p.59）で示した単元の構造を念頭に置きつつ，適切な大テーマを設定するためのワークショップや，大テーマに対応する探究活動に関するブレーン・ストーミングを行うことなどが，指導にあたる教師たちの力量形成を図る上で有効である。中間発表会などの機会に学習者が進めている探究の進捗状況について教師が共同で評価し，その後の探究の深め方やそのための指導のあり方について議論することも重要である。

　探究的な学習の場合，単一の作品で適切なルーブリックを作ることは困難である。むしろ**「問題解決のサイクル」**（p.59）を評価対象の単位として捉えることで，**ルーブリックづくりのワーク**を構想することができる。一例として，科学技術振興機構（JST）が主催したスーパーサイエンスハイスクール（SSH）の「秋の情報交流会」（2015年9月27日）の分科会Bとして筆者らが提供したワークショップの様子を紹介しよう。講師としては，筆者のほか京都大学の石井英真准教授，大学院生の大貫守氏・福嶋祐貴氏が担当した。

　このワークショップには，全国197校のSSHから各1名の教員が参加した。一堂に会してワークショップを実施することは，会場の広さとワークショップ

第6章　学校のカリキュラム・マネジメント

表6－9　事前レポートの内容（筆者作成）

●指定校番号，学校名，氏名，課題研究の担当教科（科目）
●課題研究の授業において最も伸びたと感じる生徒（グループ）の活動について，下記の点について教えてください。

（ア）取り上げる生徒（グループ）の研究テーマ（端的に）
（イ）研究のスタイル　個人研究か，グループ研究か
（ウ）今回扱う事例の期間（例：2年生4月から9月）
（エ）その生徒（グループ）の活動について，次の場面1～3を想起して，その様子を書いてください。

場面1　その生徒（グループ）は課題研究の初期の段階でどのような様子でしたか。その生徒（グループ）の実態に対し，どのような指導（言葉がけなど）をされましたか。
場面2　その生徒（グループ）は課題研究の中間の段階でどのような様子でしたか。その生徒（グループ）の実態に対し，どのような指導（言葉がけなど）をされましたか。
場面3　その生徒（グループ）は課題研究の最終段階でどのような様子でしたか。その生徒（グループ）が伸ばした力を端的に言うとすれば，どのような力と言えますか。

の形態から困難であったため，午前121名，午後76名に分けて，同様の内容で2回実施した。

このワークショップにおいては，事前に各校の参加者に表6－9の内容を含んだレポート（A4用紙1枚）の提出を求めた。また，当日にグループメンバーと共有できるよう，レポートのコピーを6部持参するように伝えた。

当日は，まず教育評価やルーブリックといった基本的な用語の意味を説明するとともに，**事例から評価規準（基準）を読み取る**とはどういうことなのかを，具体的なイメージを示しつつ説明した。たとえば，「よく飛ぶペットボトルロケットを作りたい」という生徒が何のこだわりも持たず，闇雲に作って飛ばしていた場合，教師は「よく飛ぶとはどういうことか？」「どんなペットボトルロケットがよく飛びそうか？」といった問いかけをすることだろう。そのような問いかけの根底には，「実験で調査できるような条件（変数）を明確にした研究課題を設定できる」という目標・評価規準がある，といった説明をした。その後，グループワークにおいて取り組む作業についても説明した。

次に，類似のテーマの事例を持参している参加者同士で数人ずつのグループ

を作った。各グループには，模造紙1枚と付箋紙を配付した。グループワークでは，まず参加者が順にレポートを読み上げた。他のメンバーは，レポートの生徒（グループ）の事例にどのような成長が見られると考えられるか，聞き取った評価規準（基準）を付箋紙に書いていった。

報告が一通り終わると，それぞれが書いた付箋紙を模造紙に貼りながら，どのような評価規準（基準）を聞き取ったのかについて報告した。模造紙には，5つのレベルに分けて付箋紙が貼れるようなテンプレートを用意した。レベルについては，表6－10のように説明した。付箋紙を貼りながら報告する際には，具体的な事例に即して，どのように成長が捉えられたかについて説明し合った。

さらに類似の規準については付箋紙を近くに貼り，メンバーで相談しながら観点を分けていった（図6－5）。最後に，観点の名前をつけて，模造紙に記入した（図6－6）。

表6－10　5つのレベルの説明

5	高校生として極めて高いレベル
4	高3で一般に到達してほしいレベル
3	高2で一般に到達してほしいレベル
2	高1で一般に到達してほしいレベル
1	高校入学時に概ね期待されるレベル

図6－5　グループワークの様子

図6－6　付箋紙を整理した模造紙

このようなワークショップは，探究的な学習におけるルーブリックづくりの1つの進め方と言えるだろう。参加者からは，「校内でも，同様のワークショップを行ってみたい」という声が寄せられた。

(3) カリキュラム・マップの活用

　効果的に学習を進めていくためには，教科や領域を越えた単元間の関連づけや構造化を図ることが重要である。たとえば，スーパーグローバルハイスクール（SGH）の1つである金沢大学人間社会学域学校教育学類附属高等学校では，総合学習（「地域課題研究」）で「地域や人々を幸せにする方法を提案する」という課題を生徒に与えている。そこではブレーン・ストーミングなどを行って探究するテーマを決定し，方法論の指導が行われた後，「能登現地学習」やフィールドワークを実施する。それらを踏まえてまとめた提案内容は20分間で発表され，生徒たちは質疑応答を受けることとなる（山本，2015）。このような課題に取り組むにあたっては，地域の特徴を捉えるという上で地理の学習や，インタビューや発表を行う上で国語の学習が活用されることとなる。

　したがってカリキュラム設計にあたっては，総合学習で活用されるような形で教科学習の充実を図り，教科学習の成果を活かして総合学習を深めるといった，教科と総合学習の相互環流を図ることが重要である。そのような相互環流の活性化のために，年間の見通しをわかりやすく示すような**カリキュラム・マップ**の作成が有効だと考えられる。**カリキュラム・マップ**とは，教える内容のトピックなどや日程を明示した計画表に配置したものである。年間指導計画は，カリキュラム・マップの1つの形と言えるだろう。

　図6-7に示したのは，カリキュラム全体で単元間の構造化を図るために年間の見通しを立てた**年間指導計画**の例である。この図において，楕円で囲まれている部分がパフォーマンス課題に該当する。この図を作った引佐郡細江町立伊目小学校（当時）の望月実先生は，まず＜学級目標＞の欄にある「指導目標」を12月までに達成するという見通しを立てた。次に，その見通しを達成できるように子どもたちがパフォーマンス課題に繰り返し取り組んでいくという構想を立て，そこでは子どもたちの問題意識の高まりを活かした課題を設定することが意図された。

　たとえば，5～7月の丸囲みでは，国語科の単元「話し合いの達人へのストーリー」において，社会科の単元「これからの食料生産」と関連づけて，次の

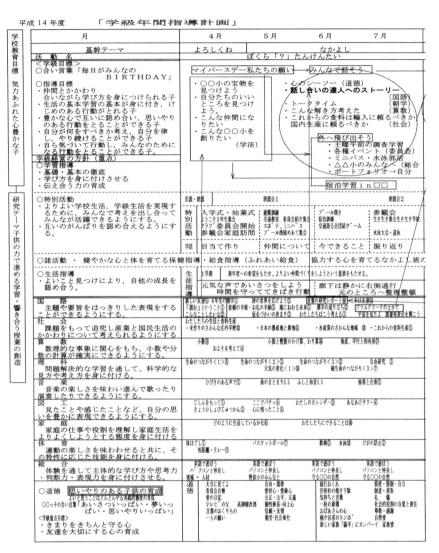

図6-7　年間指導計画の例（2002年度。望月実先生提供）

第6章 学校のカリキュラム・マネジメント

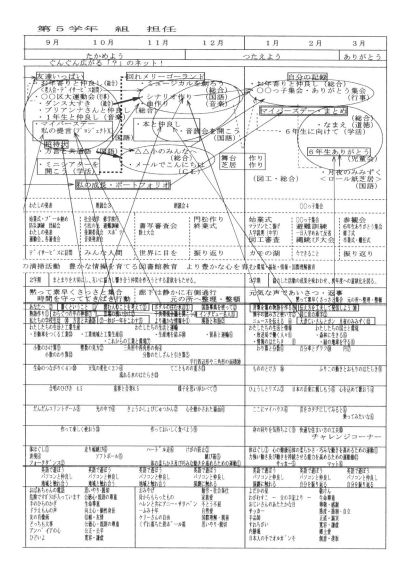

ようなパフォーマンス課題が与えられた。「あなたは，国の食料対策会議の委員になりました。そこでは，『これからの日本の食料は輸入に頼るべきか，国内生産に頼るべきか』について議論されています。あなたの意見をわかりやすくスピーチをしてください」。年度当初，子どもたちは話し合いに困難をきたしていた。話し合おうにも，友達が何を言っているのかわからないというような状態だったのである。そこで，望月先生は学年の早い時期に話し合う力を育成したいという意図を持ち，教科書の「言葉の研究リポート」と「インタビュー名人」の章を組み合わせて単元「話し合いの達人へのストーリー」(16時間)を設定した。単元の中では，文の構成や一文の長さなどに現れる書き言葉と話し言葉の違いを学ぶとともに，スピーチやディベートといった形で話す練習を重ねた。その後，社会科の学習で高まった問題意識を活かして上記のスピーチ課題に取り組むこととなったのである（望月実先生へのインタビュー，2015年12月8日；Cf. 望月，2016）。

　図6-7においては，教科，総合学習，特別活動などとの関係でパフォーマンス課題がどう位置づくかが整理されている。この例は，小学校の学級担任として望月先生が個人で作ったものであった。中学校や高校においては，学年を担当している教師たちが同様のマップを共同で作れば，教科間の連携も図りやすくなることが期待される。さらに，カリキュラムにおいて重視したい汎用的スキルやテーマ（「人権」「環境」など）がある場合，そのスキルの育成やテーマの探究に適した単元との対応を整理することも考えられる。いったん作成したカリキュラム・マップについては，年度末までに実態を踏まえて検討し直し，次年度に向けて改善すべき点を引き継ぐという取り組みが求められるだろう。

第3節　スタンダードの開発と活用

1　スタンダードとは何か

　学校がカリキュラムを作る際には，社会的に共通理解された目標や評価基準に照らし合わせつつ進めることが有効な場合もある。そのように社会的に共通

表6−11　ウィギンズ氏によるスタンダードの分類（Wiggins, 1998a, p.106）

内容スタンダード：生徒は何を知り，何ができるべきか？
パフォーマンス・スタンダード：どれぐらい上手に生徒は作業をするべきか？
課題（作業−設計）スタンダード：価値のある厳密な作業とは何か？　どのような課題を生徒はできるようになるべきか？

　理解された目標・評価基準（学力の観点と水準）を**スタンダード**と言う（石井，2011a）。

　米国において開発されている例を見ると，スタンダードは，ⓐ学習者に教える内容や学習者の達成を評価する基準と，ⓑ教育に関わる諸条件の質保証のための基準に大別される。ウィギンズ氏は，スタンダードを表6−11の3種類に分類している。「内容スタンダード」と「パフォーマンス・スタンダード」がⓐ，「課題（作業−設計）スタンダード」がⓑに該当する。米国におけるアカデミー（学術協会）の1つ，米国学術研究推進会議（全米研究審議会：NRC）が作成した『全米科学教育スタンダード』（NRC, 1996/2001）では，「科学の内容スタンダード」（ⓐ）とともに，「科学教授スタンダード」「科学教師のための専門性向上スタンダード」「科学教育におけるアセスメント［評価］・スタンダード」「科学教育プログラム・スタンダード」「科学教育システム・スタンダード」（ⓑ）が示された。2012年には「期待されるパフォーマンス」（「パフォーマンス・スタンダード」に該当）を策定する方針が示され（NRC, 2012），その方針に即した『次世代科学教育スタンダード』（NGSS Lead States, 2013）が公表されるに至っている（Cf. 大貫，2014）。

　日本においては，スタンダードというと国家が提示する「内容スタンダード」である学習指導要領がイメージされがちである。しかし，米国の例が示すように，「内容スタンダード」はスタンダードの一種に過ぎず，またスタンダードが学術的専門家集団などにより提案される場合もある。スタンダードは，地域やネットワークで学校現場での知見を集約して作るという方法で構想することもできる。つまり，国家でもなく各学校でもない「中間の公共性」を担う

組織（「中間項」：西岡，2003，p.209）を基盤として開発するスタンダードも構想されてしかるべきだろう。そこで次に，そのようなスタンダード開発を試みた事例を2つ紹介しよう。

2 教師たちのネットワークを活かした試み──「E.FORUMスタンダード」
(1) E.FORUMとは何か

まず表2－11（pp.114-115）で紹介した「E.FORUMスタンダード」の場合を紹介しよう。E.FORUMとは，京都大学大学院教育学研究科が2006年に設立した会で，「広く教育に関心を持っている人々が集まり，教育をめぐる事柄について共に語り合うことによって，お互いの教育力量を向上させること」を目的としている。毎年，全国の希望者に研修を提供するとともに，研究開発の基盤としても機能するような教師たちのネットワークの構築をめざしている。

E.FORUMの特徴は，一過性の研修に終わらせないよう，研修の受講者を会員として登録するとともに，研修成果を活かした実践を持ち寄って交流する機会を積極的に設けている点にある。さらに研修や実践の成果を蓄積するため，創設と同時に「カリキュラム設計データベース（Curriculum Design Database: CDDB）」を，2012年度にはその後継として「E.FORUM Online（EFO）」を開設した。このデータベースには掲示板も併設され，大学からの情報発信や会員間の交流に役立っている。

(2) プロジェクトS「スタンダード作り」の経緯

E.FORUMのネットワークを活かして2009年度から取り組んでいる共同研究プロジェクトが，プロジェクトS「スタンダード作り」である。このプロジェクトは具体的には，次のような手順でスタンダード開発を進めてきた。

① プロジェクトSの開始（2009年10月）

筆者は，E.FORUM設立（2006年）以来，毎年「逆向き設計」論を踏まえてパフォーマンス課題を作るワークショップを提供してきた。それにより各地で，良質の実践が生み出され始めた。そこで，それらの知見を集約し，実践づくり

の参考になるような資料として「E.FORUMスタンダード」の開発を構想するに至り，2009年8月の研修で参加者に共同研究プロジェクトの開始を予告した。

プロジェクトSは当初，各教科における重点的指導事項とは何かを探り，包括的な「本質的な問い」・「永続的理解」について議論していくとともに，児童・生徒の作品を分析して，学校を越えたルーブリックや，学年を超えた長期的ルーブリックを開発することをめざして始まった。まずCDDB上で，2009年10月に会員向けにプロジェクトへの参加を呼びかける書き込みを行った。そこでは，「E.FORUMスタンダード」開発の趣旨を説明するとともに，パフォーマンス課題を取り入れた実践に1年以上取り組んできたE.FORUM会員に『「スタンダード作り」基礎資料集』への寄稿を呼びかけた。寄稿に際しては，概要，「本質的な問い」の入れ子構造図，「永続的理解」の入れ子構造図，パフォーマンス課題の例，1年以上の発達を捉える長期的ルーブリック，児童・生徒の作品例の6点をそろえるよう依頼した。36名の会員が寄稿し，2010年8月に『基礎資料集』(E. FORUM, 2010)が完成した。

② 「学校教育研究フェスタ」でのシンポジウム開催(2010年8月，2011年8月)

次に，『基礎資料集』やCDDBに蓄積されたデータ，パフォーマンス評価関連の文献(西岡，2008b；西岡，2009b；田中，2011など)，学習指導要領や諸外国で開発されているスタンダードなどを踏まえつつ，各教科における重点目標を検討するシンポジウムを開催した。2010年は算数・数学(石井英真氏)，国語(八田幸恵氏)，英語(赤沢真世氏)の3教科，2011年度はこれらに社会(鋒山泰弘氏)，理科(中池竜一氏)を加えた5教科について提案を行った(( )内は各教科の取りまとめ担当者。理科は2013年末から大貫守氏)。

この成果については，雑誌『指導と評価』の連載「思考力・判断力・表現力を育てるパフォーマンス課題」(2011年10月号～2012年3月号)においても成果を報告する機会が得られた(西岡，2011b；石井，2011b；赤沢，2011；八田，2012；鋒山，2012；中池，2012)。連載では，5教科について「包括的な『本質的な問い』と対応する課題例」を整理した表を掲載した。

③ **教科等別分科会での検討（2012年8月，2013年8月）**

　2012年度・2013年度の夏の研修では，各教科の議論をさらに深めるために教科等別分科会を開催した。5教科に加えて，体育，技術・家庭科については北原琢也氏が，音楽，美術については小山英恵氏が取りまとめを担当した。

　教科等別分科会では，各担当者が各教科の包括的な「本質的な問い」と「永続的理解」，パフォーマンス課題の例を整理した表の形で，「E.FORUMスタンダード（草案）」を提案した。また，2，3名の会員による実践報告（2012年度）や，参加者による実践交流（2012・2013年度）などを行った。特に，2013年度については，「E.FORUMスタンダード（草案）」の拡大コピーを用意し，参加者がグループに分かれて気づきを付箋紙に書く，それらを紹介し合いながら検討をする，というワークショップ形式を取ったことで，スタンダードの検討を深めることができた。

④ **「第1次案」の公表（2014年3月）と「第2次案」に向けての作業の開始（2015年8月）**

　こうして2014年3月には「E.FORUMスタンダード（第1次案）」が完成し，『「スタンダード作り」成果報告書』（E.FORUM，2014）を作成した。この報告書には，スタンダード開発の背景にある研究成果を紹介する論文も収録している。「第1次案」については，同時期にE.FORUMのウェブページ上でも公開した。

　2015年度からは，「E.FORUMスタンダード」の改訂に向けた取り組みを始めている。同年8月の研修では，シンポジウム＆ワークショップ「『E.FORUMスタンダード』を再検討する」を開催した（図6－8）。取りまとめ担当者よ

図6－8　「『E.FORUMスタンダード』を再検討する」の様子（2015年8月22日）

り改訂したいポイントなどを提案し，参加者が付箋紙に意見を書いた後，教科別のグループに分かれて議論を行った。今後も，「第2次案」の作成に向けて同様の検討を重ねていく予定である。

このように「E.FORUMスタンダード」とは，取りまとめ担当の研究者を中心として，学会の知見も踏まえつつ，実践交流の場やデータベースに寄せられた事例や意見を集約する形で作成に取り組んでいるものである。「E.FORUMスタンダード」は，策定のプロセスそのものが参加する教員にとっての研修となり，E.FORUMに直接参加しない教員にとっても参考資料として役立つことが期待されている。実際，筆者が行う研修で「E.FORUMスタンダード」を紹介すると，「『本質的な問い』やパフォーマンス課題を一から考えるより考えやすい」といった好評の声が寄せられる。

「E.FORUMスタンダード」は，あくまで「逆向き設計」論にもとづいてパフォーマンス課題を開発・活用するための参考資料である。学校段階ごとの「本質的な問い」や「永続的理解」を提案している点では，ある種の「パフォーマンス・スタンダード」として機能することも期待されていると言えるだろう。

3 地域におけるスタンダード開発の例──「乙訓スタンダード」

(1) 開発の背景

次に，地域においてスタンダードを開発している事例を紹介しよう。2010年の指導要録改訂に際しては，「評価の結果が進学等において活用される都道府県等の地域ごとに，一定の統一性が保たれることも求められる」（中央教育審議会初等中等教育分科会教育課程部会，2010）とされた。しかし，学校現場において，「一定の統一性」を実現するために，どのような公共の議論が組織されるのかについては，十分に明らかにされていない。

そうした状況の中，京都府乙訓地方においては，「**乙訓スタンダード**」を作る取り組みが行われている。乙訓地方は，向日市，長岡京市，大山崎町の2市1町からなる地域である。「乙訓スタンダード」づくりの取り組みには，乙訓地方の全中学校（8校）が参加している。

「乙訓スタンダード」づくりの取り組みが始まったのは，2011年度のことである。2010年の指導要録改訂を受けて，8中学校では，2012年からの施行に向けて，改めて学力評価計画を策定する必要性が高まっていた。その際，乙訓地方中学校長会において，評価計画について何らかの統一的な方針を打ち出したいという意見が出された。中学校長会では，従来から「目標に準拠した評価」の実施に際し，観点別評価と評定の「レベル設定（カッティングライン）」などについて，一定の合意が形成されていた。しかしながら，この合意は緩やかなものであったため，実際には各学校で立てられる学力評価計画には多様性が生じていた。高校入試に向けた内申書作成への強い関心が保護者から寄せられる中，中学校の教師たちには，学力評価に関わる説明責任がひときわ重く問われる。また乙訓地方は，行政上は京都府乙訓教育局が管轄する地域であり，教員の異動も主にこの2市1町の間で行われている。教師たちには，学校を異動するごとに異なる評価計画に対応しなくてはならないという負担がかかっていたのである。

　さらに2008年改訂学習指導要領において，「思考力・判断力・表現力」重視の方針が打ち出されたことから，それらの力を育成するために学校における指導と評価の改善を図りたいという意向もあった。観点別評価の重みづけをどうするのかという議論に過剰な労力を費やすよりも，観点別評価の中身の充実を図りたいとの要望が生まれていたのである。

　しかしながら一方で，学校間で統一した評価計画を立てれば，各学校，さらには教員の自由裁量が縮減してしまうことにもなる。したがって，中学校長会で「乙訓スタンダード」を作成するという方針を決定するにあたっては，慎重な議論が行われた。その結果，全教員にアンケートを取り，その結果を踏まえつつ「乙訓スタンダード」を作成すること，ならびに「乙訓スタンダード」については年度ごとに見直しを行い，改善を図ることが決定された（2011年8月16日）。また，この決定を受けて，筆者は教育評価研究者の立場からの指導・助言を求められることとなった。

(2) 全教員へのアンケートの実施

中学校長会の決定を受けて，2011年8月に全教員を対象にアンケートが実施された。このアンケートに添えられた依頼状が，図6－9である。依頼状の中では「乙訓スタンダード（確認事項）」の意義が説明され，「決定までの流れ（予定）」が示された。

アンケートでは，スタンダードの意義として，評価の信頼性・妥当性が高まること，教育実践の指針となること，説明責任を果たしやすくなること，進学先に対しても取り組みをアピールできることが説明された。また「決定までの流れ」では，アンケートを踏まえて校長会としての原案を作成したのち，もう一度，各校での検討を経て決定するという流れが示されており，慎重に議論を重ねようとする姿勢を伝えるものであった。

平成23年8月吉日

各中学校・教職員各位

乙訓地方中学校長会

「目標準拠評価に関するアンケート」について

来年度から新学習指導要領・新指導要録が完全実施されます。

校長会では，今回の改訂にあたり，乙訓地方における「目標準拠評価の実施に関する乙訓スタンダード（確認事項）」を再検討します。

新学習指導要領・新指導要録の趣旨に即した的確な「乙訓スタンダード」（確認事項）を開発することで，指導に役立つ評価，また，思考力・判断力・表現力の判定基準の具体化を進めたいと考えています。そのための重要な資料となりますので，別紙のアンケートに，ご協力ください。

記

1　「乙訓スタンダード」（確認事項）の意義

（1）評価の信頼性が高まる。
・生徒・保護者にとっては，どの学校でも，一貫した評価を受けられる。
・教員にとっては，学校を異動しても，評価で戸惑わなくてすむ。
（2）評価の妥当性（カリキュラム適合性）が高まる。
・より効果的に評価ができ，「確かな学力」をより的確にとらえることができる。
・より効率的に評価ができるようになり，無駄な労力が省ける。
（3）教育実践の指針となる。
・優れた実践の知見を共有できる。
・教員同士で，実践改善のためのアイデアが出しやすくなる。
（4）説明責任が果たしやすくなる。
（5）進学先に対しても，「乙訓」の取り組みをアピールできる。

2　「乙訓スタンダード」（確認事項）決定までの流れ（予定）

（1）「目標準拠評価に関するアンケート」の実施　………8月
（2）アンケートの整理・分析　………9月
（3）「乙訓スタンダード」原案の作成　……10月
（4）各校で，「乙訓スタンダード」の検討　……11月
（5）「乙訓スタンダード」の決定　……12月

3　アンケートの提出〆切　8月31日（水）

図6－9　中学校長会によるアンケートの依頼状（2011年8月）

アンケートは，観点別評価のための評価資料とＡ／Ｂ／Ｃの判断基準の方式，各観点の重みづけ，観点別評価を「評定」に変換するルールについて，それぞれの教員に希望を尋ねるとともに，意見・要望・質問を自由に記述させる内容であった。またアンケートには，観点別評価において用いられる「必要最小限」の評価資料に関する質問項目が入っていた。これは，観点別評価に対応する評価方法への意識づけを喚起すると同時に，評価に関わる過剰な負担を減

らす方向性を探ろうとする姿勢を示すものであった。パフォーマンス課題やルーブリックといった，当時は8校の教員の大半にとってなじみのない用語についても，アンケートの中で紹介された。

(3)「評定」と「観点別評価」

各学校で回収されたアンケートは集計され，結果が中学校長会で報告された。それを踏まえ，中学校長会が「乙訓スタンダード」の原案を作成した（2011年11月10日）。各校が職員会議などで原案について検討したのち，一部を修正して，2012年度用の「乙訓スタンダード」の確定へと至った。

表6－12は，2011年12月13日に中学校長会で確定した「乙訓スタンダード」である。まず「乙訓スタンダード」決定までの流れが紹介され，「乙訓スタンダード」作成の目的・意義，ならびに指導と評価の計画が最終的には各校の校長の権限であることが再確認されている。

その上で，「評定」の付け方については，「評定」用ルーブリックによって各評点に期待される学力実態を示すとともに，「観点別評価」からの変換ルールが決められている。アンケートにおいて，「観点別評価」からの変換ルールについては，①百分率（％）に変換する方式を希望した教員が159名（79.5％），②A／B／Cの組み合わせを希望した教員が41名（20.5％）であった。なお，②を希望する教員が最も高かった教科は技術科（42.9％），最も低かった教科は美術科（0％）であった。「乙訓スタンダード」では，この結果を踏まえ，百分率に変換する方式が採用されている。ただし，評価の簡素化の観点から，今後②の方式に移行することも検討する可能性が留保されている。

「観点別評価の重みづけ」については，教科ごとに集計されたアンケート結果を踏まえて決定された。たとえば，社会科であれば，各観点に対応する重みづけはそれぞれ20％・25％・25％・30％といったようにである。これらの割合には，アンケートにおいて算出された平均値や頻出パターンを踏まえつつ，基本的には切りのよい数字が採用されている。観点別評価の重みづけについて原案から修正されたのは技術・家庭科の部分だけであり，これは技術と家庭で

重みづけをそろえたいという要望が出されたためであった。なお，この重みづけは年度末に指導要録に評定を記録する際に用いるものであり，学期ごとの重みづけは各学校が判断できることになっている。このように中学校長会が学力評価について規定しているのは，観点別評価から評定への変換ルールと，各観点に配分する重みづけまで（表6－12の【評価計画Ⅱ】の上部太線囲み部分）である。

加えて，【評価計画Ⅱ】では，観点別評価に対応させて，各単元で設定すべき「必須目標」，ならびに成績づけのための評価方法と評価の時期について計画するための書式が示されている。特に「基本方針」の項目5において，「(2) 評価方法については，途中経過を確認し，指導と学習を改善するためのもの（形成的評価）と，成績づけのためのもの（総括的評価）とを，明確に区別して計画する」，「(3) 成績づけのための評価方法については，必要最小限のものに絞ることにより評価の効率化を進める」という方針が示されていることは，評価に関わる教員の過剰な負担を軽減しつつ，妥当性の高い評価方法について考えることを促す点で意義深い。

さらに，評価方法については，同じ項目において「(5) ……思考力・判断力・表現力を育成するため，パフォーマンス課題……を可能な範囲で取り入れる」ことが推奨されている。知識や技能を活用する力を育成する上で，パフォーマンス課題を取り入れることは1つのカギとなる。しかしながら，パフォーマンス課題を取り入れることは，単元によっては困難を伴うものであり，教員の授業スタイルに合うかどうかの問題もある。あくまで「可能な範囲で」と指定していることは，適切な判断と言えるだろう。また同様に，「(4) 必須目標，および成績づけのための評価方法については，年間指導計画の作成を通して整理することができる」とされている。年間指導計画作成のための書式としては，表4－9（p.164）が指定された。

その後，2011年度末までに，乙訓地方中学校教育研究会（以下，中教研）の教科部会において，2012年度用の「年間指導計画」と「評価計画Ⅱ」が作成された。これらの計画は，実践を踏まえつつ引き続き検証・改善が図られるべ

表6-12 「乙訓スタンダード」(2011年12月13日)

平成23年12月13日
乙訓地方中学校長会

「乙訓スタンダード」

「乙訓スタンダード」は、これまでの各中学校での議論を踏まえ、新たに打ち出す「乙訓スタンダード」の骨格案を、12月13日（火）の校長会で決定したもので、別紙「『乙訓スタンダード』決定までの流れ」のとおりである。
※別紙「『乙訓スタンダード』決定までの流れ」参照

1 各校の議論を踏まえて、広域会として決定したこととして、以下のとおりである。
(1) 今回決定する「乙訓スタンダード」の議論素案を踏まえ、12月6日（火）の校長会は、12月13日（火）の校長会で「乙訓スタンダード」（下記①）に立ち返る。
(2) 議論の出発点は、「乙訓スタンダード」（新2・3年生）に、評価の目的と、4観点（下記）による。
(3) 評価の目的・性格については、各校の校長が確認する。
(4) 来年度、校種（新1・2・3年生）に、連続性や不利益にならないように運用する。
(5) 観点別評価の重みづけは、学校ごとに。年間指導計画に位置づけ、学校ごとの改善を図る。
(6) 評価「3」のカッティング・ラインが、「すべての校種」で50%では難しいので意見が出ているが、全教科の「3」以上を目指す。
(7) 今回決定する観点別評価を踏まえ、各学校の平成24年度以降、実践・評価する。

2 今後の日程
(1) 「乙訓スタンダード」の指導計画・評価計画の作成（生徒・保護者にとって、どの学校でも同じく評価/教科を通じ、学校を貫くものを残した評価）
 ア 1月末までに指導計画・評価・評定・2月末までに評価計画の作成を進める。
 イ 中学校では、中学校で作成している指導計画を踏まえて、各校の平成24年度以降の評価計画と年間指導計画を各学校ごと、本年度まで実施する。
 ウ 今回決定する観点別評価を踏まえ、年間指導計画・研究などを交換する。
 エ 夏季休業中、各学校の評価計画、年間指導計画、テスト問題等の情報交換
 オ 来年度までに、1学期の実践・研究などを行う。「乙訓スタンダード」の検証・改善を行う。

★「広域都中学校長会の指導助言から」※京都府教育大学連合から委員を選出のうえ確定していただきました。

※「広域都中学校長会のご助言も含め、決定にご支援いただきました。」

基本方針

2 「乙訓スタンダード」の評価計画には、次の2つを設定・作成する。
――基本的な枠組みの基準案を示すもの

【評価計画I】……観点別評価のつけ方と「評定」への変換ルール
一貫する成果つけの仕方などを示すもの

→Iに重ねらわせて、Iの内容的なものになっているかなど、点検する。

【評価計画II】……「評定」用ルーブリック（評定基準表）
→平成24年度は、全教科で使えるものを作成する。
観点に対応するルーブリックの、観点別各教科にけるレベル別出題基準表

3 【評価計画II】……「評定」用ルーブリック（評価基準表）
(1) 平成24年度は、全教科で使えるものを作成する。
 観点に対応するルーブリックの、観点別各教科の作成。

将来的には、各教科で使えるルーブリックの、観点別各教科のルーブリックを作成することを検討する。

---

4 【評価計画I】……観点別評価のつけ方と「評定」への変換ルール
(1) 平成24年度は、「評定」への変換ルールと、観点別評価の重みづけの部分についてのみ、乙訓地方で決定する。
 ※観点別評価については、別紙のとおり、各校ごとする。

5 各観点に対応する必須項目、成果つけのための評価方法
(1) 「乙訓スタンダード」でいう必須項目とは、その学年で求められている各項目のうち、生徒全員の達成が特に期待と位置付ける重要なものである。
※【評価計画I】（「評定」用ルーブリック）の「評定」で求められている「50%」の内容を示すものである。すなわち、必須項目の達成を測定していることが、「評定3」の基準となる。

(2) 評価方法は、成果つけのための、途中経過を確認し、指導と学習を改善するためのもの（形成的評価）と、成果つけのための（継続的評価）と、明確に区別して計画する。成果つけのための評価方法においては、必要はされる多彩のものに限定し、指導と学習の改善に生かす。

(3) 成果つけのための評価方法としては、必要最小限のものに絞ることにより、評価のしつ効果が高まり、成果つけのために評価を確実にする。
しかし、途中経過を確認するための評価としては多彩のものも用いる。

(4) 必須目標、および成果つけのための評価方法については、年間指導計画の作成を通じて整理し、学校全体を貫いたカッティング・ラインを設定する。途中経過を確認するための評価方法は②のである。

(5) 知識・技能を活用する思考力・判断力・表現力を育成するため、パフォーマンス課題（活用力問題等・単元後問題等）を設け、指導の可能な範囲で取り扱う。プレゼンテーションなどの実施による評価方法である。

※重要な項目の知識を総合して活用することを求めるような活用と育成課題、単元後課題を呼ぶこともできる。

6 観点別評価から「評定」への変換する方式
(1) 平成24年度については、「評定」への変換は、すべての%化し、カッティング・ラインを設定する。
 観点別評価からの「評定」への変換の方法には、下記の2種類がある。
 ① A・B・Cを素点にて換算し、重みづけも勘案しつつ、%に変換する方式
 ② A・B・Cの組み合わせから自動的に変換する方式

(2) 平成24年度については、現行の方式との整合性が取れるため、①を採用する。
 しかし、観点の明確化という観点からみて、②の方式のメリットも大きい。
したがって、今後、研究を進めるなかで、評価の妥当性・信頼性が確保されることを勘案された場合、②の方式に移行することも検討する。

第6章　学校のカリキュラム・マネジメント

【評価計画Ⅰ】…「評定」用ルーブリック（評価指標／レベル分け基準表）

※当面は、全教科で使えるものとする。（将来的には、各教科で作成することも検討する。）

「評定」	学力実態	乙町地方中学校長会の連携（平成23年12月）
5	その学年で期待される水準をはるかに上回る。極めて優れた学力を身につけている。多彩な難度の高い問題・課題にも創意工夫して取り組むことができ、自律的に解決・解決することができる。	90%以上
4	その学年で求められている必須項目（目標のうち特に重要なもの）が十分に達成されており、難度の高い問題・課題にも創意工夫して、自律的に取り組むことができている。	80%以上
3	その学年で求められている必須項目（目標のうち特に重要なもの）が達成できており、次学年でも問題なく学業についていけると予想される。	50%以上
2	その学年で求められている必須項目（目標のうち特に重要なもの）の達成が不十分なものが見られる。	30%以上
1	その学年の必須項目の大半が学習できておらず、集中的な支援が必要である。	30%未満

※必須目標とは、その学年で求められている各目標のうち、生徒全員の達成が期待される特に重要なものである。必須目標を達成していることが、「評定｢3｣」の基準となる。（つまり、必須目標は、「評定｢3｣」で求められる50%の内実を示すものである。）

【評価計画Ⅱ】　観点別評価のつけ方と「評定」への変換ルール表（記入例）

●記入例（イメージ）

	観点I	観点II	観点III	観点IV
「評定」への変換ルール	5：90％以上 4：80％以上 3：50％以上		2：30％以上 1：30％未満	校長会で決めた 各教科の数値を書き込む
観点別評価の重みづけ	20	25	30	25
必須項目 （全員の達成が求められる特に重要な目標）	2次方程式	・学んだ知識・技能を活用することのような問題につくりができる。	・平方根を利用して、名称を使った計算ができる。	・2次方程式を解くことができる。 ・平方根の意味が分かる。 ・素数・因数・素因数分解とは何かが分かる。
	図形の計量	・学んだ知識・技能を実生活に活用し、問題を解決する。	・相似な図形で、高さや距離を求め、求め方を論理的に説明できる。	
	2乗に比例する関数			
	資料の活用			
成績づけのための評価の情報（方法）	単元テスト		30	
	実技テスト			
	パフォーマンス課題（レポート）	10	25	
	授業中の観察等			
	作問等	10		
成績づけのための評価の情報	複数作成して、一番良い作品		大単元ごと	期末テスト
	2つ			期末テスト

※評価方法の名称については、教科毎にわかりやすいものを工夫してもよい。

ルーブリック（評価指標・レベル分け基準表）を用いて評価することもある。単元を越えて一貫した目標を設定したり、複数単元で一つの目標を設定したりする場合もある。

習得が必要な項目等について、簡素化したチェックリストを作る。（具体的な問題例等を示してもよい。）

実行可能な範囲で、必要最小限のものを計画する。

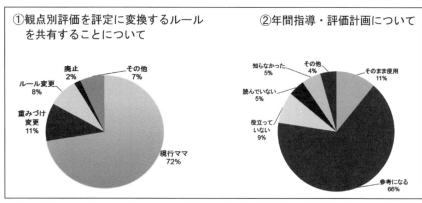

図6−10 「乙訓スタンダード」に関するアンケート（2013年7月）の結果

きものである。

　校長会のイニシアティブによって，学校を越えて指導と評価の具体的な計画を議論する基盤が作られたことは注目に値するだろう。2013年7月に実施されたアンケート（回答数209）においては，観点別評価を評定に変換するルールを共有することについて大半の教員からの支持が得られている（廃止を希望したのは2％にとどまっている。図6−10①）。また，年間指導・評価計画についても，77％の教師が有効に活用している（「そのまま使用している」という回答が11％，「参考になる」という回答が66％。（図6−10②）。

(4) 評価方法・指導方法に関する共同研究の活性化

　2011年度に作成された「乙訓スタンダード」は，2012年度以降，さらに評価方法の具体に迫る共同研究を活性化する基盤となった。

　まず中教研の夏期研修会（2012年8月7日）において，各教科部員会で教員が1学期の筆記テストを持ち寄り，「思考力・判断力・表現力」を評価する問題の出し方について議論する機会が設けられた。ある教科では，お互いの問題を見比べつつ「この問題の出し方は良い」と同意する場面があった反面，別の教科では同じ観点に対応する問題でもイメージが大きく異なっている例があり，

驚きの声があがった。また,「学習指導計画」を再検討し,総括的評価の方法を精選する作業に取り組む教科もあった。さらに,パフォーマンス課題に既に取り組んでいる教師がその成果を他の教師たちに紹介しつつ,「パフォーマンス課題については,学習課題として与えつつ,それにつながるようなテスト問題を与える方が取り組みやすい」といった発言をする場面もあった。

その後,提供された筆記テストの問題については,京都大学大学院教育学研究科教育方法研究室の大学院生たちが分析して良問を報告書にまとめ,8校にフィードバックした。その際には,ウェブ(Webb, N. L.)氏が提唱する「知の深さ(Depth of Knowledge)」(表6-13)を援用した。筆記テストにおいて,長時間に取り組むレベル4を扱うことは難しい。そこで報告書においては,レベル3に該当する問題を「思考・判断・表現」を見るもの,レベル2に該当する問題を「思考・判断・表現」を支える「基礎的・基本的な知識・技能」を見る良問として整理した(西岡ほか,2013a)。

2013年度の中教研夏期研修会(8月1日)においては,教科部員会で単元を1つ取り上げて「思考・判断・表現」の観点を評価する問題や課題を共同で作成する活動が行われた。しかしながら,そこでの知見を集約する作業には,労力がかかることから困難が伴った。そこで筆者が2013年12月の校長会にて,

表6-13 ウェブ氏の提唱する「知の深さ」
(Web Alignment Tool, 2005, p.12; 石井,2014b, p.27)

レベル	一般的定義
レベル1: 再生(Recall)	事実・情報・手続きの再生。
レベル2: スキル・概念(Skill/Concept)	情報や概念的知識,2つ以上の手順等を用いる。
レベル3: 方略的思考(Strategic Thinking)	推論,計画や手順の系列の開発,いくらかの複雑性,1つ以上の可能な解答を要求する。
レベル4: 拡張された思考(Extended Thinking)	調査が必要であり,問題の複合的な条件に関して思考したり,処理したりする時間が必要である。

2013年度の3学期，または2014年度の1学期に各教科部会の代表の教員がパフォーマンス課題の実践を行い，表6-6（p.244）に倣った書式（ただし，「読解科の観点」の部分を除く）で実践の共有を図っていくという方針を提案し，認められた。

　2014年度の中教研夏期研修会（8月6日）においては，全体会において表6-14の課題に取り組んだ実践が報告された。理科の山本好美先生からは，生徒たちにとって重要な理解を保障しつつ，かつ魅力的なパフォーマンス課題を作る上での工夫（たとえば教科書の中の発展的な実験や観察に注目したり，日常生活で使うという発想から「ネタ」を見つけたりすること）や，課題に取り組んだ生徒たちの様子，負担感を軽くする採点の仕方などが提案された。また，英語の山上哲彦先生・比嘉好美先生からは，学力格差もある中で，基本的なことを定着させる上での具体的な指導方法の工夫（音読練習，ペアワーク・グループワーク，辞書の活用，ワークシート）を様々に取り入れていることなどが紹介された。その後，各教科部員会に分かれ，そこでも持ち寄られた各教科の事例がさらに報告・検討された。2015年度末には，これまでに蓄積された各

表6-14　乙訓中教研夏期研究会（2014年8月6日）にて報告されたパフォーマンス課題（山本，2014；山上・比嘉，2014）

○「野菜を分類しよう」（向日市立西ノ岡中学校1年，理科，山本好美先生）：「ある日スーパーに行くと，いろいろな野菜が売られていました。授業で学んだことを活かして，これらの野菜が単子葉類か，双子葉類かに分類しようと思います。1つの野菜に対して，調べる方法をできるだけ多く考え，1つでも多くの野菜を分類しましょう。なお，野菜はアスパラガス，セロリ，ブロッコリー，ネギ，カイワレダイコンの5種類とします。図なども取り入れ，わかりやすく説明しましょう。」
○「自己紹介をしよう！」（長岡京市立長岡第二中学校1年，英語，山上哲彦先生・比嘉好美先生）：「Unit 1で学んだ表現を使って，クラスのみんなの前で自己紹介をしましょう。＜条件＞7文以上。ただし，部活動についてや，掲示物を準備して，それを紹介する文を入れること。」

校での実践事例をまとめた冊子が印刷され，8校で共有される予定である。

(5)「乙訓スタンダード」の意義と今後の課題

「乙訓スタンダード」の【評価計画Ⅰ】（p.267）において示されている「評定」用ルーブリックは，概括的な「パフォーマンス・スタンダード」と言える。しかしながら，【評価計画Ⅱ】は評価計画を立てる上での枠組みと方向性を示しているに過ぎない。その点では，教育条件（特に評価）の質保証のためのスタンダード（「アセスメント・スタンダード」）として機能しているものと考えられる。

このような「乙訓スタンダード」の意義としては，次の3点を指摘できるだろう。第1に，中学校長会と教員（集団）との間で何度も議論が重ねられることにより，**できる限りの意見集約が図られている点**である。各教員を対象としたアンケートを踏まえて校長会原案が提案され，各学校での職員会議などでの検討が行われたのち，改めて校長会で決定するというプロセスが踏まれている。さらに中教研では，校長会が作成した「乙訓スタンダード」を踏まえつつ，指導の改善につながるような評価に関する議論が行われていた。既存の様々な組織を有機的に関係づけつつ，地域における学校間連携を基盤に意思決定がなされていった点は画期的である。

第2に，年間指導計画と評価計画について共通の書式が作成されたことにより，**各教科の指導計画と評価計画についての具体的な議論を深める条件が整った点**である。それぞれの書式は，各観点に対応する評価方法を選定することを促すものとなっており，より妥当な評価方法を精選して用いることへと，教師たちを意識づけるものとなっている。教師が評価計画を立てる際には，「観点別評価」から「評定」への変換の仕方に最も困難さを感じる傾向がある。「乙訓スタンダード」においては，その変換ルールを決定するとともに，評価に関わる書式が共有された。このことにより，学校を超えて具体的な評価方法についての知見を深める研修が容易になったと言えるだろう。

第3に，スタンダードを作成して終わりではなく，**評価方法や指導方法の改**

善へとつなげていくという方針が確認されている点である。評価（特に成績づけ）については、多くの学校現場において、ややもすれば指導後の事務処理と受け止められがちである。評価計画についても書類づくりで終わり、指導を経た検証が行われることは少ないと言わざるをえない。そうした中、中教研において具体的な評価方法、さらには指導改善の工夫についての議論がなされたことには、大きな意義が認められる。この過程を経て、パフォーマンス課題やルーブリックといった新しい評価の用語も、乙訓地方の教師たちに共通理解されていった。そうした中で、「思考・判断・表現」という観点が指し示す学力の内実に関する共通理解も進んでいったと言えるだろう。

　なお、「乙訓スタンダード」や中教研の各教科部員会で作成された年間指導・評価計画を参照しつつ、各学校では毎年微調整を行いながら、年間指導・評価計画が作成されている。しかしながら、当初予定されていた「乙訓スタンダード」そのものの改訂は年度ごとに行われていない。これは、2013年度のアンケートで示されたように現行のものが概ね受け入れられていること、「乙訓スタンダード」として設定されている枠組みが観点別評価の重みづけという大枠にとどまっていることから、特に修正の必要性が感じられてこなかったことによるものと思われる。今後は各学校で蓄積された知見を集約してよりよいスタンダードを作るために、必要な部分を改訂していくための議論の機会を設ける必要があるだろう。

4　モデレーションの進め方

　最後に、学校を超えて評価の比較可能性（p.168参照）を高める手法について紹介しておこう。比較可能性を高めるための手法を**モデレーション**（moderation：調整）と言う（ギップス，2001，p.100）。モデレーションは、「評価過程を統一する方法」と「評価結果を統一する方法」とに大きく分類できるが、有効なのは「評価過程を統一する方法」である。複数の評価者が、評価過程・評価結果を統一するために一堂に会して話し合うことは、グループ・モデレーションと呼ばれている。

モデレーションの具体的な進め方としては，次のような手法がある（同上書，pp.100-105; Lambert & Lines, 2000, pp.42-66）。

○**明確な評価基準の策定と作品例（アンカー作品）の提供**：評価の一貫性を高めるためには，まず評価基準を明確にする必要がある。評価基準の共通理解を図る上では，作品例を添付することが最も有効である。○か×で採点できる問題の場合は，どの範囲の回答を○と評価できるのかについて，明示しなくてはならない。一方，自由記述問題やパフォーマンス課題を用いた場合，成功の度合いに幅がある。その場合はルーブリックを作成する必要がある。

○**評価者への訓練**：採点に取りかかる前に，評価に取り組む評価者に研修などを行う。その際，実際に同じサンプルを採点してみて，評価者間で評価が統一されているかどうかを調べ，必要な修正を加えるという作業を行うことが有効である。

○**参照テスト**：共通のテストを複数の評価者で採点した場合，評価者によって，被評価者の順位は変わらないのにも関わらず，全員の得点が上下することがある。その場合は，特定の評価者が高い点数をつける傾向，あるいは低い点数をつける傾向を取り除く。また，順位が入れ替わる場合は，それぞれが念頭に置いている評価の観点が異なっていることを意味するため，その点での統一を図る。

○**統計的手法**：評価者によって，特定の点数を獲得した被評価者の割合が大きく違わないかを統計によって点検し，違う場合は抽出調査によって原因を調査する。

○**査察**：評価に対し責任を持つ機関などが，評価者による評価を抽出調査する。指示された通りに採点が行われているか，評価された被評価者のパフォーマンスが与えられた得点において求められる条件を満たしているものであるか，といった点が点検される。

○**被評価者によるアピール**：評価結果に納得できない被評価者が異議申し立てを行った場合，採点を再点検する。

○**機関レベルの承認**：特定の資格などを付与する責任を持っている組織が，あ

る学校や機関などに適切な教育課程を提供し，かつ関連する評価を実施していると承認するものである。当該機関に対して，指導の内容や教材，評価の過程の承認などが行われる。

○**本質的なモデレーション**：評価者が共同で試験と評価基準を作成し，チームで採点する方法である。評価過程を完全に統一できれば，評価結果を統一する必要はなくなる。評価基準の共通理解を図る上で最も有効なのは，数人の評価者が共同でルーブリックを作る方法である（表2-5，p.103）。

なお，モデレーションとキャリブレーション（calibration：調節）を区別する論もある。たとえば，ハート（Hart, D.）氏は，**キャリブレーションを「異なる評価者による採点を比較可能にするために，モニターし調節する手続き」**（ハート，2012，p.146）とするのに対し，モデレーションを「多くの評価者の間で共有する採点スタンダードを，協同して確立したり，維持したりするプロセス」として捉えている。具体的なモデレーションの手法としては，「インフォーマルには，教師たちがお互いのスタンダードが同じかどうか確かめるために採点した答案を何枚か同僚と交換して行われ，よりフォーマルには，グループでの成績づけの協議を通して行われる」ことを挙げている（同上，p.151）。

つまり，モデレーションは評価の比較可能性を高める手法であるが，既存の採点基準を前提として調節を行うことにとどまらない。評価基準を統一するために話し合うことを通して，評価基準そのものが問い直されていく場合もあると言えるだろう。

おわりに

本章では，まず学校が取り組むカリキュラム・マネジメントについて検討してきた。学校におけるカリキュラム改善・改革を進めるためには，研究課題を設定するとともに，改革・改善を推進する組織を整える必要がある。また，校内研修を通してカリキュラム改善・改革の理念を実現するための単元開発などに教師たちが共同で取り組むことが重要となる。さらに，改善・改革のプロセスを具体的なエビデンス（証拠）にもとづいて評価し，必要な修正を行ってい

くことが求められる。その際，エビデンスとしては，アンケートやテスト結果だけでなく，教師が作成した指導案や授業の実際，学習者の成長の姿を表す作品など，直接的なものを中心に据えることが重要であろう。

　パフォーマンス課題の実施に取り組んだ学校では，課題やルーブリックの開発に共同で取り組むことにより，学年や教科の枠を越えて単元間を関連づけ構造化を図りつつ，より効果的な指導を模索する取り組みが進められた。総合学習などの探究的な学習においても，単元開発や評価規準，指導方法の開発に共同で取り組むことが，カリキュラム改善の有効な道筋だと考えられる。教科と総合学習の相互環流や，汎用的スキルの育成や現代的課題等のテーマに関する探究をカリキュラム横断で促進したい場合には，学習者の年間を通した学びを一覧できるようなカリキュラム・マップの作成と活用が有効だと考えられる。

　個々の学校の取り組みを支援するためには，地域における学校間の連携や地域を超えた教員のネットワークが果たす役割も大きい。学校の実践を拘束するものとしてではなく，学校の実践づくりを支援するものとして機能するようなスタンダードの開発が，今後ますます求められる。「E.FORUMスタンダード（第1次案）」や「乙訓スタンダード」の例が示す通り，包括的な「本質的な問い」やパフォーマンス課題を基軸に据える「逆向き設計」論のカリキュラム構想は，スタンダード開発を進める上でも有効な枠組みを提供してくれるものと言えよう。

おわりに

　本書では，次の時代を生きる子どもや青年に提供するカリキュラムをどのように設計できるのかを検討してきた。次の学習指導要領改訂に向けて「資質・能力」の育成が強調されている。しかしながら日本の学校においては，旧来より全人的な教育がめざされ，生きてはたらく力の育成が図られてきた。今，求められているのは，そのような日本において生み出されてきた実践の優れた点を継承し，課題として残っている点を改善していくという発想であろう。

　本書で紹介してきた実践事例の大半は，15年余りにわたって様々な学校の先生方と共同で研究開発してきたものである。ここで，その足跡を時系列で振り返っておきたい。

　まず，総合学習の単元開発やルーブリックづくりについては，鳴門教育大学学校教育学部附属小学校・徳島市福島小学校におられた宮本浩子先生との共同研究（2000年度～2003年度）の中で学んだ（宮本ほか，2004；西岡，2010b）。その際には，奈良女子大学文学部附属小学校や相模原市立谷口中学校への訪問調査で得られた知見が大いに生かされた（Cf. 田中，1999d；田中，2003）。

　「逆向き設計」論にもとづくパフォーマンス課題の開発に初めて本格的に取り組んでくださったのは，横浜国立大学教育人間科学部附属横浜中学校におられた三藤あさみ先生である（2004年度～2008年度。西岡・三藤，2009；三藤，2009b；三藤・西岡，2010）。三藤先生には，長期休暇のたびに京都に足を運んでいただき，単元を一つひとつ検討しながら二人三脚で実践づくりに取り組んでいった。

　その後，学校ぐるみでパフォーマンス課題の実践づくりに取り組んでくださったのが，まず加西市立下里小学校（2003年度～2006年度）と京都市立衣笠中学校（2004年度～2007年度）である（西岡，2008b）。下里小学校の奥田成

美先生・中井俊尚先生，衣笠中学校の北原琢也校長先生・森千映子先生・井上典子先生とは，研究開発に関わる悩みを共有し，ともに打開策を探る同志として協働することとなった。2008年度〜2012年度には，研究開発学校の指定を受けた福岡教育大学附属福岡中学校との共同研究を行った。当校では，大洲隆一郎先生・山村俊介先生を中心として，全教科でパフォーマンス課題づくりに積極的に取り組んでいただいた。2014年度からは，研究開発学校となった熊本大学教育学部附属中学校の研究開発にも参加している。

京都大学大学院教育学研究科教育方法研究室（田中耕治研究室）の院生たちは，2006年度以来，京都市立高倉小学校との共同研究に取り組んできた。当校でも，2010年度以降は主として算数科におけるパフォーマンス評価を研究課題として位置づけていただいている。現在は，岸田蘭子校長先生のリーダーシップのもと，パフォーマンス評価を活かした授業やカリキュラムの探究が進んでいる。

高等学校については，2006年度以降，京都府立園部高等学校が英語科の田中容子先生を中心としてパフォーマンス評価を取り入れた実践づくりに取り組んでおられる（田中容子，2012）。その後，園部高校の実践に学びつつ，他の高校にもパフォーマンス評価が広がり始めている（西岡，2014）。文部科学省の「高等学校における多様な学習成果の評価手法に関する調査研究事業」（2013年度〜2015年度）を機に大阪府・岐阜県・三重県の高校と共同研究する機会が得られたほか，2015年度からは広島県版「学びの変革」アクションプランの中核教員研修も担当している。2014年度以降は，スーパーサイエンスハイスクール（SSH）やスーパーグローバルハイスクール（SGH）との共同研究の機会も増えている。

2006年度以降は，京都大学大学院教育学研究科E.FORUMが主催する全国スクールリーダー育成研修において，パフォーマンス課題づくりのワークショップを提供する機会を得た。E.FORUMでは実践事例を蓄積するために，中池竜一氏によってデータベース（「カリキュラム設計データベース」，のちに「E.FORUM Online」）も開発された。各地で生み出された実践をまとめたのが，

『「活用する力」を育てる授業と評価　中学校』（西岡・田中，2009）である。またE.FORUMでは，八田幸恵氏・鋒山泰弘氏・石井英真氏・大貫守氏・小山英恵氏・北原琢也氏・赤沢真世氏に各教科ととりまとめをお願いして，「E.FORUMスタンダード」の開発に取り組んでいる。

　さらに2011年度以降は，乙訓地方（向日市，長岡京市，大山崎町）の8校の中学校で取り組んでいる「乙訓スタンダード」づくりに，指導・助言者として参加している。特に，長岡京市立長岡中学校校長の盛永俊弘先生には多大なご協力をいただいている。

　加えて，2013年度にある研修で講師としてご一緒したのを機に，あじさい看護福祉専門学校の糸賀暢子先生と出会えたことも望外の幸せであった。教職課程を担当する大学教員として，当校の職業教育のあり方には教えられることばかりである。

　こうして振り返ると，いかに多くの先生方に支えられて過ごした年月であったかと，我が身の幸運を感じずにはいられない。研究者として筆者が提供しえた知見よりも，実践づくりを通して教えていただいたことの方が圧倒的に大きいというのが実感である。紙幅の制約により，これ以上のお名前をあげることができないが，研修に参加してくださった先生方も含め，お一人おひとりの先生方に心から感謝を申し上げたい。

　共同研究にあたって筆者から提供した知見の大半は，ウィギンズ氏とマクタイ氏の「逆向き設計」論にもとづくものである。『理解をもたらすカリキュラム設計』を翻訳するまでには，両氏のワークショップに参加させていただいたほか，数時間にわたるインタビューや数々の質問メールなどにご対応いただいた。悲しいことに，本書の執筆中，2015年5月26日にウィギンズ氏が急逝されたとの知らせが飛び込んできた。学校の教育実践を改善することに注力する氏の姿勢は，筆者にとって心の支えでもあった。謹んで哀悼の意を表したい。

　本書の執筆にあたっては，京都大学大学院教育学研究科の田中耕治教授，ならびに大学院生の大貫守氏に草稿を精読していただき，数々の貴重なコメントをいただいた。また，第1章については，石井英真准教授にも検討していただ

いた。筆者にとって初めての単著である『教科と総合に活かすポートフォリオ評価法』を刊行していただいた図書文化社から，再び単著を刊行できる機会をいただいたことは大きな喜びである。特に担当編集者である大木修平氏には，丁寧な校正をいれていただいた。厚く御礼申し上げたい。

　なお，本研究については，日本学術振興会　科学研究費補助金　基盤研究(B)「パフォーマンス評価を活かした教師の力量向上プログラムの開発」（課題番号：25285210，平成25～29年度，研究代表者：西岡加名恵）の助成を受けた。感謝の意を表したい。

　最後に，なかなか執筆が進まず，日々，苦悩する筆者を献身的に支えてくれた家族に，この場を借りて心からのお礼を伝えたい。

　2016年1月

西岡加名恵

引用・参考文献

※ URLについては，2016年1月26日確認
※「田中」姓の執筆者による文献については，本文中の注ではフルネームを示している。ただし，田中耕治氏の場合を除く。

【日本語文献】

赤沢真世（2011）「英語科における『本質的な問い』とパフォーマンス課題（連載「思考力・判断力・表現力を育てるパフォーマンス課題」第3回）」『指導と評価』2011年12月号，図書文化，pp.56-59

赤羽寿夫（2015）「国際バカロレア（IB）への取り組み──指導要領におけるIB教育の実践」日本カリキュラム学会第26回大会　課題研究Ｉ「『資質・能力』の育成をどう考えるか」（2015年7月4日，於　昭和女子大学）

安彦忠彦（2014）『『コンピテンシー・ベース』を超える授業づくり──人格形成を見すえた能力育成をめざして』図書文化

天野正輝（2001）『カリキュラムと教育評価の探究』文化書房博文社

新井紀子（2010）『コンピュータが仕事を奪う』日本経済新聞出版社

育成すべき資質・能力を踏まえた教育目標・内容と評価の在り方に関する検討会（2014）「論点整理」（2014年3月31日，http://www.mext.go.jp/b_menu/shingi/chousa/shotou/095/houkoku/1346321.htm）

E. FORUM→京都大学大学院教育学研究科 E. FORUM

井口桂一（2011）「『水溶液の性質って？』でパフォーマンス課題をデザインする」田中耕治編『パフォーマンス評価──思考力・判断力・表現力を育む授業づくり』ぎょうせい，pp.90-97

石井英真（2011a）『現代アメリカにおける学力形成論の展開──スタンダードに基づくカリキュラムの設計』東信堂

石井英真（2011b）「算数・数学科における『本質的な問い』とパフォーマンス課題（連載「思考力・判断力・表現力を育てるパフォーマンス課題」第2回）」『指導と評価』2011年11月号，図書文化，pp.56-59

石井英真編（2014a）「E. FORUMスタンダード（第1次案）：中学校数学」京都大学大学院教育学研究科 E. FORUM『E. FORUM共同研究プロジェクト【プロジェクトS】「スタンダード作り」成果報告書』（非売品），pp.22-23．次のウェブページも参照のこと（http://e-forum.educ.kyoto-u.ac.jp/seika/）。

石井英真（2014b）「高次の学力の質的レベルを捉える枠組み──N. L. ウェブの『知の深さ』の中心に」京都大学大学院教育学研究科教育方法学講座『教育方法の探究』第17号，pp.25-32

石井英真（2015）『今求められる学力と学びとは──コンピテンシー・ベースのカリキュラムの光と影』日本標準

石田雅人（2013）「転移」藤永保監修『最新　心理学事典』平凡社，pp.542-543

糸賀暢子（2013）「看護基礎教育現場における実習評価の現状と課題」照林社主催「看護教員実力アップセミナー 2013 ── 実習評価を中心とした臨床実践能力を伸ばす実習評価法」（2013 年 8 月 4 日，於　大阪国際会議場）

糸賀暢子（2014）「学習者の自己学習力・実践力が伸びる教育方法・評価 ── パフォーマンス評価とポートフォリオの活用」（シンポジウム「パフォーマンス評価の可能性を探る」）京都大学大学院教育学研究科 E. FORUM「全国スクールリーダー育成研修」（2014 年 8 月 20 日，於　京都大学）

井上典子（2006）「『逆向き設計』論による指導案の作成とパフォーマンス評価 ── 理科における単元づくり」北原琢也編『「特色ある学校づくり」とカリキュラム・マネジメント ── 京都市立衣笠中学校の教育改革』三学出版，pp.98-113

井上典子（2008）「理科学習指導案」京都市立衣笠中学校『提案授業　学習指導案集』（2008 年 11 月 7 日），理科 p.6

茨木保（2014）『ナイチンゲール伝 ── 図説　看護覚え書とともに』医学書院

岩見直美（2008）「論説文を書く ── 6 年国語『平和のとりでを築く』」西岡加名恵編『「逆向き設計」で確かな学力を保障する』明治図書，pp.33-41

ウィギンズ，G. & マクタイ，J.（西岡加名恵訳）（2012）『理解をもたらすカリキュラム設計 ──「逆向き設計」の理論と方法』日本標準（本書は，Wiggins & McTighe, 2005 の翻訳である）

上杉里美（2011）「理科室と理科室前廊下，広いのはどっち？」田中耕治編『パフォーマンス評価 ── 思考力・判断力・表現力を育む授業づくり』ぎょうせい，pp.70-71

植田則康（2009）「ルーブリックを用いた検討会によるコミュニケーション能力の育成 ── 単元『ディベート』」西岡加名恵・田中耕治編（2009）『「活用する力」を育てる授業と評価　中学校 ── パフォーマンス課題とルーブリックの提案』学事出版，pp.126-137

臼井嘉一・金井香里編（2012）『学生と教師のための現代教育課程論とカリキュラム研究』成文堂

梅澤実（1998）「総合学習実践における教師の学力観・授業観の変革 ── 単元設計・実践過程における教師の意思決定分析を通して」『東京学芸大学教育学部附属実践総合センター研究紀要』第 22 集，pp.1-16

浦野東洋一（2003）『土佐の教育改革』学陽書房

NRC［National Research Council］（長洲南海男監修, 熊野善介・丹沢哲郎ほか訳）（2001）『全米科学教育スタンダード ── アメリカ科学教育の未来を展望する』梓出版社（本書は，NRC, 1996 の翻訳である）

遠藤貴広（2003）「G. ウィギンズによる『真正の評価』論と『逆向き設計』論の連関」日本カリキュラム学会第 15 回大会自由研究発表（2003 年 7 月 3 日，於　愛知教育大学）

大貫守（2014）「米国の科学教育スタンダードに関する検討 ── Next Generation Science Standard に着目して」京都大学大学院教育学研究科 E. FORUM『「スタンダード作り」成果報告書』pp.100-112（非売品）

大貫守・福嶋祐貴・次橋秀樹・德島祐彌・中西修一朗・本宮裕示郎（2015）「高等学校における探究学習の評価 ── ルーブリック開発の取り組み」教育目標・評価学会第 26 回大会自由研究発表（2015 年 11 月 1 日，於　京都教育大学）

小田勝己編（2007）『学校発カリキュラム――日本版「エッセンシャル・クエスチョン」の構築』東信堂
大橋基博（2013）「教育目標が強制されるシステム」教育科学研究会編『教育』No.809（6月），かもがわ出版，pp.53-60
大村はま（1984）『国語学習記録の指導（大村はま国語教室　第12巻）』筑摩書房
大村はま（1991a）『聞くこと・話すことの指導の実際（大村はま国語教室　第2巻）』筑摩書房
大村はま（1991b）『読書生活指導の実際（大村はま国語教室　第7巻）』筑摩書房
岡嶋一博（2009）「技能に習熟度の差がある生徒たちのグループ学習――単元『武道（柔道）』」西岡加名恵・田中耕治編『「活用する力」を育てる授業と評価　中学校――パフォーマンス課題とルーブリックの提案』学事出版，pp.100-111
小川賀代・小村道昭編（2012）『大学力を高めるeポートフォリオ――エビデンスに基づく教育の質保証をめざして』東京電機大学出版局
片田敏孝（2012）『命を守る教育――3.11釜石からの教訓』PHP研究所
川喜田二郎（1967）『発想法――創造性開発のために』中央公論社
川﨑惠里子（2013）「知識」藤永保監修『最新　心理学事典』平凡社，pp.513-516
苅谷剛彦（2001）『階層化日本と教育危機――不平等再生産から意欲格差社会』有信堂高文社
苅谷剛彦（2012）『学力と階層』朝日新聞出版
神原一之（2011）「『数学する』学習を実現する単元と年間カリキュラムの提案――広島大学附属東雲中学校・神原一之教諭との協働研究から」石井英真編『「教科する」授業を目指す中学校教育のデザイン――パフォーマンス評価を通して授業とカリキュラムを問い直す』平成20-23年度科学研究費補助金　若手研究（B）　研究課題番号：20730497「高次の学力のスタンダード設定と学校改善システムの創出」（代表　石井英真）研究成果報告書（非売品），pp.41-130
北原琢也（2006a）「教育評価改革の始まり」北原琢也編『「特色ある学校づくり」カリキュラム・マネジメント――京都市立衣笠中学校の教育改革』三学出版，pp.23-54
北原琢也（2006b）「『逆向き設計』論にもとづくカリキュラム改革」同上書，pp.55-78
北原琢也編（2006c）『「特色ある学校づくり」とカリキュラム・マネジメント――京都市立衣笠中学校の教育改革』三学出版
ギップス，C.（鈴木秀幸訳）（2001）『新しい評価を求めて――テスト教育の終焉』論創社（本書は，Gipps, 1994の翻訳である）
木原俊行（2006）『教師が磨き合う「学校研究」――授業力量の向上をめざして』ぎょうせい
九州大学（2015）「21世紀プログラムで学ぶには」（http://www.21cp.kyushu-u.ac.jp/learn/nyushi.html）
教育課程企画特別部会（第7期）［中央教育審議会教育課程部会教育課程企画特別部会］（2015）「教育課程企画特別部会における論点整理について（報告）」（2015年8月26日，http://www.mext.go.jp/b_menu/shingi/chukyo/chukyo3/053/sonota/1361117.htm）
教育課程審議会（2000）「児童生徒の学習と教育課程の実施状況の評価の在り方について（答申）」（2000年12月4日，http://www.mext.go.jp/b_menu/hakusho/nc/t20001204001/t20001204001.html）

教育再生実行会議（2013）「これからの大学教育等の在り方について」（第三次提言）（2013年5月28日，http://www.kantei.go.jp/jp/singi/kyouikusaisei/teigen.html）
京都市立衣笠中学校（2007）「公開研究会資料」（2007年10月26日）
京都市立衣笠中学校（2008）「公開研究会資料」（2008年11月7日）
京都市立京都御池中学校・京都市立御所南小学校・京都市立高倉小学校（2013）「平成25年度研究発表会　資料集」（2013年11月15日）
京都大学（2015）「平成28年度　京都大学特色入試選抜要項」（http://www.nyusi.gakusei.kyoto-u.ac.jp/tokushoku/download/）
京都大学教育学部（2015a）「特色入試サンプル問題」（http://www.educ.kyoto-u.ac.jp/tokusyoku/sys/wp-content/uploads/2015/08/tokushoku_kyoiku_sample.pdf）
京都大学教育学部（2015b）「平成28年度　京都大学特色入試　教育学部用　学びの報告書」（http://www.nyusi.gakusei.kyoto-u.ac.jp/tokushoku/download/）
京都大学大学院教育学研究科 E. FORUM（2010）『E. FORUM共同研究プロジェクト【プロジェクトS】「スタンダード作り」基礎資料集』（非売品）
京都大学大学院教育学研究科 E. FORUM（2014）『E. FORUM共同研究プロジェクト【プロジェクトS】「スタンダード作り」成果報告書』（非売品）。次のウェブページも参照のこと（http://e-forum.educ.kyoto-u.ac.jp/seika/）。
ギリガン, C.（生田久美子，並木美智子共訳）（1986）『もうひとつの声──男女の道徳観のちがいと女性のアイデンティティ』川島書店（本書は，Gilligan, 1982の翻訳である）
楠見孝（2013）「メタ認知」藤永保監修『最新　心理学事典』平凡社，p.707
楠見孝（2015）「心理学と批判的思考──構成概念とプロセスの全体像」楠見孝・道田泰司編『批判的思考──21世紀を生きぬくリテラシーの基盤』新曜社，pp.18-23
グリフィン, P., マクゴー, B. & ケア, E. 編（三宅なほみ監訳）（2014）『21世紀型スキル──学びと評価の新たなかたち』北大路書房（本書は，Griffin, McGaw & Care, 2012の翻訳である）
「検討会」→育成すべき資質・能力を踏まえた教育目標・内容と評価の在り方に関する検討会
行田稔彦・園田洋一編（1999）『はじめての総合学習　3・4年──和光鶴川小学校の計画と実践』旬報社
高大接続システム改革会議（2015）「中間まとめ」（2015年9月15日，http://www.mext.go.jp/b_menu/shingi/chousa/shougai/033/toushin/1362096.htm）
国立教育政策研究所教育課程研究センター（2002）「評価規準の作成，評価方法の工夫改善のための参考資料」（http://www.nier.go.jp/kaihatsu/shidousiryou.html）
国立教育政策研究所教育課程研究センター（2003）『平成13年度　小中学校教育課程実施状況調査報告書　中学校理科』ぎょうせい
国立教育政策研究所教育課程研究センター（2007a）「平成19年度　全国学力・学習状況調査の調査問題について」（http://www.nier.go.jp/tyousa/07mondai.htm）
国立教育政策研究所教育課程研究センター（2007b）「特定の課題に関する調査（理科）」の「調査結果」（http://www.nier.go.jp/kaihatsu/tokuteikadai.html）
国立教育政策研究所教育課程研究センター（2008）「平成20年度　全国学力・学習状況調査の調査問題について」（http://www.nier.go.jp/08tyousa/08tyousa.htm）

国立教育政策研究所教育課程研究センター（2013）『社会の変化に対応する資質や能力を育成する教育課程編成の基本原理〔改訂版〕（平成24年度　プロジェクト研究調査研究報告書「教育課程の編成に関する基礎的研究」報告書5）』（代表　勝野頼彦，https://www.nier.go.jp/kaihatsu/pdf/Houkokusho-5.pdf）
国立教育政策研究所編（2016）『資質・能力　理論編』東洋館出版社
小島倫世「学校組織論と教育方法論の架橋に関する予備的検討――『逆向き設計』論の可能性と課題」神戸大学『教育科学論集』第17号，pp.21-26
三宮真智子編（2008）『メタ認知――学習力を支える高次認知機能』北大路書房
シャクリー，B. D. ほか著（田中耕治監訳）（2001）『ポートフォリオをデザインする――教育評価への新しい挑戦』ミネルヴァ書房（本書は，Shaklee, et al., 1997の翻訳である）
庄司他人男（2001）「単元」日本カリキュラム学会『現代カリキュラム事典』ぎょうせい，p.166
スカーダマリア，M. ほか（2014）「知識構築のための新たな評価と学習環境」グリフィン，P., マクゴー, B. & ケア, E. 編（三宅なほみ監訳）『21世紀型スキル――学びと評価の新たなかたち』北大路書房，pp.77-157
スティグラー，J. & ビーバート，J.（湊三郎訳）（2002）『日本の算数・数学教育に学べ――米国が注目するjugyou kenkyuu』教育出版（本書は，Stigler & Hiebert, 1999の翻訳である）
関口益友・西岡加名恵（2003）「Q&A　実践家が語る『谷口ドリーム学習』」田中耕治監修『実践！自ら考える生徒たち――総合から教科へ，谷口中学校の取り組み』（映像，解説書，CD-ROM資料集）岩波映像株式会社，pp.14-24
ソーヤー，R.編（森敏昭・秋田喜代美監訳）（2009）『学習科学ハンドブック』培風館（原著は，2006年）
武田巨史（2009）「自らの美的な価値観をもとに批評する――単元『人間の持つ美意識』」西岡加名恵・田中耕治編『「活用する力」を育てる授業と評価　中学校――パフォーマンス課題とルーブリックの提案』学事出版，pp.86-97
武田巨史（2010）「美術科」京都大学大学院教育学研究科E. FORUM『E. FORUM共同研究プロジェクト【プロジェクトS】「スタンダード作り」基礎資料集』pp.171-175
竹村有紀子（2012）「園部高校英語科　単元計画および授業案」京都府立園部高等学校・京都府立園部高等学校附属中学校『2009 ～ 2011　「ことばの力」育成プロジェクト　実践・研究報告書――パフォーマンス課題を活かした授業づくり』（非売品），pp.83-85
田中耕治（1996）『学力評価論入門』京都・法政出版
田中耕治（1999a）『学力評価論の新たな地平――現代の「学力問題」の本質とは何か』三学出版
田中耕治（1999b）「今，なぜ総合学習なのか」田中耕治・西岡加名恵『総合学習とポートフォリオ評価法　入門編――総合学習でポートフォリオを使ってみよう！』日本標準，pp.7-26
田中耕治（1999c）「教育評価を考える」同上書，pp.27-46
田中耕治編（1999d）『「総合学習」の可能性を問う――奈良女子大学文学部附属小学校の「しごと」実践に学ぶ』ミネルヴァ書房

田中耕治編（2002）『新しい教育評価の理論と方法――新しい教育評価への挑戦』（第1巻，理論編）日本標準
田中耕治監修（2003）『実践！自ら考える生徒たち――総合から教科へ，谷口中学校の取り組み』（映像，解説書，CD-ROM資料集）岩波映像株式会社
田中耕治編（2005）『よくわかる教育評価』ミネルヴァ書房
田中耕治編（2006）『カリキュラムをつくる教師の力量形成』教育開発研究所
田中耕治（2007）「授業を構成する要素」田中耕治編『よくわかる授業論』ミネルヴァ書房，pp.16-17
田中耕治（2008）『教育評価』岩波書店
田中耕治編（2011）『パフォーマンス評価――思考力・判断力・表現力を育む授業づくり』ぎょうせい
田中耕治・西岡加名恵（1999）『総合学習とポートフォリオ評価法　入門編――総合学習でポートフォリオを使ってみよう！』日本標準
田中早苗（2010）「技術・家庭科〔家庭分野〕」京都大学大学院教育学研究科E. FORUM『E. FORUM共同研究プロジェクト【プロジェクトS】「スタンダード作り」基礎資料集』（非売品）pp.195-199。
田中統治編（2005）『カリキュラム評価の考え方・進め方』教育開発研究所
田中統治・根津朋実編（2009）『カリキュラム評価入門』勁草書房
田中容子（2010）「英語」京都大学大学院教育学研究科E. FORUM『E. FORUM共同研究プロジェクト【プロジェクトS】「スタンダード作り」基礎資料集』（非売品）pp.245-250
田中容子（2012）「『逆向き設計』で柔軟な授業作りを実現する――京都府立園部高等学校英語科における取り組み」教育目標・評価学会『教育目標・評価学会紀要』第22号，pp.26-34
田村知子（2011）「カリキュラムマネジメントのエッセンス」田村知子編『実践・カリキュラムマネジメント』ぎょうせい
田村知子（2014）『カリキュラムマネジメント――学力向上へのアクションプラン』日本標準
中央教育審議会（2006）「今後の教員養成・免許制度の在り方について（答申）」（2006年7月18日，http://www.mext.go.jp/b_menu/shingi/chukyo/chukyo0/toushin/1212707.htm）
中央教育審議会初等中等教育分科会教育課程部会（2010）「児童生徒の学習評価の在り方について（報告）」（2010年3月24日，http://www.mext.go.jp/b_menu/shingi/chukyo/chukyo3/004/gaiyou/1292163.htm）
中央教育審議会（2014a）「初等中等教育における教育課程の基準等の在り方について（諮問）」（2014年11月20日，http://www.mext.go.jp/b_menu/shingi/chukyo/chukyo0/toushin/1353440.htm）
中央教育審議会（2014b）「新しい時代にふさわしい高大接続の実現に向けた高等学校教育，大学教育，大学入学者選抜の一体的改革について（答申）」（2014年12月22日，http://www.mext.go.jp/b_menu/shingi/chukyo/chukyo0/toushin/1354191.htm）
中央教育審議会初等中等教育分科会教育課程部会教育課程企画特別部会→教育課程企画特別部会
筑波大学（2015）「AC入試・特別入試ガイドブック（平成28年度）」（http://ac.tsukuba.

ac.jp/examination/leaf）

トフラー，A.（徳山二郎訳）（1991）『パワーシフト――21世紀へと変貌する知識と富と暴力』フジテレビ出版（原著は，1990年）

ドラッカー，P. F.（上田惇生訳）（1999）『断絶の時代――今，起こっていることの本質』ダイヤモンド社（原著は，1968年）

ナイチンゲール，F.（湯槇ますほか訳）（2011）『看護覚え書――看護であること看護でないこと』現代社

中池竜一（2012）「理科における『本質的な問い』とパフォーマンス課題（連載「思考力・判断力・表現力を育てるパフォーマンス課題」第6回）」『指導と評価』2012年3月号，図書文化，pp.52-55

中内敏夫（1976）『増補　学力と評価の理論』国土社

中内敏夫（1988）『教育学第一歩』岩波書店

中留武昭編（1994）『学校改善を促す校内研修』東洋館出版社

中留武昭（2002）「校内研修」安彦忠彦ほか編『新版　現代学校教育大事典』第3巻，ぎょうせい

中原克巳（1983）「到達度評価の実践」『現代教育科学』1983年7月号，pp.5-21

中山迅・稲垣成哲編（1998）『理科授業で使う思考と表現の道具――概念地図法と描画法入門』明治図書

奈須正裕・江間史明編（2015）『教科の本質から迫るコンピテンシー・ベイスの授業づくり』図書文化

根津朋実（2006）『カリキュラム評価の方法――ゴール・フリー評価の応用』多賀出版

西岡加名恵（2002a）「教育評価の方法――『筆記による評価』から『パフォーマンスにもとづく評価』まで」田中耕治編『新しい教育評価の理論と方法――新しい教育評価への挑戦』（第1巻，理論編）日本標準，pp.33-97

西岡加名恵（2002b）「総合学習」田中耕治編『新しい教育評価の理論と方法――新しい教育評価への挑戦』（第2巻，教科・総合学習編），日本標準，pp.211-258

西岡加名恵（2003）『教科と総合に活かすポートフォリオ評価法――新たな評価基準の創出に向けて』図書文化

西岡加名恵（2004）「総合と教科でポートフォリオを活用する――宮本浩子実践に学ぶ」宮本浩子・西岡加名恵・世羅博昭『総合と教科の確かな学力を育むポートフォリオ評価法　実践編――「対話」を通して思考力を鍛える！』日本標準，pp.185-206

西岡加名恵（2005a）「ウィギンズとマクタイによる『逆向き設計』論の意義と課題」日本カリキュラム学会紀要『カリキュラム研究』第14号，pp.15-29

西岡加名恵（2005b）「教育評価の方法原理」田中耕治編『よくわかる教育評価』ミネルヴァ書房

西岡加名恵（2006）「校内研修をどう組織するのか」田中耕治編『カリキュラムをつくる教師の力量形成』教育開発研究所

西岡加名恵（2007）「『逆向き設計』論にもとづくカリキュラム編成――中学校社会科における開発事例」『教育目標・評価学会紀要』第17号，pp.17-24

西岡加名恵（2008a）「『逆向き設計』とは何か」西岡加名恵編『「逆向き設計」で確かな学力

を保障する』明治図書，pp.9-32
西岡加名恵編（2008b）『「逆向き設計」で確かな学力を保障する』明治図書
西岡加名恵（2009a）「パフォーマンス課題の作り方と活かし方──『逆向き設計』論の魅力と本書の読み方」西岡加名恵・田中耕治編『「活用する力」を育てる授業と評価　中学校──パフォーマンス課題とルーブリックの提案』学事出版，pp.8-18
西岡加名恵編（2009b）『「活用する力」を育てる授業と評価　中学校──パフォーマンス課題とルーブリックの提案』学事出版
西岡加名恵（2010a）「思考力・判断力・表現力を育成する授業づくり──小学4年『あたたかくなると』ほか」堀哲夫・西岡加名恵『授業と評価をデザインする　理科』日本標準，pp.28-47
西岡加名恵（2010b）「評価方法をデザインする」堀哲夫・西岡加名恵『授業と評価をデザインする　理科』日本標準，pp.172-205
西岡加名恵（2010c）「学力評価計画に対応するポートフォリオの活用」『指導と評価』2010年10月号，pp.8-11
西岡加名恵（2011a）「教育課程をどう編成するか」田中耕治・水原克敏・三石初雄・西岡加名恵『新しい時代の教育課程（第3版）』有斐閣，pp.169-198
西岡加名恵（2011b）「パフォーマンス課題と『本質的な問い』（連載「思考力・判断力・表現力を育てるパフォーマンス課題」第1回）」『指導と評価』2011年10月号，図書文化，pp.54-57
西岡加名恵（2012）「教科教育におけるスタンダード開発の課題と展望──『逆向き設計』論からの提案」教育目標・評価学会『教育目標・評価学会紀要』第22号，pp.35-42
西岡加名恵（2014）「『逆向き設計』に基づくカリキュラム改善」日本教育方法学会編『授業研究と校内研修──教師の成長と学校づくりのために（教育方法43）』図書文化，pp.77-90
西岡加名恵（2015）「教育実践の改善」西岡加名恵・石井英真・田中耕治『新しい教育評価入門──人を育てる評価のために』有斐閣，pp. 143-167
西岡加名恵・梅澤実・喜多雅一・宮本浩子・原田知光（2003）『ポートフォリオ評価法を用いたルーブリックの開発（第1号・第2号合冊版）』鳴門教育大学「教育研究支援プロジェクト経費」研究報告書（非売品）
西岡加名恵・田中耕治編（2009）『「活用する力」を育てる授業と評価　中学校──パフォーマンス課題とルーブリックの提案』学事出版
西岡加名恵・三藤あさみ（2009）『中学校社会科のパフォーマンス課題』平成18-20年度科学研究費補助金　若手研究（B）　研究課題番号：18730496「カリキュラム評価に活きるスタンダードの設定に関する国際比較調査」（代表　西岡加名恵）研究成果報告書（非売品）
西岡加名恵・鄭谷心・内田真理子・藤本奈美・合田一成・大下卓司・玉置真衣・小山英恵・加藤理・小丸恵理香・長谷川博之（2013a）「質の良い問題・課題の検討──乙訓地方8中学校の場合」田中耕治編『「活用」を促進する評価と授業の探究　研究成果最終報告書』（2010年度〜2012年度　科学研究費補助金　基盤研究（C）研究課題番号：2253817，非売品）pp.109-176

西岡加名恵・石井英真・川地亜弥子・北原琢也（2013b）『教職実践演習ワークブック――ポートフォリオで教師力アップ』ミネルヴァ書房

西岡加名恵・石井英真・田中耕治（2015）『新しい教育評価入門――人を育てる評価のために』有斐閣

日本経済団体連合会（2014）「時代を担う人材育成に向けて求められる教育改革」（2014年4月15日，http://www.keidanren.or.jp/policy/2014/033.html）

日本放送出版協会（2007）『プロフェッショナル　仕事の流儀　専門看護師　北村愛子の仕事――迷わず走れ，そして飛び込め』（DVD）NHKエンタープライズ

ハート，D.（田中耕治監訳）（2012）『パフォーマンス評価入門――「真正の評価」論からの提案』ミネルヴァ書房（本書は，Hart, 1994の翻訳である）

八田幸恵（2012）「国語科における『本質的な問い』とパフォーマンス課題（連載「思考力・判断力・表現力を育てるパフォーマンス課題」第4回）」『指導と評価』2012年1月号，図書文化，pp.56-59

林篤裕（2013）「九州大学21世紀プログラムの紹介――選抜方法を中心に」中央教育審議会高大接続特別部会（第7回，2013年5月24日）配布資料（http://www.mext.go.jp/b_menu/shingi/chukyo/chukyo12/shiryo/1335584.htm）

久垣啓一（2003）『図解　人生がうまくいく人は図で考える』三笠書房

日高俊一郎（1998）「対話の道具としての描画法」中山迅・稲垣成哲編『理科授業で使う思考と表現の道具――概念地図法と描画法入門』明治図書，pp.97-104

ビンクレー，M. ほか（益川弘如訳）（2014）「21世紀型スキルを定義する」グリフィン，P., マクゴー，B. & ケア，E. 編（三宅なほみ監訳）『21世紀型スキル――学びと評価の新たなかたち』北大路書房，pp.21-76

福岡敏行編（2002）『コンセプトマップ活用ガイド――マップでわかる！　子どもの学びと教師のサポート』東洋館出版社

福田誠治（2015）『国際バカロレアとこれからの大学入試改革――知を創造するアクティブ・ラーニング』亜紀書房

藤永保監修（2013）『最新　心理学事典』平凡社

藤本奈美（2013）「フレッド・ニューマンの『真正の学力』概念に関する一考察」教育目標・評価学会『教育目標・評価学会紀要』第23号，pp.50-59

鋒山泰弘（2012）「社会科における『本質的な問い』とパフォーマンス課題（連載「思考力・判断力・表現力を育てるパフォーマンス課題」第5回）」『指導と評価』2012年2月号，図書文化，pp.56-59

二杉孝司・藤川大祐・上條晴夫編（2002）『授業分析の基礎技術――21世紀の授業』学事出版

ブルーナー，J. S.（鈴木祥蔵，佐藤三郎訳）（1963）『教育の過程』岩波書店（本書は，Bruner, 1960の翻訳である）

ブルーム，B. S. ほか（梶田叡一ほか訳）（1973）『教育評価法ハンドブック』第一法規（本書は，Bloom, 1971の翻訳である）

米国学術研究推進会議（森敏昭・秋田喜代美監訳）（2002）『授業を変える――認知心理学のさらなる挑戦』北大路書房（本書は，Barnsford, Brown, Cooking, 2000の翻訳である）

ベル，D.（内田忠夫ほか訳）（1975）『脱工業社会の到来――社会予測の一つの試み』（上・下）

ダイヤモンド社（原著は，1973年）
鋒山泰弘（2012）「社会科における『本質的な問い』とパフォーマンス課題」『指導と評価』2012年2月号，図書文化，pp.56-59
星野あゆみ（2013）「国際バカロレアMYPにおける教育目標・内容と評価」育成すべき資質・能力を踏まえた教育目標・内容と評価の在り方に関する検討会（第7回　2013年7月13日）配布資料（http://www.mext.go.jp/b_menu/shingi/chousa/shotou/095/shiryo/1338545.htm）
堀哲夫（1992）「構成主義的学習論」日本理科教育学会編『理科教育学講座5　理科の学習論（下）』東洋館出版社，pp.105-226
堀哲夫（2006）『一枚ポートフォリオ評価　小学校編——子どもの成長が教師に見える』日本標準
堀哲夫（2010）「OPPAによる授業のグランドデザイン——中学1年『いろいろな力の世界について考えてみよう』」堀哲夫・西岡加名恵『授業と評価をデザインする　理科』日本標準，pp.68-89
堀哲夫（2013）『教育評価の本質を問う一枚ポートフォリオ評価　OPPA——一枚の用紙の可能性』東洋館出版社
堀哲夫・西岡加名恵（2010）『授業と評価をデザインする　理科』日本標準
ホワイト，R.T. & ガンストン，R. F.（中山迅・稲垣成哲監訳）（1995）『子どもの学びを探る——知の多様な表現を基底にした教室をめざして』東洋館出版社
本田由紀（2005）『多元化する「能力」と日本社会——ハイパー・メリトクラシー化のなかで』NTT出版
松尾知明（2015）『21世紀型スキルとは何か——コンピテンシーに基づく教育改革の国際比較』明石書店
松下佳代（2010）「〈新しい能力〉概念と教育」松下佳代編『〈新しい能力〉は教育を変えるか——学力・リテラシー・コンピテンシー』ミネルヴァ書房
松下佳代（2015a）「ディープ・アクティブラーニングへの誘い」松下佳代ほか編『ディープ・アクティブラーニング』勁草書房
松下佳代（2015b）「教育をめぐるアリーナとしての学力研究——パフォーマンスとコンピテンスの関係に着目して」日本教育学会第74回大会　シンポジウムⅡ「学力に関する量的研究と質的研究の交流可能性を探る」（2015年8月30日，於　お茶の水女子大学）
溝上慎一（2014）『アクティブラーニングと教授学習パラダイムの転換』東信堂
三藤あさみ（2009a）「公民的分野」西岡加名恵・三藤あさみ『中学校社会科のパフォーマンス課題』平成18-20年度科学研究費補助金　若手研究（B）　研究課題番号：18730496「カリキュラム評価に活きるスタンダードの設定に関する国際比較調査」（代表　西岡加名恵）研究成果報告書（非売品），pp.69-88
三藤あさみ（2009b）「検討会で関連づけて思考する力を育成する——単元『わたしたちと政治』」西岡加名恵・田中耕治編『「活用する力」を育てる授業と評価　中学校——パフォーマンス課題とルーブリックの提案』学事出版，pp.34-45
三藤あさみ（2010a）「パフォーマンス課題のつくり方——単元『近現代の日本と世界』を例に」三藤あさみ・西岡加名恵『パフォーマンス評価にどう取り組むか——中学校社会科

のカリキュラムと授業づくり』日本標準，pp.17-29
三藤あさみ（2010b）「パフォーマンス課題に向けた指導のポイント──単元『経済』を中心に」三藤あさみ・西岡加名恵『パフォーマンス評価にどう取り組むか──中学校社会科のカリキュラムと授業づくり』日本標準，pp.30-43
三藤あさみ・西岡加名恵（2010）『パフォーマンス評価にどう取り組むか──中学校社会科のカリキュラムと授業づくり』日本標準
宮本浩子（2004a）「4年生の総合学習『城山から広がる世界』と『吉野川は語る』──マップ作りを通して子どもの課題を深める」宮本浩子・西岡加名恵・世羅博昭『総合と教科の確かな学力を育むポートフォリオ評価法 実践編──「対話」を通して思考力を鍛える！』日本標準，pp.45-90
宮本浩子（2004b）「6年生の国語科単元『生きる姿を見つめて ～読書会をしよう～』──「学習の手引き」とルーブリックの活用」同上書，pp.91-124
宮本浩子（2004c）「子どもの学力を評価する──子どもの力の系統性と観点別長期ポートフォリオ」同上書，pp.125-144
宮本浩子・西岡加名恵・世羅博昭（2004）『総合と教科の確かな学力を育むポートフォリオ評価法 実践編──「対話」を通して思考力を鍛える！』日本標準
村川雅弘・野口徹・田村知子・西留安雄編（2013）『「カリマネ」で学校はここまで変わる！』ぎょうせい
村川雅弘編（2005）『授業にいかす教師がいきるワークショップ型研修のすすめ』ぎょうせい
村川雅弘編（2010）『「ワークショップ型校内研修」で学校が変わる 学校を変える』教育開発研究所
望月実（2016）「【実践】小学校 『逆向き設計』の視点から考えた年間指導計画例──『本質的な問い』のつながりを構想して」『国語教育』2016年3月号，明治図書，pp.18-25
森千映子（2006a）「意見文を通して考えを広げる──中学校2年生英語科におけるパフォーマンス課題とルーブリック」西岡加名恵『「カリキュラム設計」への招待──「逆向き設計」で「確かな学力」を！』平成15-17年度科学研究費補助金 若手研究（B） 研究課題番号：15730359『『目標に準拠した評価』のためのポートフォリオの活用に関する国際比較調査──パフォーマンス課題とルーブリックの開発を中心に』（代表 西岡加名恵）研究成果報告書（非売品）
森千映子（2006b）「自分の体験を通して表現力を伸ばす」北原琢也編『「特色ある学校づくり」とカリキュラム・マネジメント──京都市立衣笠中学校の教育改革』三学出版，pp.79-97
森千映子（2008）「自分の考えを自分の言葉で表現する──3年英語『Unit 6 20th Century Greats』」西岡加名恵編『「逆向き設計」で確かな学力を保障する』明治図書，pp.110-119
森敏昭（2015）「学習科学に基づく21世紀型の授業と評価」森敏昭監修，藤江康彦ほか編『21世紀の学びを創る──学習開発学の展開』北大路書房，pp.28-37
文部科学省（2008a）「小学校学習指導要領」（http://www.mext.go.jp/a_menu/shotou/new-cs/youryou/index.htm）
文部科学省（2008b）「中学校学習指導要領」（http://www.mext.go.jp/a_menu/shotou/new-cs/youryou/index.htm）
文部科学省初等中等教育局長（2010）「小学校，中学校，高等学校及び特別支援学校等にお

ける児童生徒の学習評価及び指導要録の改善等について（通知）」（2010年5月11日）
山上哲彦・比嘉好美「英語科　パフォーマンス課題　実践発表」乙訓地方中学校教育研究会　夏期研修会資料（2014年8月6日）
山村俊介（2009）「普通教育としての技術教育──単元『生物の生育を促す技術』」西岡加名恵・田中耕治編『「活用する力」を育てる授業と評価　中学校──パフォーマンス課題とルーブリックの提案』学事出版, pp.112-123
山本好美（2014）「パフォーマンス課題を実践して」乙訓地方中学校教育研究会　夏期研修会資料（2014年8月6日）
山本吉次（2015）「SGHと探究学習の実践」京都大学大学院教育学研究科E. FORUM　2014年度E. FORUM教師力アップ研修「探究力をどう育成するか」（2015年3月28日, http://ocw.kyoto-u.ac.jp/ja/opencourse/92/videos）
吉田和子（1997）『フェミニズム教育実践の創造──「家族」への自由』青木書店
ライチェン, D. S., &サルガニク, L. H. 編（立田慶裕監訳）（2006）『キー・コンピテンシー──国際標準の学力をめざして』明石書房（原著は, 2003年）
和中雅子（2011）「思いを込めたハーモニーを届けよう」田中耕治編『パフォーマンス評価──思考力・判断力・表現力を育む授業づくり』ぎょうせい, pp.100-108

【英語文献】

Archbald, D. & Newmann, F.（1988）*Assessing Authentic Academic Achievement in the Secondary School*, National Association of Secondary School Principles
Archbald, D. & Newmann, F.（1992）"The Nature of Authentic Acadmic Achievement" in Berlak, H. et al., *Toward a New Science of Educational Testing and Assessment*, State University of New York Press.
Arter, J. & McTighe, J.（2000）*Scoring Rubrics in the Classroom*, Corwin Press
ASCD［Association for Supervision and Curriculum Development］（1998）*Understanding by Design: What is Understanding?*（Video, Vol.1）
ASCD（2000a）*Understanding by Design: Using the Backward Design Process*（Video, Vol.2）
ASCD（2000b）*Understanding by Design: Refining Unit Designs*（Video, Vol.3）
ASDAN［Award Scheme Development and Accreditation Network］（2014）*Wider Key Skills, Levels 1, 2, 3 and 4: Standards with Guidance 2004*（http://www.asdan.org.uk/courses/qualifications/wider-key-skills）
ATC21S［Assessment and Teaching of the 21st Century Skills］（n.a.）http://www.atc21s.org/
Bellanca, J. & Brandt, R. eds.（2010）*21st Century Skills: Rethinking How Students Learn*, Solution Tree Press
Binkley, M., et al.（2012）"Defining Twenty-First Century Skills", in Griffin,P., McGaw, B.& Care, E.（2012）Assessment and Teaching of 21st Century Skills, Springer; Dordrecht Heidelberg London New York, pp.17-66
Bloom, B. S. et al.（1971）*Handbook on Formative and Summative Evaluation of Student Learning*, McGraw Hill（本書の翻訳が, ブルームほか, 1973である）

Bransford, J., Brown, A. L., Cooking, R. R.（2000）*How People Learn; Brain, Mind, Experience, and School,* National Academy Press（本書の翻訳が,米国学術研究推進会議, 2002である）

Bruner, J. S.（1960）*The Process of Education,* Harvard University Press（本書の翻訳が,ブルーナー,1963である）

Erickson, H. L.（1998）*Concept-Based Curriculum and Instruction: Teaching beyond the Facts,* Corwin Press

Erickson, H. L.（2008）*Stirring the Head, Heart, and Soul,* 3_{rd} Ed. Corwin Press

European Union and Council of Europe（2004-2013）"Common European Framework of Reference for Languages – Self-assessment grid"（http://europass.cedefop.europa.eu/en/resources/european-language-levels-cefr）

Gilligan, C.（1982）*In a Different Voice: Psychological Theory and Women's Development,* Harvard University Press（本書の翻訳が,ギリガン,1986である）

Gipps, C. V.（1994）*Beyond Testing: Towards a Theory of Educational Assessment,* Falmer Press（本書の翻訳が,ギップス,2001である）

Griffin, P., McGaw, B. & Care, E.（2012）*Assessment and Teaching of 21st Century Skills,* Springer（本書の翻訳が,グリフィン,マクゴー & ケア,2014である）

Guskey, T.（1997）*Implementing Mastery Learning,* 2nd Edition, Wadsworth Publishing

Hart, D.（1994）*Authentic Assessment: A Handbook for Educators,* Dale Seymour Publications（本書の翻訳が,ハート,2012である）

Lambert, D. & Lines, D.（2000）*Understanding Assessment: Purposes, Perceptions, Practice,* Routledge Falmer

McTighe, J. & Ferrara, S.（1998）*Assessing Learning in the Classroom,* National Education Association（NEA）

McTighe, J. & Wiggins, G.（2004）*Understanding by Design: Professional Development Workbook,* ASCD

NGSS Lead States（2013）*Next Generation Science Standards: For States, By States,* Volume 1: The Standards, The National Academies Press

NRC［National Research Council］（1996）*National Science Education Standards,* National Academy Press（本書の翻訳が,NRC, 2001である）

NRC（2012）*A Framework For K-12 Science Education: Practices, Crosscutting Concepts, and Core Ideas,* The National Academies Press

OCR［Oxford, Cambridge and RSA Examinations］（2014）*GCSE English Specification: OCR GCSE in English J350*（http://www.ocr.org.uk/qualifications/gcse-english-j350-from-2012/）

OECD［Organisation for Economic Co-operation and Developmen］（2005）"The Definition and Selection of Key Competencies: Executive Summary"（http://www.oecd.org/pisa/35070367.pdf）

P21［Partnership for 21st Century Learning］（n.a.）http://www.p21.org/

Shaklee, B. D. et al.（1997）*Designing and Using Portfolios,* Allyn and Bacon（本書の翻訳が,シャクリー,2001である）

Skilbeck, M. (1984) *School-Based Curriculum Development,* Harper and Row.
Stiggins, R. J. (1997) *Student-Centered Classroom Assessment,* 2nd Ed., Merrill
Stiggins, R. J. (2001) *Student-Involved Classroom Assessment,* 3rd Edition, Merrill Prentice Hall
Stigler, J. W. & Hiebert, J. (1999) *The Teaching Gap: Best Ideas from the World's Teachers for Improving Education in Classroom,* Free Press（本書の翻訳が，スティグラー＆ヒーバート，2002である）
Tomlinson, C. A. (1999) *The Differentiated Classroom: Responding to the Needs of All Learners,* ASCD
Tomlinson, C. A. & McTighe, J. (2006) *Integrating Differentiated Instruction and Understanding by Design: Connecting Content and Kids,* ASCD
Web Alignment Tool (2005) "Training Powerpoint: TILSA Alignment Tool Dissemination Workshop" (http://wat.wceruw.org/index.aspx)
Wiggins, G. (1998a) *Educative Assessment: Designing Assessment to Inform and Improve Student Performance,* Jossey-Bass Publishers
Wiggins, G. (1998b) *Performance Assessment in Action: The Best Elementary Case Studies from "Standards, not Standardization,"* CLASS
Wiggins, G. & McTighe, J. (1998) *Understanding by Design,* 1st Edition, ASCD.
Wiggins, G. & McTighe, J. (2002) *Understanding by Design: Overview 2002,* PowerPoint Slides
Wiggins, G & McTighe, J. (2005) *Understanding by Design,* Expanded 2nd Edition, ASCD（本書の翻訳が，ウィギンズ＆マクタイ，2012である）
Wiggins, G & McTighe, J. (2007) *Schooling by Design: Mission, Action, and Achievement,* ASCD

索引（＊は人名）

【A-Z】
E. FORUM　　114-116, 258-261
GCSE　　166
GRASPS　　96-98
PDCA　　225
WHERETO　　23, 118-120, 131-139

【ア行】
アクティブ・ラーニング　　76-77, 144
アンカー作品　　102, 155, 208, 273
育成すべき資質・能力を踏まえた教育目標・内容と評価の在り方に関する検討会　40
石井英真＊　　69, 163
一枚ポートフォリオ　　88, 194
ウィギンズ（Wiggins, G.）＊　　11, 18, 20, 23, 29, 43, 45, 99, 147, 168, 227, 229, 257
永続的理解　　47, 94, 161, 171
エリクソン（Erickson, H. L.）＊　　51, 54
乙訓スタンダード　　261-272

【カ行】
学力評価計画　　110, 159-160, 162-163, 166-168, 186
価値観　　170
カリキュラム　　10-11, 226
カリキュラム・マップ　　253
カリキュラム・マネジメント　　13-14, 224-225
カリキュラム設計　　17
カリキュラム適合性　　167
カリキュラム評価　　234
カリキュラム編成　　11, 16
看破　　51
看護　　171-179
関心・意欲・態度　　161-162, 165
観点別学習状況／観点別評価　　160, 165, 209, 262-265
キー・コンピテンシー　　35, 37-38
規準　　27, 101, 128-130, 159
基準　　77, 83, 100, 178
北原琢也＊　　165, 234
「逆向き設計」論　　4, 18, 19, 21-24, 47-57, 160, 171, 186, 234, 243

キャリブレーション　　274
教育課程　　11
教育課程企画特別部会　　14, 32, 73, 161
教育課程審議会　　159
教職課程　　191-195, 215-222
ギリガン（Gilligan, C.）＊　　44
繰り返し型　　92, 131, 137, 148
形成的評価　　81, 160, 265
検討会　　124-130, 195, 196-197, 198-206, 208
「検討会」→育成すべき資質・能力を踏まえた教育目標・内容と評価の在り方に関する検討会
原理や一般化　　161
構成主義的学習観　　19, 90
公正性　　168
校内研修　　231
ゴール　　24, 228-229
ゴール・フリー評価　　28
国際バカロレア　　243, 248-249
個人内評価　　80-81
個に応じた指導　　141-142
個別的スキル　　161

【サ行】
三次元モデル　　162-163
思考・判断・表現　　161-162, 272
思考力・判断力・表現力　　22, 159
自己評価　　65, 216-217
資質・能力　　32, 35, 69-70
事実的な知識　　161
実技テスト　　84
実行可能性　　168
指導要録　　80, 159
重大な観点　　47
集団に準拠した評価　　80
真正性　　19, 21, 97-98, 176
真正の学力　　19
真正の評価　　20
診断的評価　　81
信頼性　　167-168, 263
スキルベック（Skilbeck, M.）＊　　226
スタンダード　　19, 147, 160, 166-167, 212, 229, 256-258

設計スタンダード　147, 257
総括的評価　81, 160, 265
総合学習　58, 195-206
総合的な学習の時間　224, 243
相互環流　67
相対評価　80

【タ行】
大学入試　15-16, 212-215
態度　161, 169-170
妥当性　98, 167, 263
田中耕治*　71, 165
単元　18, 23, 147
単元間の構造化　148-151
単元指導計画（ミクロな設計）　23, 156, 237-239, 243-249
単元内の構造化　121-122
単元の構造　58-59
チェックリスト　105, 162, 178, 217
知性の習慣　169-170
知の構造　42, 50-54, 82, 160-162
長期的な指導計画（マクロな設計）　67-69, 148
徴候　101, 104, 206
長期的なルーブリック　108-110, 148, 151-156, 172, 207
転移可能な概念　161
テンプレート　24, 228, 235-236, 242
特定課題ルーブリック　102-103
トムリンソン（Tomlinson, C. A.）*　141-142

【ナ行】
内容スタンダード　257
中内敏夫*　11, 44
21世紀型スキル　33-35
21世紀型能力　72
年間指導計画　163-164, 254-255

【ハ行】
パーツ組み立て型　92, 131, 148
パーマネント・ポートフォリオ　185
パフォーマンス課題　22, 25-29, 47-50, 85-87, 98, 107, 132, 148, 173-174, 192
パフォーマンス課題のシナリオ　96-97
パフォーマンス・スタンダード　257
パフォーマンス評価　20, 85
汎用的スキル　42, 188, 210, 241, 243, 250,
256
比較可能性　102, 166, 168
筆記テスト　84
評価規準／評価基準→規準／基準
評価方法　159
評定　165, 264
フィードバック　123-124
双子の過ち　4
ブルーナー（Bruner, J. S.）*　56-57
ブルーム（Bloom, B. S.）*　44
包括的な「本質的な問い」　23, 148, 170
ポートフォリオ　88, 161, 182-222
ポートフォリオ検討会　68, 185-186, 196, 220
ポートフォリオ評価法　20, 68, 88, 182, 195
本質的な問い　22-23, 54-57, 85-87, 93-94, 108, 171

【マ行】
前向きアプローチ　29
マクタイ（McTighe, J.）*　11, 18, 20, 23, 45, 99, 141, 147, 168, 227
マクロな設計　23, 146, 148, 156, 168, 179
ミクロな設計　23, 146-147, 179
ミッション　168-170, 179, 228
三藤あさみ*　28, 91-98, 105-109, 131-136
宮本浩子*　27, 129-130, 136-141, 199-206
メタ認知　19
目標に準拠した評価　81, 159, 186, 262
モデレーション　102, 168, 212, 272-274
問題解決のサイクル　59, 61, 67, 206, 250

【ヤ・ラ・ワ行】
予備的ルーブリック　111-113
理解　19, 43-45
『理解をもたらすカリキュラム設計』
（*Understanding by Design*）　18, 21, 23, 43, 118, 141
領域　17
ルーブリック　45, 82, 100-104, 140, 162, 178, 206-208, 211, 216, 234, 240, 250, 273
レディネス　98
レリバンス　21, 41, 98
「論点整理」　40, 73
ワーキング・ポートフォリオ　185
ワークショップ　231, 233, 235, 240, 250

西岡加名恵（にしおかかなえ）
　1995年，京都大学大学院教育学研究科修士課程修了。98年，イギリス・バーミンガム大学にて，Ph.D.(Ed.)取得。鳴門教育大学講師を経て，現在，京都大学大学院教育学研究科准教授。専門は，教育方法学（カリキュラム論，教育評価論）。文部科学省「育成すべき資質・能力を踏まえた教育目標・内容と評価の在り方に関する検討会」委員（2012～14年）などを歴任。
　著書に，『教科と総合に活かすポートフォリオ評価法』（単著，図書文化，2003年），『総合と教科の確かな学力を育むポートフォリオ評価法 実践編』（共著，日本標準，2004年），『新しい時代の教育課程』（共著，有斐閣，2005年），『「逆向き設計」で確かな学力を保障する』（編著，明治図書，2008年），『「活用する力」を育てる授業と評価　中学校』（共編著，学事出版，2009年），ウィギンズ＆マクタイ『理解をもたらすカリキュラム設計』（翻訳，日本標準，2012年），『新しい教育評価入門』（共編著，有斐閣，2015年）など。

教科と総合学習のカリキュラム設計
——パフォーマンス評価をどう活かすか

2016年4月30日　初版第1刷発行　［検印省略］
2020年4月20日　初版第3刷発行

編　著　者	©西岡加名恵
発　行　人	福富　泉
発　行　所	株式会社　図書文化社
	〒112-0012　東京都文京区大塚1-4-15
	TEL：03-3943-2511　FAX：03-3943-2519
	振替　00160-7-67697
	http://www.toshobunka.co.jp
装　　　幀	中濱健治
組版・印刷	株式会社　厚徳社
製　　　本	株式会社　村上製本所

[JCOPY]〈出版者著作権管理機構　委託出版物〉
本書の無断複写は著作権法上での例外を除き禁じられています。複写される場合は，そのつど事前に，出版者著作権管理機構（電話 03-5244-5088，FAX 03-5244-5089，e-mail：info@jcopy.or.jp）の許諾を得てください。
ISBN978-4-8100-6669-2 C3037
乱丁，落丁本はお取替えいたします。
定価はカバーに表示してあります。